SPIノートの会 編著

WEBテスティング（SPI3）・
CUBIC・TAP・TAL編

これが **本当の Webテスト だ！**

③

2026年度版

付　Webテスト実施企業一覧

JN012954

KODANSHA

WEBテスティングの
言語・非言語画面

以下の5つの熟語の成り立ち方として当てはまるものを、
A～Dの中から1つずつ選びなさい。

❶ 左 右
❷ 握 手
❸ 早 速
❹ 銅 像
❺ 主 従

回答欄

❶ ○A ○B ○C ○D
❷ ○A ○B ○C ○D
❸ ○A ○B ○C ○D
❹ ○A ○B ○C ○D
❺ ○A ○B ○C ○D

A　似た意味を持つ漢字を重ねる
B　反対の意味を持つ
C　動詞の後に目的
D　A～Cのどれに

回答時間 ■■■■■■■■■■

（くわしくは138ページ参照）

空欄に当てはまる数値を求めなさい。

Xは2の倍数、Yは3の倍数、Zは5の倍数であり、以下
のことがわかっている。

ア　$X+Y=35$
イ　$Y+Z=41$

X、Y、Zがいずれも正の整数であるとき、Xは
[　　　]である。

回答欄

回答時間 ■■■■■■■■■■　　　　　　　　次へ

（くわしくは58ページ参照）

パソコンで受ける「Webテスト」を
実施する企業が急増している。
Webテストには、いろいろな種類がある。
「WEBテスティング（WEBテスティング
サービス）」は、有名な「SPI」の
Webテスト版だ。

Web
テスト

Webテストの
カリスマ氏

CUBICの能力画面

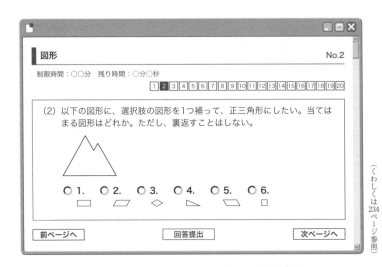

（くわしくは234ページ参照）

「CUBIC」は、多くの企業で使われてきたテストだ。もともとはペーパーテストだったが、近年ではWebテストでCUBICを実施する企業が増えているんだ。

就活中の
女子大学生

TAPの能力画面

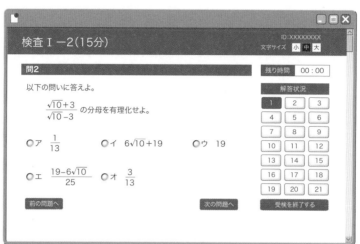

検査Ⅰ－2(15分)　　　　　　　　　　ID:XXXXXXXX
　　　　　　　　　　　　　　　　　　文字サイズ 小 中 大

問2　　　　　　　　　　　　　　　　残り時間 00：00

以下の問いに答えよ。

$\dfrac{\sqrt{10}+3}{\sqrt{10}-3}$ の分母を有理化せよ。

○ア $\dfrac{1}{13}$　　　○イ $6\sqrt{10}+19$　　　○ウ 19

○エ $\dfrac{19-6\sqrt{10}}{25}$　　○オ $\dfrac{3}{13}$

前の問題へ　　　　　　　　　次の問題へ　　　受検を終了する

解答状況
1 2 3
4 5 6
7 8 9
10 11 12
13 14 15
16 17 18
19 20 21

（くわしくは279ページ参照）

「TAP」は、ペーパーテスト
として長く使われてきた実績のある
テスト だ。
近年になって、Webテストでも
実施されるようになった。
中学校や高校までの学習内容
が広く問われるテストだぞ。

TALの画面（図形貼付形式）

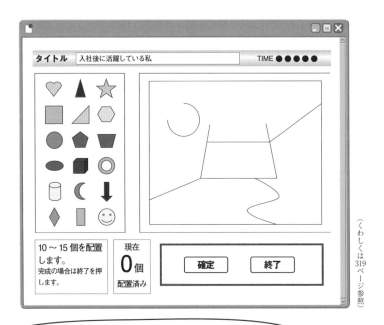

タイトル 入社後に活躍している私　　　　TIME ●●●●●

10〜15個を配置します。
完成の場合は終了を押します。

現在
0個
配置済み

確定　　終了

（くわしくは319ページ参照）

「TAL」は、「絵を描かせるテスト」として話題の性格テストだ。質問回答形式のテストと、図形貼付形式のテストで構成される。両方とも、「こう答えれば良い評価につながる」という予想がつきにくいのが特徴だ。

Q&A カリスマに聞け！

玉手箱・TG-WEB以外にも対策すべきWebテストがある？

玉手箱　TG-WEB

パソコンを使った「Webテスト」を
実施する企業が増えているそうですね。
「玉手箱」「TG-WEB」が有名と聞いたので、
この2つだけを対策しようと思います。

残念だが、Webテストは
玉手箱やTG-WEBだけじゃない。
現在の採用活動では、
さまざまなWebテストが
使われるようになっているんだ。

玉手箱やTG-WEB以外には、
どんなWebテストがあるんですか？

玉手箱　TG-WEB

近年の実施傾向から、
玉手箱やTG-WEB以外で
対策が重要なWebテストを教えよう。
前もって知っておくことで、ライバルに
差をつけることも可能だ！

これが大注目のWebテストだ！
・WEBテスティング (SPI)
・CUBIC　　・TAP
・TAL

SPIの自宅受検版「WEBテスティング」とは?

「WEBテスティング」は、SPIの自宅受検版だ。同じSPIでも、テストセンターやペーパーテストとは違う。専用の対策が必要だぞ!

なぜ専用の対策が必要なんですか?

他の方式とは違う特徴があるからだ。例えば

●電卓の使用が前提!
電卓の使用を前提とした問題が出る。
他の方式では筆算が前提だ。

●出題範囲が違う!
他の方式とは出題範囲が違う。
言語P.137、非言語P.38で確認を。

●回答を入力する問題が多い!
特に非言語は、ほとんどの問題が入力形式。
このことを踏まえた対策が必要だ。

SPIは
・ペーパーテスト
・テストセンター
・WEBテスティング
の3方式すべてに対策を!

空欄に当てはまる数値を求めなさい。

Xは2の倍数、Yは3の倍数、Zは5の倍数であり、以下のことがわかっている。

ア　X+Y=35
イ　Y+Z=41

X、Y、Zがいずれも正の整数であるとき、Xは
[　　　]である。

回答欄

回答時間 ▬▬▬▬▬▬▬▬▬▬▬▬▬▬▬▬▬▬　次へ

CUBIC、TAPってどんなテスト?

「CUBIC」は、
どんなテストなんですか?

CUBICは、多くの企業で
使われてきたテストだ。
能力テストは言語、数理、
論理、図形、英語の5科目。
さらにそれぞれの科目について
難易度などが違う
複数のテストが存在する。
幅広い分野に
柔軟に対応できる力が
求められるテストだ!

5科目もあるんですね。しっかり対策しなくちゃ。
「TAP」はどうですか。

TAPの能力テストは、
言語、数理、論理の3科目。
SPIに似た問題もあるが、特徴的な問題もある。
CUBICもTAPも、本書でどんな問題が出るの
かを知り、わからない問題は解けるようにしよう。

「TAL」ではどういう絵にしたらいいの?

「TAL」では図形を貼り付けるテストがあるそうですね。
どんなふうに貼り付ければいいのでしょうか?

TAL後半の「図形貼付形式」だな。
このテストでは、図形シールを貼り付ける位置など、
留意点がいくつかある。
くわしくは321ページで説明するが、
以下のような感じだ。

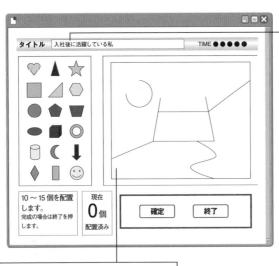

タイトル　入社後に活躍している私　　　TIME ●●●●●

♥ ▲ ★

■ ◣ ⬡

● ◆ ⬟

⬭ ◼ ◯

⬛ 🌙 ↓

◆ ▬ ☺

10～15個を配置
します。
完成の場合は終了を押
します。

現在
0個
配置済み

確定　　　終了

タイトルが、シール
の使い方に関係する

シールを貼り付ける位置や、シート
の線の使い方などにも留意点がある

Webテストだけでもこんなにあるんですね。
就職活動は時間が限られているし、
すべてに対策するのは無理です。

すべてに対策するのは確かに大変だ。だから、
ポイントを押さえた
Webテスト対策が重要なんだ。

ポイントを押さえたWebテスト対策はこれ！

① 早めに対策を始める！

インターンシップの参加選考では、Webテストが実施されることがある。また本選考でも、Webテストは早い段階で実施されやすい。早めの対策を！

② 志望企業の実施テストから対策を始める！

志望企業が過去に実施したWebテストがわかるときは、そのテストから対策を始めるのが効率的。
本書の「Webテスト実施企業一覧」を有効に使おう！

「Webテスト実施企業一覧」は、
過去のデータなんですよね。
これが今年も役に立つんですか？

SPIノートの会の調べでは、
「企業は同じテストを
何年も使い続ける」傾向がある。
本書掲載の情報は、
学生の貴重な報告に基づいている。
有効活用してくれ！

インターンシップと本選考、よく使われるテストは？

現在は、夏のインターンシップへの応募が、実質的な就職活動の開始だ。
募集が始まるのは、4〜6月頃。
採用テストは、インターンシップの参加選考でも実施されることがある。早いうちから対策を始めよう。

インターンシップと本選考で、企業が実施するテストの種類に違いはありますか？

インターンシップでは、圧倒的にWebテストが多い。
参考までに、夏のインターンシップと本選考でよく実施されるテストの種類別ベスト3を教えよう。

夏のインターンシップのベスト3
1位▷**玉手箱**
2位▷**WEBテスティング（SPI）**
3位▷**TG-WEB**

本選考のベスト3
1位▷**SPIのテストセンター**
2位▷**玉手箱**
3位▷**WEBテスティング（SPI）**

※SPIノートの会調べ

インターンシップで実施されるテストは、本選考にも影響することがある。たとえば、こんな企業も。
・インターンシップと本選考で同じテストを実施
・インターンシップのテスト結果を本選考で使い回す
インターンシップのためのテスト対策は、本選考にも役立つ。しっかりと対策をしよう！

採用テストには「開始日」がある!

本選考には、「広報活動」「選考活動」があり、開始日(解禁日)が決まっている。それぞれで、開始してよいテストの種類が異なるんだ。

「広報活動」「選考活動」の開始日とは?

● **広報活動**(学生にとって場所や時間の拘束が少ない活動)

開始時期	卒業・修了年度に入る 直前の**3月1日**以降
開始内容	Webテスト、テストセンターなど

● **選考活動**(学生にとって場所や時間の拘束を伴う活動)

開始時期	卒業・修了年度の **6月1日**以降
開始内容	ペーパーテストなど

※政府が年度ごとに出している「卒業・修了予定者等の就職・採用活動に関する要請事項」を参考に作成
※2026年度から、2週間以上の専門活用型インターンシップの参加者には、6月1日の選考活動開始を待たず、3月1日以降に内々定を出すことができるようになります。

Webテストやテストセンターの方が、ペーパーテストよりも開始が早い……。まずは、Webテスト、テストセンターの対策から始めるべきですね!

その通り。本選考に向けたテスト対策は、「Webテスト、テストセンターが先、ペーパーテストが後」が効率的だ。
ただし、開始日とは無関係に、独自日程で選考を進める企業もある。
志望企業が、いつ、どのテストを実施するかを見極めて対策を進めよう。

わかりました、がんばります!

SPIの自宅受検版
WEBテスティングと大注目Webテストの専用対策本！

SPIの自宅受検版「WEBテスティング」を徹底対策！

日本で最も使われている採用テスト「SPI」。その自宅受検版で、大手・人気企業のインターンシップや本選考でよく実施されているのが「WEBテスティング」です。WEBテスティングは、電卓の使用が前提で、入力形式の問題が多いなど、**同じSPIのテストセンターやペーパーテストとは違う特徴があります。WEBテスティングには専用の対策が必要です。**

大注目の自宅受検型Webテスト「CUBIC」「TAP」「TAL」

Webテストには、玉手箱やTG-WEB、WEBテスティングといった有名テスト以外に、まだ実態が知られていないものがいくつもあります。本書では、近年の実施傾向から、特に知っておくべき以下の自宅受検型Webテストを掲載します。

● CUBIC ● TAP ● TAL

これらのWebテストは、まだあまり就活生の間では知られておらず、ぶっつけ本番で受検して失敗する人が相次いでいます。**本書で対策をすれば、情報を持たないライバルに差をつけることができるのです！**

最新傾向の問題多数！　充実した対策で、結果を出そう！

本書は、最新傾向の頻出問題を多数掲載。「分野別解説」と「模擬テスト」で、充実した対策が可能です。本書の問題に繰り返し取り組み、本番で結果を出しましょう！

本書の特徴

「WEBテスティング」「CUBIC」「TAP」「TAL」の専用対策本

SPIの自宅受検版「WEBテスティング」と、有力Webテスト「CUBIC」「TAP」「TAL」を解説。より実施数の多いWEBテスティングを中心に、各テストでよく出る特徴的な問題を掲載しています。**本書一冊で、4種類のWebテストを効率よく対策することができます!**

「分野別解説」「模擬テスト」の両方を掲載!

WEBテスティング、CUBIC、TAPでは、「分野別解説」と「模擬テスト」の両方を掲載。模擬テストには制限時間も記載しています。実際に時間を計って、本番に近い感覚で取り組むことができます。

SPI3のWEBテスティングに対応!

WEBテスティングの問題は、SPIの最新バージョン「SPI3」に完全対応。基礎能力検査（言語、非言語）と性格検査のすべてを掲載しています。また、過去に「新傾向問題」として本書に掲載した問題も、参考問題として紹介します。

CUBICとTAPも全科目を掲載!

CUBICとTAPは、多くの企業で実施されてきた実績のあるテストです。近年、自宅受検型のWebテストとして実施する企業が急増しています。**本書は、CUBICの「言語」「数理」「論理」「図形」「英語」の再現問題、TAPの能力テスト（言語・数理・論理）を掲載します。**また、性格テストについても、それぞれ解説します。

絵を描かせるTALは回答の手がかりを解説！

「絵を描かせる性格テストがある！」と就活生の間で話題騒然のTAL。**本書では、TALの「質問回答形式」「図形貼付形式」の両方に対応。回答の手がかりがわかります。**

Webテスト実施企業一覧を掲載！

過去5年間に、どの企業が、どのWebテストをインターンシップと本選考で実施したかを一覧にしました（約230社分）。

企業は同じテストを使い続ける傾向があります。この一覧で、効果的かつ具体的なWebテスト対策を取ることができます！

※このほか、近年の本選考や夏インターンシップでのテスト実施動向などを紹介する「特報」を掲載しています（342ページ参照）。

あなたの志望企業が使うWebテストを事前に知る「裏技」を伝授！

Webテスト対策が不充分なうちに、志望企業から受検案内が届いてしまうかもしれません。そのようなときのために、**本書では受検前にWebテストの種類を特定する「裏技」を紹介します。また、テストセンターの種類特定法も掲載。**有効に活用して、本番で実力を発揮してください！

2026年度の改訂内容

・WEBテスティングを増問

　「非言語」で、「代金の精算」を追加しました。また、「損益算」「料金の割引」を増問しました。

本 書 の 使 い 方

 1 各Webテストの全体像を理解する

 2 各科目の概要と攻略法を確認

> Webテストごとに行おう！

 3 まずは分野別解説で問題に取り組む

> 理想は全科目、全分野がまんべんなくできること。苦手な分野は重点的に対策しよう

 4 模擬テストに取り組む

> 本番を意識して、実際に時間を計って取り組もう

 5 全科目に繰り返し取り組む

> Webテストはスピードが大事。そのためには「慣れ」が欠かせない。繰り返し取り組もう

6 性格テスト対策も忘れずに!

> どの質問にどう答えるか、質問例を見て考えておこう

本　書　の　見　方

解説
見開きごとに、正解と解法を掲載。解いたらすぐに正解を確認できます。

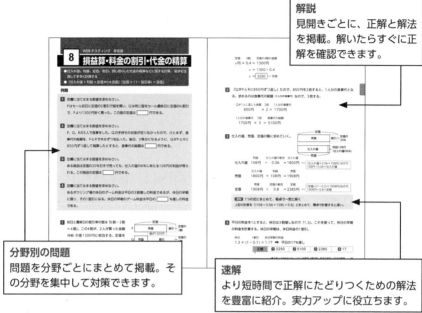

分野別の問題
問題を分野ごとにまとめて掲載。その分野を集中して対策できます。

速解
より短時間で正解にたどりつくための解法を豊富に紹介。実力アップに役立ちます。

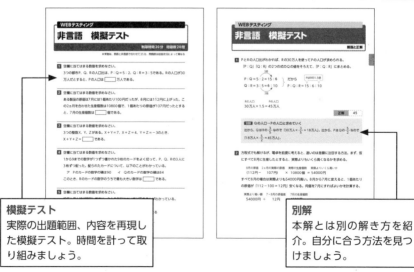

模擬テスト
実際の出題範囲、内容を再現した模擬テスト。時間を計って取り組みましょう。

別解
本解とは別の解き方を紹介。自分に合う方法を見つけましょう。

目次

第1部

「WEBテスティング」「CUBIC」「TAP」「TAL」完全突破法!

第2部

「Webテスト」種類特定の「裏技」大公開!

第3部

WEBテスティング（自宅で受けるSPI）

性格テスト

第6部

TAL ……………………………………………………………… 315

第7部

「自宅受検型Webテスト」 能力画面と実施企業一覧 …………………… 327

第1部

「WEBテスティング」「CUBIC」
「TAP」「TAL」
完全突破法！

· ·

早めの対策が必須！「Webテスト」とは？

⬤ ネット経由のテストをパソコンで受ける

Webテストは「インターネットを経由して配信されるテストを、パソコンで受ける」採用テスト全般を指します。自宅で受けるものと、専用の会場（テストセンター）に出向いて受けるものがあります。

⬤ 自分が受けるWebテストの対策をすることが肝心

Webテストにはさまざまな種類があります。**言語（国語に相当）、計数（数学に相当）、英語などの能力テストと、性格テスト**で構成されるものが一般的ですが、種類が違うと、出題内容も異なります。**自分が受ける企業で実施される可能性の高いWebテストの対策をすることが肝心です。**

⬤ ネットエントリーの段階で受けることが多い

新卒の就職活動では、インターンシップ、本選考ともに、「リクナビ」などの就職情報サイトから応募する方法（ネットエントリー）が一般的です。**Webテストは、ネットエントリーの段階で多く実施されます。**

⬤ インターンシップの参加選考で実施される

就職活動は、夏のインターンシップへの応募で実質的に開始します。有力・人気企業の中には、参加者を絞り込む目的でWebテストを実施するところもあります。

インターンシップで実施されるテストは、本選考にも影響することがあります。企業によっては、本選考とインターンシップで同じテストを実施したり、インターンシップでテストを受検した学生に本選考での受検を免除するところもあります。**夏のインターンシップは、4〜6月頃には募集が始まります。対策は早めに始めましょう。**

※2025年度から、一定の期間（汎用的能力活用型は5日間以上、専門活用型は2週間以上）と、一定の条件を満たしたインターンシップに限り、企業が参加学生の情報を本選考で使用可になりました（本選考の開始日以降）。インターンシップの重要性は増しています。

■● 本選考の「開始日」はWebテストがペーパーテストより早い

本選考には「広報活動」「選考活動」があり、開始日（解禁日）が決まっています。
Webテストは3月1日の「広報活動」開始日以降に始まります。

活動名	説明	開始時期	開始する内容
広報活動	採用活動のうち、学生にとって場所や時間の拘束が少ない活動。	卒業・修了年度に入る直前の3月1日以降 ※4年制大学の場合、3年生の3月1日	・企業サイトや就職情報サイトでのプレエントリー ・会社説明会 ・エントリーシート ・**Webテスト** ・**テストセンター**
選考活動	採用活動のうち、学生にとって場所や時間の拘束を伴う活動。	卒業・修了年度の6月1日以降 ※4年制大学の場合、4年生の6月1日	・**ペーパーテスト** ・面接

※政府が年度ごとに出している「卒業・修了予定者等の就職・採用活動に関する要請事項」を参考に作成
※2026年度から、2週間以上の専門活用型インターンシップの参加者には、6月1日の選考活動開始を待たず、3月1日以降に内々定を出すことができるようになります。

大手・人気企業でよく使われる代表的なWebテスト

テスト名	会社	説明	どこで受けるか	対策書
SPI	リクルートマネジメントソリューションズ	総合職性テスト。能力テスト（言語、非言語）と性格テストで構成	自宅受検（WEBテスティング）	『これが本当のWebテストだ！③』
			テストセンター	『これが本当のSPI3テストセンターだ！』
玉手箱	日本エス・エイチ・エル（SHL社）	総合職適性テスト。能力テスト（言語、計数、英語）と性格テストで構成	自宅受検	『これが本当のWebテストだ！①』
C-GAB		玉手箱を会場に出向いて受けるテスト	テストセンター	
Web-CAB		コンピュータ職適性テスト。能力テスト（法則性、命令表、暗号、四則逆算）と性格テストで構成	自宅受検	『これが本当のCAB・GABだ！』
TG-WEB	ヒューマネージ	「成果を生み出す人材」を見極めるテスト。能力テスト（言語、計数）と性格テストで構成	自宅受検	『これが本当のWebテストだ！②』
			テストセンター	
CUBIC	CUBIC	総合的な適性テスト。能力テスト（言語、数理、論理、図形、英語）と性格テストで構成	自宅受検	『これが本当のWebテストだ！③』
TAP	日本文化科学社	総合的な適性テスト。能力テスト（言語、数理、論理）と性格テストで構成	自宅受検	
SCOA	NOMA総研	総合的な適性テスト。能力テスト（言語、数理、論理、英語、常識）と性格テストで構成	テストセンター	『これが本当のSCOAだ！』

※「対策書」の書籍はいずれも講談社より刊行

Webテストには自宅受検型と会場受検型がある

■● 自宅で受けるか、会場に出向いて受けるか

Webテストには、「自宅受検型」と「会場受検型」があります。

自宅受検型は、自宅のパソコンなどで受けるWebテストです。SPIの「WEBテスティング」や玉手箱、TG-WEBなどがこれに当たります。**会場受検型は専用の会場に出向き、パソコンで受けます。**SPIの「テストセンター」が有名です。

■● 会場受検型のWebテストが増えている

もともと、Webテストといえば玉手箱などの自宅受検型を指しました。その後、リクルートマネジメントソリューションズ社が専用の会場（テストセンター）に出向いてSPIを受ける方式を開始、他の有力Webテストもこれに続きました。

代表的なテストセンターは以下の通りです。

● **SPIのテストセンター**
● **C-GAB**（玉手箱のテストセンター。2013年8月に登場）
● **ヒューマネージ社のテストセンター**（TG-WEBのテストセンター。2013年7月に登場）
● **SCOAのテストセンター**（2015年1月から本格稼動）

■● タイプによって「いつ受けるか」が違う

エントリーの次の段階としてWebテストが行われる場合、会場受検型は、エントリー完了後に企業から受検指示を受けることが一般的です。受検予約の手続きなどを含めると、実際に受検するのはエントリーから数日後です。

自宅受検型の多くはこうした予約手続きが不要で、すぐに受検できることから、エントリー後すぐに実施されるケースが多くあります。

エントリー後すぐに受ける可能性があるのが自宅受検型、実際に受けるまでに数日の猶予があるのが会場受検型といえます。

Webテストの対策を考えるときは、こうした違いを知っておくことが大事です。

■◐ 出題内容は違うものもあれば同じものもある

　自宅受検型と会場受検型で出題内容に違いがあるかどうかは、テストの種類によっ
て異なります。例えば、SPIの自宅受検型であるWEBテスティングと、テストセンタ
ーとでは、出題内容はかなり違います。　一方、自宅受検型である玉手箱と会場受検型
のC-GABで出題される内容は、ほぼ同じです。

■◐ テストセンターは「結果の使い回し」ができるものがある

　Webテストは、同じテストでも企業が違えばそのつど新しく受けなければならない
ものがほとんどですが、**テストセンターは、一度受検した結果を別の企業で使い回せ
るものがあります**。使い回せる科目や期間はテストセンターの種類により違います。

　受検結果の使い回しができるのは、同じ種類のテストセンターだけです。例えば、
SPIのテストセンターの結果を、C-GABなど別のテストセンターで使い回すことはで
きません。

※現在、代表的なテストセンターのうち使い回しができるのは、SPIのテストセンター、C-GAB、ヒューマ
ネージ社のテストセンターです。

■◐ オンライン監視の仕組みを導入するWebテストが増えている

　**2021年以降、各テスト会社のWebテスト、テストセンターで、オンライン監視
による自宅受検の仕組みが登場**しています。

　2023年10月現在、以下のテストで、オンライン監視の仕組みが導入されています。

● **SPIのテストセンター**（予約時に自宅受検を選択可能。自宅で受検するときは、パソコンのWebカメラな
　どを通じ、監督者が受検を監視する。どの企業でも自宅受検を選べる）

● **C-GAB**（予約時に自宅受検を選択可能。自宅で受検するときは、パソコンのWebカメラなどを通じ、監督者が
　受検を監視する。自宅受検を選べるようにするかどうかは企業により異なる）

● **TG-WEB**（「TG-WEB eye」というテストで、AIが受検を監視する）

● **SCOAのテストセンター**（「SCOA cross」というテストで、予約時に自宅受検を選択可能。自宅で受検
　するときは、パソコンのWebカメラなどを通じ、監督者が受検を監視する）

※オンライン監視による受検では、事前に指定された機器や室内環境の準備が必要です。また、テストによ
　っては受検日の予約が必要です。余裕を持ったスケジュールで準備しましょう。

Webテスト対策 まずはこれだけ押さえておこう

◗● インターンシップに備えて対策を始める

　まずは、夏のインターンシップでWebテストが実施される場合に備えて、早期から対策を始めましょう。インターンシップに備えた対策に区切りがついたら、本選考に備えて対策を始めます。

　Webテストが最も多く実施されるのは、「広報活動」の開始日（3年生の3月1日）からです。企業によっては、それ以前に本選考のWebテストを実施することもあります。志望企業の選考日程などを調べ、テスト対策をしましょう。

◗● 志望企業が使っているWebテストから対策する

　Webテストの種類は多く、出題内容も異なります。**自分が受ける企業が実施するWebテストがわかっているときは、その対策から始めるのが効率的です。**

※志望企業が過去に実施したWebテストを調べるには、第7部の「Webテスト実施企業一覧」が参考になります。企業は、同じテストを何年も使い続ける傾向があります。

◗● 同じテストは複数の方式をまとめて対策する

　複数の方式があるWebテストでは、**自分が受ける方式が判明していれば、その方式の対策をするのがベストです。方式を絞れないときは、テストごとにまとめて対策をする**のが効率的です。例えばSPIの「テストセンター」と「WEBテスティング」をまとめて対策する、などです。

◗● 独自の形式や問題に慣れておく

　パソコンで受けるWebテストは、**問題の体裁や内容がペーパーテストなどとは違います。**準備なしに受けると操作に手間取ることも考えられます。

　エントリー開始後は、第1志望の企業がWebテストを実施する前に、何度かWebテストを受検して、慣れておくと効果的です。

●) 計数対策では「電卓」「筆算」を使い分ける

　能力テスト対策で大事なのが、計数科目での計算方法です。

　自宅受検型Webテストでは、多くの場合、電卓が使えます。制限時間が短いので、電卓をどれだけ使いこなせるかが結果に影響します。対策時に、電卓も練習しておきましょう。

　一方、**会場受検型Webテスト（テストセンター）では、多くの場合、電卓は使えません。**会場では筆記用具とメモ用紙などが貸し出され、必要に応じてこれらを使って筆算します。本番に備え、対策時は筆算で取り組みましょう。

※会場受検型Webテストには、オンライン監視のもと自宅で受検できるものがあります。多くの場合、会場でも自宅でも筆算が前提です。

●) 対策が間に合わない…そんなときは「裏技」の出番！

　Webテストは早めに対策を済ませるのがベストですが、実際には対策が後手に回ることもあるでしょう。

　対策が不充分なうちに、Webテストを受検しなければならなくなったときのために、本書は、受検前にWebテストの種類を特定する方法を紹介します（14ページ）。種類が特定できたら、あとはそのテストに集中した対策を行えばいいのです。

出題内容を覚えておき、次回の受検に備えるのも大事な対策

　Webテストは、一度受ければそれで終わりではありません。別の企業でまた同じテストを受けるときのために、出題内容はできるだけ覚えておくようにしましょう。受検後には問題を思い出し、解けなかった問題があれば、解けるようにしておくことが大事です。本書第7部の「有力自宅受検型Webテスト『能力テスト』画面を完全再現！」（328ページ）では、有力自宅受検型Webテストの問題画面を再現しています。テストの内容を思い出し、次回に備えるために役立ててください。

Webテスト トラブル回避のテクニック

■● 余裕を持って早めに行動しよう

① 自宅受検型では、締め切り間際の受検は避ける

自宅受検型Webテストの場合、受検期間の締め切り直前は、アクセスが集中します。このようなときは回線トラブルが発生しやすいので注意しましょう。締め切り間際の受検は避け、日にちに余裕を持って受検することが大事です。

② テストセンターの予約は早めに入れる

会場受検型Webテスト（テストセンター）は、時期や会場によって受検予約が立て込みます。予約をするのが遅くなると、希望の会場や日時が予約で埋まってしまっていることも考えられます。企業から受検指示を受けたら、なるべく早めに予約を入れるようにしましょう。

■● 準備を万全にして受検しよう

① 事前にパソコンの動作環境を確認する

Webテストの多くは、「動作環境」を事前に告知しています。必ず事前に確認しておきましょう。告知とは違う動作環境で受検しようとすると、最悪の場合は受検そのものがまったくできないことがあります。

② トラブル発生時の対応法を調べておく

Webテストの多くは、受検前の画面などに「トラブル発生時の連絡先」を記載しています。受検中に「画面が正常に切り替わらない」「結果が送信されない」などのトラブルが発生したら、すみやかに連絡を取りましょう。やむを得ない事情であることがわかれば、原則として再度受検できます（締め切り間際では再受検できないこともあります）。

③ 自宅受検型では、電卓や計算用紙を用意する

自宅受検型Webテストでは、多くの場合、電卓が使えます。**使いやすい電卓を用意しておきましょう。**筆記用具や計算用紙の準備も大事です。

⬤ 受検開始後は、操作や画面の表示に気をつけよう

① 後戻りできるものとできないものがある

Webテストには、「次へ」ボタンなどをクリックして次の問題に進むと、後戻りできないものがあります。

このタイプのWebテストでは、苦手な問題は飛ばして得意な問題から解き、時間が余ったら未回答の問題に戻るといったことはできません。注意しましょう。

② 制限時間の表示を確認しよう

Webテストは、制限時間を過ぎると自動的にテストが終了してしまうものがほとんどです。Webテストの多くは、画面にテスト全体の制限時間や、問題ごとの制限時間を知らせる表示（タイマー）があります。**受検中は常に表示を確認し、残り時間を意識しながら問題に取り組みましょう。**

本書は、2023年10月までに入手した情報をもとに作成・編集しています。Webテストでは、運用・実施において、さまざまな改変がなされることがありえます。その場合は、変更点がわかりしだい、「SPIノートの会」のサイトで、新しい情報をお知らせします。

　SPIノートの会サイト　https://www.spinote.jp/

本書で対策するWebテストの特徴

▶◯ すべて自宅受検型のWebテスト

本書で対策する「WEBテスティング」「CUBIC」「TAP」「TAL」は、すべて自宅受検型のWebテストです。

▶◯ WEBテスティング＝SPIの他の方式とは出題内容が違う

SPIの自宅受検版である「WEBテスティング」は、「テストセンター」やペーパーテストと同等の能力を測定できるとされています。「全国のどこからでも受検できるSPI」という点が、企業の人事担当に支持されています。

就活生の皆さんに知っておいてほしいのは、「WEBテスティングの出題内容は、テストセンターやペーパーテストとは違う」ということです。WEBテスティングには、独自の対策が必要なのです。

▶◯ CUBIC＝科目が多く、出題範囲が広い

「CUBIC」は能力テストの科目が多いWebテストです。言語・数理・論理・図形・英語があり、さらに科目ごとに難易度の異なる複数の種類のテストが存在します。どの科目から、どの難易度のテストが出題されるかは企業によって異なります。

CUBICの特徴は、どの科目も幅広い範囲から出題されること、また、論理や図形では、中学校や高校までの学習内容からやや離れた問題が出題されることです。どのようなテストか知った上で受けるのとそうでないのとでは、結果に差がつくテストといえます。

▶◯ TAP＝中学や高校までの学習内容が広く問われる

「TAP」の能力テストは、言語・数理・論理で構成されます。**中学や高校までの学習内容が広く問われる問題が出題されるのが特徴です。**一部の科目で、体裁などがSPIに似ている問題も出題されます。CUBICと同様に、知っているかどうかで結果に差がつくテストといえます。

◖◗ TAL＝どう答えれば良い評価につながるのか予想が困難

「TAL」は、有名・人気企業で実施が増えている注目の性格テストです。**質問に答える形式のテストと、図形を貼り付けて絵を完成させる形式のテストで構成されています**。どちらも、**「こう答えれば良い評価につながる」と予想できるような手がかりが少ないのが特徴です**。質問に答える形式のテストでは、答えに迷うような質問が多く、絵を完成させるテストでも、どのような絵を完成させれば良い評価が得られるのか、画面からは予想ができません。

再現テストについて

　本書では、実際に受検した複数の受検者の情報から、採用テスト（能力・性格テスト）を再現しています。ただし、採用テストの作成会社、および、その他の関係者の知的財産権等が成立している可能性を考慮して、入手した情報をそのまま再現することは避けています。

　本書に掲載している問題は、「SPIノートの会」が情報を分析して、採用テストの「意図」を盛り込んで新たに作成したものです。また、採用テストの尺度、測定内容、採点方法などにつきましては、公開されているもの以外は、「SPIノートの会」の長年にわたる研究により、推定・類推したものです。この点をご了承ください。

第**2**部

「Webテスト」
種類特定の
「裏技」大公開！

Webテスト
種類特定の「裏技」大公開！

◼️◯ Webテストの受検指示が届いてからでも対策は可能！

　早い時期から本書で対策を始めておけば、充分な対策ができることでしょう。しかし、対策が後手に回ってしまったり、思ったよりも早い時期にWebテストの受検指示が届いてしまうことがあるかもしれません。そのようなときのために、**受検前にWebテストの種類を特定する方法を紹介します**。特定したらそのWebテストの対策をして、受検期間内に改めて受け直せばいいのです。

◼️◯ 受検指示から「自宅受検型」「テストセンター」を見分ける

　Webテストの種類を判別するときは、最初に「自宅受検型か」「会場受検型（テストセンター）か」を見分けます。

　まずは企業からの受検指示をよく読んでください。最も簡単な見分け方は、**「テストセンター」「受検予約」に関する記載があるかどうか**です。これらがあればテストセンターです。これらの情報がなければ、自宅受検型Webテストの可能性が高いと考えてよいでしょう。

※会場受検型（テストセンター）には、会場で受けるか、オンライン監視のもと自宅で受けるかを選べるものがあります。その場合、企業の受検指示には「テストセンターまたは自宅PCで受検」などと記載されている可能性があります。

※2023年10月現在、自宅受検を選べるテストセンターは、「SPIのテストセンター」「C-GAB（一部の企業で自宅受検を選択可能）」「SCOA cross」です。

◼️◯ 見分けたらテストの種類を判別する

● **自宅受検型の判別は→**「自宅受検型Webテスト 種類特定法」（16ページ）

● **テストセンターの判別は→**「テストセンター 種類特定法」（24ページ）

※受検指示だけでは自宅受検型かテストセンターかわからないこともあります。その場合は特定法のページを両方とも見て、テストの種類を判別してください。

●テストセンターの受検指示（イメージ）

選考にご応募いただき、ありがとうございました。
次のステップとして、テストセンターで適性検査を受検していただきたく、
ご連絡いたします。

●ご注意

・適性検査には性格検査と能力検査があります。
・ご都合のよい時間と会場を選んでご予約いただけます。
・ご予約は、日程に余裕をもって行ってください。

●あなたのID

1234567890
手続きは以下のURLより行ってください。
https://xxx.xx.xx/xxxxx_xxx/xxxx/xx/......

●受検期間

20XX年XX月XX日　0時00分〜20XX年XX月XX日　23時59分

⋮

> 「テストセンター」と書かれている

> 「会場」「予約」など、テストセンターと推測できる情報が書かれている

●自宅受検型Webテストの受検指示（イメージ）

『WEB適性検査』受検のご案内です。以下の内容をご確認ください。

■受検方法

下に記載のURLを開くと、テスト受検用ページが表示されます。
表示される指示に従って、テストを受検してください。

https://webxxx.xx.jp/xxxxx/xxxx/......

※以前に弊社よりお知らせしたIDとパスワードをご用意ください。
　上記アドレスにアクセスしたら、IDとパスワードを入力し、受検画面に
　お進みください。

■受検期日

【締切】20XX/XX/XX　23：59
　※締め切りを過ぎると、受検ができなくなります。
　※テストは、一度始めると中断することができません。

⋮

> Webサイトにアクセスして受検するための情報が書かれている

自宅受検型Webテスト 種類特定法

「実施説明」ページでテストの種類がわかる！

　自宅受検型Webテストで、能力テストがあるときは、多くの場合、受検指示の段階でその旨が告知されます。まずは指示の通りにWebテストのサイトにアクセスしてください。能力テストの場合、いきなりWebテストが始まることはほとんどなく、事前に「実施説明」ページが表示されます。

　この「実施説明」ページに書かれている内容、実施時間などから、Webテストの種類を判別することができます。

　なお、「実施説明」ページが表示されたからといって、そのまま受検する必要はありません。種類が判別できたらそこでいったん中止して、テスト対策をしてから改めて受検してください。

企業からの受検指示に従ってWebテストのサイトにアクセス

↓

使用許諾ページ、個人情報の入力などに続いて、Webテストの「実施説明」ページが表示される【ここまでは中止可能】

- ◆ 「実施説明」ページから、Webテストの種類が判断できる！
  →次ページ以降参照
- ◆ 性格テストのみの場合、「実施説明」ページなしでテストが始まることもあるので注意。ただし結果を送信せず中断すれば、あとで受け直せるものが多い。

↓

Webテスト開始【ここから先は中止不可能】

- ◆ 「開始」ボタンを押した後は中止できないテストが多い。
- ◆ 科目単位で中断できるものもある。ただし、テストを開始した科目は中断不可能！

「動作テスト」の時間と、「計数」「言語」「英語」「パーソナリティ」などが書いてあったら「玉手箱」

○○株式会社

受検科目の確認

○○さん(ID:○○)

受検科目は以下の4科目です。1〜4の順に受検してください。

1) 計数理解テスト ・・・・・・・・・・・・・ 　受検する
→ 実施時間 約11分(動作テスト:2分　テスト時間:9分)

2) 言語理解テスト ・・・・・・・・・・・・・
→ 実施時間 約12分(動作テスト:2分　テスト時間:10分)

3) 英語理解テスト ・・・・・・・・・・・・・
→ 実施時間 約12分(動作テスト:2分　テスト時間:10分)

4) パーソナリティ ・・・・・・・・・・・・・
→ 実施時間 約20分(動作テスト:0分　テスト時間:20分)　※各科目とも受検を開始したら、途中で中断はしないで最後まで終えてください。

・科目名に「計数」「言語」「英語」「パーソナリティ」などがあれば、そのWebテストは「玉手箱」
・「動作テスト」の時間が書かれているのも「玉手箱」の特徴

注意事項
● テストの受検期間中は、いつでも受検することができ、また1科目ごとに好きな時間に受検することが可能ですが、全科目が受検期間内に終了するようにしてください。各科目の受検は1回のみです。
● トラブルなどの理由によって、テストが中断してしまったときは、再度ログインし直して受検してください。
● 回線の状況によっては、問題の表示に5分から10分程度かかることもありますが、テスト時間には影響しませんのでご安心ください。
● 正しく受検できなかったときは、【FAQ】をご確認ください。

「実施時間」には、「動作テスト」の時間と「テスト時間」が併記される

※科目名は、これが標準的な表記ですが、企業によっては異なることがあります。

科目名と時間から、出題テストがわかる！

科目名	テスト時間	出題されるテスト	対策
計数理解テスト	15分/35分	図表の読み取り	『これが本当のWebテストだ！①』(講談社)掲載
	9分	四則逆算	
	20分/35分	表の空欄の推測	
言語理解テスト	15分/25分	論理的読解（GAB形式の言語）	
	10分	趣旨判定（IMAGES形式の言語）	
英語理解テスト	10分	長文読解 (IMAGES形式) または 論理的読解 (GAB形式)	
パーソナリティ	約20分	性格の本格版	
モチベーションリソース	約15分	意欲の本格版	

※テスト時間が計数で35分、英語で10分のときは、その科目の「受検する」を選んだ後の画面に、テスト内容と設問数が表示されます。それで判断します。
※言語には、これ以外に「趣旨把握」がありますが、近年では出題が確認されていません。
※性格・意欲には簡易版もありますが、Webテストの能力テストと一緒には出題されません。

「動作テスト」の時間と、「法則性」「命令表」「暗号」などが書いてあったら「Web-CAB」

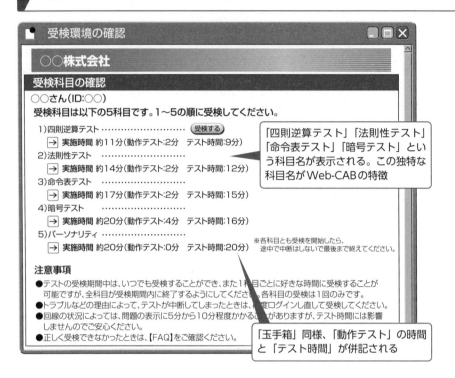

受検環境の確認

○○株式会社

受検科目の確認

○○さん(ID:○○)

受検科目は以下の5科目です。1〜5の順に受検してください。

1)四則逆算テスト ……………………………… 受検する
　→ 実施時間 約11分(動作テスト:2分　テスト時間:9分)
2)法則性テスト ………………………………
　→ 実施時間 約14分(動作テスト:2分　テスト時間:12分)
3)命令表テスト ………………………………
　→ 実施時間 約17分(動作テスト:2分　テスト時間:15分)
4)暗号テスト ………………………………
　→ 実施時間 約20分(動作テスト:4分　テスト時間:16分)
5)パーソナリティ ………………………………
　→ 実施時間 約20分(動作テスト:0分　テスト時間:20分)

> 「四則逆算テスト」「法則性テスト」「命令表テスト」「暗号テスト」という科目名が表示される。この独特な科目名がWeb-CABの特徴

※各科目とも受検を開始したら、途中で中断はしないで最後まで終えてください。

注意事項

●テストの受検期間中は、いつでも受検することができ、また1科目ごとに好きな時間に受検することが可能ですが、全科目が受検期間内に終了するようにしてください。各科目の受検は1回のみです。
●トラブルなどの理由によって、テストが中断してしまったときは、再度ログインし直して受検してください。
●回線の状況によっては、問題の表示に5分から10分程度かかることがありますが、テスト時間には影響しませんのでご安心ください。
●正しく受検できなかったときは、【FAQ】をご確認ください。

> 「玉手箱」同様、「動作テスト」の時間と「テスト時間」が併記される

科目名と時間から、出題テストがわかる！

科目名	テスト時間	出題されるテスト	対策
四則逆算テスト	9分	四則逆算	『これが本当のCAB・GABだ！』(講談社)掲載
法則性テスト	12分	法則性	
命令表テスト	15分	命令表	
暗号テスト	16分	暗号	
パーソナリティ	約20分	性格の本格版→玉手箱と同じ	『これが本当のWebテストだ！①』(講談社)掲載

「検査1」「検査2」などとあったら「TG-WEB」

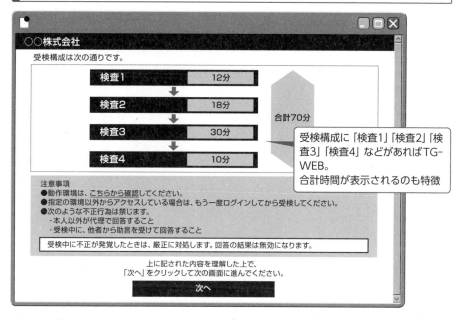

受検構成に「検査1」「検査2」「検査3」「検査4」などがあればTG-WEB。
合計時間が表示されるのも特徴

画面デザインを変えたタイプもある！

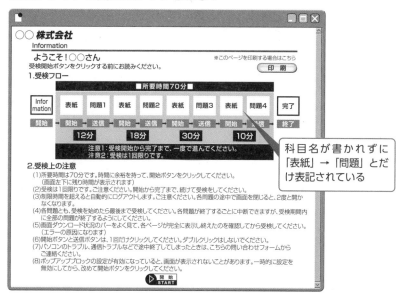

科目名が書かれずに「表紙」→「問題」とだけ表記されている

TG-WEBは、テスト時間から出題テストを判別する！

科目名	テスト時間	出題されるテスト	対策
※実施説明ページに科目名は表示されない。テスト時間から判断する	12分	言語（標準型）	『これが本当のWebテストだ！②』（講談社）掲載
	7分	言語（時短型）	
	18分	計数（標準型）	
	8分	計数（時短型）	
	15分	英語 A8 CP　のいずれか	
	10分	G9 W8 T4　のいずれか	
	20分	CAM　または Vision	
	30分	A8	

※A8、CP、G9、W8、T4、CAM、Visionは性格テストの名前です。

※テスト時間が15分、10分、20分のときは、開始後に内容を判断するしかありません。

※A8には、15分98問のタイプと、30分156問のタイプがあります。

※これ以外に、「B5」「U1」「P8」「Scope」という性格テストがあります。

「非言語検査」 とあったら 「WEBテスティング」

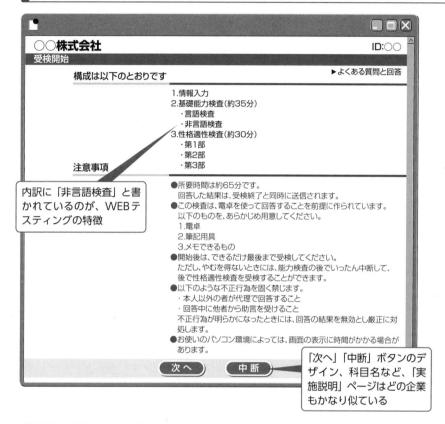

○○株式会社　　　　　　　　　　　　　　　　　　　　　　ID:○○

受検開始

構成は以下のとおりです　　　　　　　　　　　　　▶よくある質問と回答

1.情報入力
2.基礎能力検査(約35分)
　・言語検査
　・非言語検査
3.性格適性検査(約30分)
　・第1部
　・第2部
　・第3部

注意事項

内訳に 「非言語検査」 と書かれているのが、WEBテスティングの特徴

●所要時間は約65分です。
　回答した結果は、受検終了と同時に送信されます。
●この検査は、電卓を使って回答することを前提に作られています。
　以下のものを、あらかじめ用意してください。
　1.電卓
　2.筆記用具
　3.メモできるもの
●開始後は、できるだけ最後まで受検してください。
　ただし、やむを得ないときには能力検査の後でいったん中断して、
　後で性格適性検査を受検することができます。
●以下のような不正行為を固く禁じます。
　・本人以外の者が代理で回答すること
　・回答中に他者から助言を受けること
　不正行為が明らかになったときには、回答の結果を無効とし厳正に対
　処します。
●お使いのパソコン環境によっては、画面の表示に時間がかかる場合が
　あります。

次へ　　　中断

「次へ」「中断」 ボタンのデザイン、科目名など、「実施説明」 ページはどの企業もかなり似ている

科目名と時間から、出題テストがわかる！

科目名	テスト時間	出題されるテスト	対策
基礎能力検査 ・言語検査 ・非言語検査	約35分	言語、非言語	P.30
性格適性検査	約30分	性格	P.188

「個人特性分析」「数理」「図形」「論理」とあったら「CUBIC」

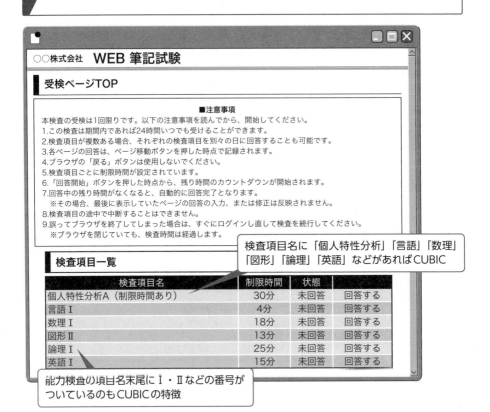

○○株式会社　WEB 筆記試験

受検ページTOP

■注意事項

本検査の受検は1回限りです。以下の注意事項を読んでから、開始してください。
1. この検査は期間内であれば24時間いつでも受けることができます。
2. 検査項目が複数ある場合、それぞれの検査項目を別々の日に回答することも可能です。
3. 各ページの回答は、ページ移動ボタンを押した時点で記録されます。
4. ブラウザの「戻る」ボタンは使用しないでください。
5. 検査項目ごとに制限時間が設定されています。
6. 「回答開始」ボタンを押した時点から、残り時間のカウントダウンが開始されます。
7. 回答中の残り時間がなくなると、自動的に回答完了となります。
　※その場合、最後に表示していたページの回答の入力、または修正は反映されません。
8. 検査項目の途中で中断することはできません。
9. 誤ってブラウザを終了してしまった場合は、すぐにログインし直して検査を続行してください。
　※ブラウザを閉じていても、検査時間は経過します。

> 検査項目名に「個人特性分析」「言語」「数理」「図形」「論理」「英語」などがあればCUBIC

検査項目一覧

検査項目名	制限時間	状態	
個人特性分析A（制限時間あり）	30分	未回答	回答する
言語Ⅰ	4分	未回答	回答する
数理Ⅰ	18分	未回答	回答する
図形Ⅱ	13分	未回答	回答する
論理Ⅰ	25分	未回答	回答する
英語Ⅰ	15分	未回答	回答する

> 能力検査の項目名末尾にⅠ・Ⅱなどの番号がついているのもCUBICの特徴

科目名と時間から、出題テストがわかる！

科目名	テスト時間	出題されるテスト	対策
個人特性分析	30分〜制限なし	性格	P.267
言語	4〜10分	言語	P.198
数理	15〜40分	数理	
図形	5〜15分	図形	
論理	15〜40分	論理	
英語	10〜15分	英語	

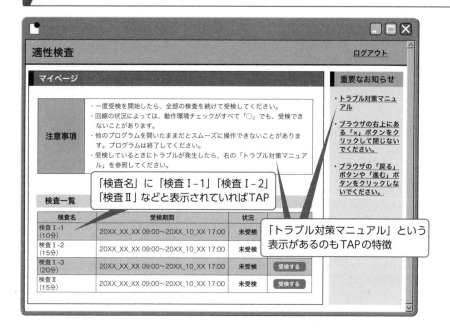

「検査Ⅰ-1」「検査Ⅱ」などとあったら「TAP」

適性検査　　　　　　　　　　　　　　　　　　　　　　ログアウト

マイページ

注意事項
・一度受検を開始したら、全部の検査を続けて受検してください。
・回線の状況によっては、動作環境チェックがすべて「○」でも、受検できないことがあります。
・他のプログラムを開いたままだとスムーズに操作できないことがあります。プログラムは終了してください。
・受検しているときにトラブルが発生したら、右の「トラブル対策マニュアル」を参照してください。

重要なお知らせ
・トラブル対策マニュアル
・ブラウザの右上にある「×」ボタンをクリックして閉じないでください。
・ブラウザの「戻る」ボタンや「進む」ボタンをクリックしないでください。

「検査名」に「検査Ⅰ-1」「検査Ⅰ-2」「検査Ⅱ」などと表示されていればTAP

検査一覧

検査名	受検期間	状況	
検査Ⅰ-1 (10分)	20XX_XX_XX 09:00〜20XX_10_XX 17:00	未受検	
検査Ⅰ-2 (15分)	20XX_XX_XX 09:00〜20XX_10_XX 17:00	未受検	
検査Ⅰ-3 (20分)	20XX_XX_XX 09:00〜20XX_10_XX 17:00	未受検	受検する
検査Ⅱ (15分)	20XX_XX_XX 09:00〜20XX_10_XX 17:00	未受検	受検する

「トラブル対策マニュアル」という表示があるのもTAPの特徴

科目名と時間から、出題テストがわかる！

科目名	テスト時間	出題されるテスト	対策
検査Ⅰ-1	10分	言語	P.274
検査Ⅰ-2	15分	数理	
検査Ⅰ-3	20分	論理	
検査Ⅱ	15分	性格	P.311

※このほか、オプション検査として英語テストがあります。

テストセンター 種類特定法

「予約サイト」でテストセンターの種類がわかる！

　会場受検型Webテスト（テストセンター）では、受検予約をするための「予約サイト」にアクセスするように指示があります。まずは指示の通りに予約サイトにアクセスしてください。

　この予約サイトに書かれているテスト名や科目構成、テストセンターの会場の名前などから、テストセンターの種類を判別することができます。

企業からの受検指示に従って予約サイトにアクセス

↓

使用許諾や受検の流れなどの説明ページが表示される

　　　　◆予約サイトのページから、テストセンターの種類が判断できる！
　　　　　→次ページ以降参照

↓

受検会場や日時を選んで受検予約をする

「パーソナリティ」「知的能力」などが書いてあり、「ピアソンVUE」のテストセンターで受けるなら「C-GAB」

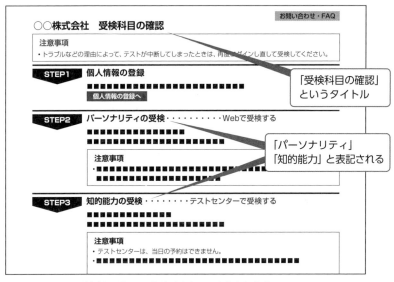

○○株式会社　受検科目の確認

お問い合わせ・FAQ

注意事項
・トラブルなどの理由によって、テストが中断してしまったときは、再度ログインし直して受検してください。

STEP1　個人情報の登録

■■■■■■■■■■■■■■■■■■■■■■■■■■■■■■■
個人情報の登録へ

「受検科目の確認」というタイトル

STEP2　パーソナリティの受検・・・・・・・・Webで受検する

■■■■■■■■■■■■■■■■■■■■■■■■■■■■■■■

注意事項
・■■■■■■■■■■■■■■■■■■■■■■■■■■■■■■■

「パーソナリティ」「知的能力」と表記される

STEP3　知的能力の受検・・・・・・・テストセンターで受検する

■■■■■■■■■■■■■■■■■■■■■■■■■■■■■■■

注意事項
・テストセンターは、当日の予約はできません。
・■■■■■■■■■■■■■■■■■■■■■■■■■■■■■■■

※このほか、ページ上部に「SHL」と表示されることもあります。
※一部の企業では、C-GABをテストセンターで受けるか、オンライン監視のもと自宅で受けるかを選べます。自宅受検が可能な企業では、「知的能力の受検」の横に、「テストセンターとオンライン監視型Webテストから選択する」などと表示されます。

● **科目構成**

「受検科目の確認」ページで、「パーソナリティ」「知的能力」と表記される
※テスト名は「総合適性検査」と表記されます。

● **テストセンターの会場の名前**

「ピアソンVUE（PEARSON VUE）」のテストセンター
※能力テストの受検予約ページで「ピアソンVUE」と表記されます。

● **C-GABの対策は**

『これが本当のWebテストだ！①』（講談社）

> **「性格検査と基礎能力検査の2部構成」などが書いてあり、「プロメトリック社」のテストセンターで受けるなら「SPI」**

テストセンター	○○株式会社

こちらはテストセンターのページです。

初めてテストセンターを受検されるときは、■■■■■■■■■■■■■■■■■■

テストセンターIDとパスワードをお持ちのときは、■■■■■■■■■■■■■■■

> 予約サイトのデザインは、「WEBテスティング」(21ページ)に似ている

初めてテストセンターを受検されるとき>>テストセンターIDを取得してください。 ID取得
※■■■■■■■■■■■■■■■■■■■

テストセンターIDをお持ちのとき>>テストセンターログインをしてください。

▼よくあるご質問

テストセンターID	
	※■■■■■■■■■■■■■■■
テストセンターパスワード	
	※■■■■■■■■■■■■■■■
企業別の受検ID	

ログイン

よくあるご質問
■■■■■■■■■■■■■■■■■■

※SPIのテストセンターでは、ログイン後の受検予約画面で、会場で受けるか、オンライン監視のもと自宅で受けるかを選べます。

● **科目構成**

ログイン後の受検予約画面の「検査内容」に、**テストの構成が「性格検査と基礎能力検査の2部構成」のように表記される**

● **テストセンターの会場の名前**

「プロメトリック社」のテストセンター

● **SPIのテストセンター方式の対策は**

『これが本当のSPI3テストセンターだ！』(講談社)

「ヒューマネージテストセンター」と書いてあったら「ヒューマネージ社のテストセンター」

ヒューマネージテストセンター

ヒューマネージテストセンター予約

ヒューマネージテストセンターをはじめて利用する場合は、「テストセンター利用IDを取得」ボタンをクリックして、「テストセンター利用ID」を取得してください。
テストセンター利用IDとパスワードをすでに持っている場合は、■■■■■■■■■■■■■■■■■■■■■■

「ヒューマネージテストセンター」と表記される

はじめて利用する場合

テストセンター利用ID を取得

■■■■■■■■■■■■■■■■■■■
■■■■■■■■■■■■■■■■■■■
■■■■

テストセンター利用 ID を持っている場合
※ ■■■■■■■■■■■■■■■■■
※ ■■■■■■■■■■■■■■■

テストセンター利用ID

テストセンター利用パスワード

企業名(受検 ID)
■■■■■■■■■■■■■■■■

ログイン

● **テストの名前**

テストセンターの受検予約のページで、**「ヒューマネージテストセンター」と表記される**

● **テストセンターの会場の名前**

「シー・ビー・ティ・ソリューションズ社」のテストセンター

※SCOAのテストセンター（次ページ）も、シー・ビー・ティ・ソリューションズ社のテストセンターで実施されます。見分けるときは注意してください。

● **ヒューマネージ社のテストセンターの対策は**

『これが本当のWebテストだ！②』（講談社）

> ## 「テストセンター試験（90分）」などが書いてあり、「シー・ビー・ティ・ソリューションズ社」のテストセンターで受けるなら「SCOA」

受検予約

試験の種類	テストセンター試験(90分)
申込期間	20XX年 X月 X日 ～ 20XX年 X月 X日
試験実施期間	20XX年 X月 X日 ～ 20XX年 X月 X日

テスト名と時間が「テストセンター試験（90分※)」と表記される

ページ下部にシー・ビー・ティ・ソリューションズ社（CBT-Solutions）のコピーライト表記がある

確認する

● **テストの名前、時間**

個人情報の入力・確認の次に行う「受検情報確認」で、「テストセンター試験（90分※)」と表記される

※実施されるテストの種類によって、表示される時間は変わります。

● **テストセンターの会場の名前**

「シー・ビー・ティ・ソリューションズ社」のテストセンター

※ヒューマネージ社のテストセンター（前ページ）も、シー・ビー・ティ・ソリューションズ社のテストセンターで実施されます。見分けるときは注意してください。

● **SCOAのテストセンターの対策は**

『これが本当のSCOAだ！』（講談社）

※SCOAには、上記の会場受検のみのテストセンターのほか、自宅受検が選べるテストセンター方式のテスト「SCOA cross」があります。SCOA crossの予約サイトは上記とは異なります。

第 **3** 部

WEBテスティング
（自宅で受けるSPI）

●●

■ 採用テスト作成会社 ■
リクルートマネジメントソリューションズ

非言語→ 36 ページ
言語→ 136 ページ
性格→ 188 ページ

WEBテスティングとは？

■● あの「SPI」のパソコン受検版

WEBテスティングは、リクルートマネジメントソリューションズ製のWebテストです。有名テスト「SPI」の自宅パソコン受検版です。自宅で気軽に受検できる利点と、SPIのブランド力の両方を兼ね備えているため、企業に根強い人気があります。

■● テストセンターに次いで使われている

SPIには複数の受検方式があります。WEBテスティングもその1つです。

SPIで最も使われている方式は「テストセンター」で、WEBテスティングはテストセンターに次いで使われています。

SPIの実施方式と受検者数の割合

実施方式		方式の説明	受検者数の割合
パソコン	テストセンター	専用会場のパソコンで受ける	65%
	WEBテスティング	自宅のパソコンで受ける	20%
	インハウスCBT	企業内のパソコンで受ける ※WEBテスティングとほぼ同じテストが実施される	1%
紙	ペーパーテスト	マークシートを企業内などで受ける	14%

※受検者数の割合は「リクナビ2015」内の「SPI3公式ガイド」に公表されていたデータを元に作成

この表からもわかるように、**SPI対策の中心は、テストセンターやWEBテスティングなど、パソコンで受ける方式**なのです。

■● 基礎能力検査＋性格検査の組み合わせ

WEBテスティングは、基礎能力検査と性格検査で構成されています。基礎能力検査は言語（国語に相当）、非言語（数学に相当）が同じ時間内で実施されます。

検査名	所要時間	詳しい対策
基礎能力検査	約35分	非言語P.36、言語P.136
性格検査	約30分	P.188

■○ 最新のバージョンは「SPI3」

　SPIの最新バージョンは、2013年1月に登場した「SPI3」です。バージョンアップに伴い、WEBテスティングでは主に以下の点が変更されています。

・言語と非言語がまとめて1つの基礎能力検査として実施される

　SPI2では言語と非言語は独立科目でした。また、従来は問題数が固定されていましたが、SPI3では、**受検者の回答状況に応じて問題数が変化します。**

・画面ごとに制限時間があり、一度進んだら戻れない

　SPI2では全体の制限時間内で問題を行き来できました。

・一般企業人対象や高校生対象のWEBテスティングが登場

　SPI2のWEBテスティングは大学生だけが対象でした。

■○ WEBテスティングの画面

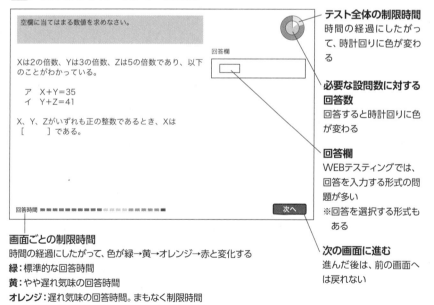

テスト全体の制限時間
時間の経過にしたがって、時計回りに色が変わる

必要な設問数に対する回答数
回答すると時計回りに色が変わる

回答欄
WEBテスティングでは、回答を入力する形式の問題が多い
※回答を選択する形式もある

次の画面に進む
進んだ後は、前の画面へは戻れない

画面ごとの制限時間
時間の経過にしたがって、色が緑→黄→オレンジ→赤と変化する
緑：標準的な回答時間
黄：やや遅れ気味の回答時間
オレンジ：遅れ気味の回答時間。まもなく制限時間
赤：制限時間終了。赤の表示になると、未回答でも自動的に次の画面へ進む

■ WEBテスティングの動作環境

パソコン	CPU　1GHz以上 メモリ　1GB以上（32bitOS）／2GB以上（64bitOS）
ディスプレイ	解像度　1024×768以上
OS	以下のいずれか 日本語版　Windows　10/11 日本語版　MacOS 10.9以降
回線	パソコン1台あたり5Mbps相当以上
ブラウザ	以下のいずれか Microsoft Edge Google Chrome Safari 7.0以上
拡大設定	ブラウザの拡大設定が100%となっていること

※動作環境は、受検年度や企業によって変わることがあります。動作環境は、実際の受検時に必ずご確認ください。

■ WEBテスティングの特徴

1. 電卓の使用が前提

　WEBテスティングでは、電卓の使用が前提です。電卓を使いこなすことが求められます。テストセンターやペーパーテストなど、他の方式では、筆算が前提です。

2. 他の方式とは出題範囲が違う

　WEBテスティングの出題範囲は、SPIの他の方式とは違います。詳しくは、言語、非言語の各概要（言語はP.136、非言語はP.36）をお読みください。

3. 入力形式の問題が多い

　WEBテスティングでは、言語・非言語ともに、回答を入力する形式の問題が出題されます。特に非言語は、ほとんどの問題がこの形式です。入力が必要な問題はテストセンターでも出題されますが、WEBテスティングほど多くはありません。
　入力式の問題は、一から自分で解き方を考え、計算し、答えを出さなければなりません。この特徴を踏まえたうえで、対策や時間配分を考える必要があります。

4. 回答状況に応じて、出題される分野や問題数が変化する

　WEBテスティングでは、受検者ごとに異なる問題が出題されます。また、**回答状**

況に応じて、難易度や出題数が変化します。

◗ WEBテスティングの対策は他の方式にも役立つ

　電卓の使用や出題範囲などに違いはありますが、WEBテスティングとSPIの他の方式には共通点もあります。まず、どの方式でも、SPIで出題される問題のほとんどは学校で習った国語や数学の知識があれば解ける問題だということです。また、出題分野や問題の傾向もかなり固定されています。**WEBテスティングの対策をすれば、SPIの他の方式の対策にも役立つのです。**

◗ インハウスCBTはWEBテスティングとほぼ同じ

　インハウスCBTは、企業に出向いてパソコンで受ける方式のSPIです。インハウスCBTでは、WEBテスティングとほぼ同じ問題が出題されることが報告されています。WEBテスティングの対策は、インハウスCBTの対策にもなります。

WEBテスティングの攻略法

◗ 高得点のコツは「手早く」「正確に」解くこと

　WEBテスティングは、企業ごとに合格ラインが異なるため、何割を正解すれば通過するとは一概に言えません。確実に言えるのは、基礎能力検査の点数は高いに越したことはないということです。できるだけ高得点がとれるように対策をしましょう。

　高得点をとるためのコツは、「手早く」「正確に」解いて、なるべく多くの問題に正解すること。そのためには、**本書に繰り返し取り組み、確実に正解できるようにしておくことが大事です。**

◗ 各科目はまんべんなく得点するのが理想

　基礎能力検査の各科目は、まんべんなく得点するのが理想です。**言語・非言語のどちらかが極端に苦手な人は、苦手なほうを優先して対策しましょう。**

◗ 「手早く正確に解く」ための6箇条

1. 筆記用具とメモ用紙を用意し、活用する

　画面上の問題から、ポイントとなるキーワードや数値をメモ用紙に書き出して整理すると、解きやすくなります。

2. 電卓を用意し、使い慣れておく

　電卓は必ず用意し、練習段階から電卓を使って慣れておきましょう。

3. 選択肢のいずれかをクリックしてから考える

　未回答のまま制限時間を過ぎると、自動的に次に進んでしまいます。回答を選択する問題では、選択肢のいずれかをクリックしてから、問題を解き始めましょう。

4. わからない問題でも、未回答にはしない

　WEBテスティングでは、「誤謬率」（回答のうち、どれだけ間違ったかという割合）

は測定されません。問題には必ず回答しておきましょう。

5. 制限時間を意識しながら解く

全体の制限時間と、画面ごとの制限時間の表示を見ながら、上手に時間配分して問題を解きましょう。

6. わからない問題に時間を使いすぎない

わからない問題に時間を使いすぎることは避け、あたりをつけて答えを選び、先に進みましょう。

■● 画面内での時間配分に注意しよう

1画面に出題される問題数には1〜5問程度と幅があります。1画面に複数の問題があるときは、未回答の問題を残さないよう、画面内での時間配分に注意しましょう。

1画面に2問出題されるときの画面例

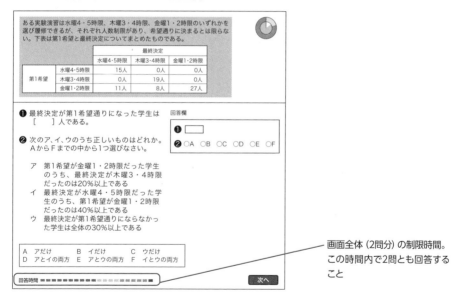

画面全体（2問分）の制限時間。この時間内で2問とも回答すること

■● 非言語では「半角数字」で入力する

非言語では「半角数字」での入力が必要です。入力方法を間違うと、正しく採点されないので、注意しましょう。

WEBテスティング非言語の概要

■● 特徴を踏まえた対策を

　WEBテスティングの非言語では、答えの数値を入力する形式（入力形式）の問題がほとんどです。選択肢から回答を選ぶ形式（選択形式）は、推論や図表の読み取りなど一部の問題でしか出題されません。入力形式の問題に慣れておくことが大切です。

　出題される問題の内容は、オーソドックスです。ただし、1問あたりに使える時間がかなり短いので、常に手早く解くことを心がける必要があります。

■● 4つの攻略ポイント

① 入力形式の問題では、ヤマカンで答えを選ぶことはできない

　入力形式の問題では、選択肢による手がかりなしで、正確に答えを求める必要があります。四捨五入などの指示も見逃さないように気をつけましょう。

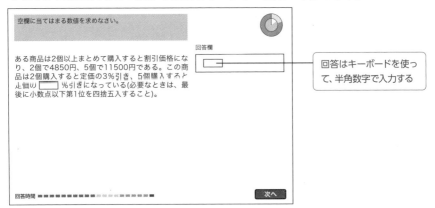

② 計算ミスを減らすためにも、電卓は必ず用意

1問あたりにかけられる時間が短いので、素早く正確に計算するために電卓は欠かせません。あらかじめ電卓に慣れておくこと、効率のよい打ち方を覚えておくことが大事です。

※同じSPIでも、テストセンターやペーパーテストでは電卓の使用は認められていません。実際に再現問題に取り組めばわかるように、電卓が使えるからといって、WEBテスティングが簡単ということは決してありません。むしろ電卓は必須で、その上でさらに早く解くことを心がけないと、制限時間内に答えることができないのがWEBテスティングです。

③ 効率のよい解き方を覚える

本書に繰り返し取り組み、問題に慣れるのはもちろんのこと、要領のよい解き方を覚えましょう。問題によっては、アイデア次第でかなり早く解けるものがあります。手早く解く方法はないか、常に考えながら取り組みましょう。それぞれの問題の手早い解き方は、解説ページで個別に説明します。

④ 分数を計算する問題では、答えは約分してから入力するものがほとんど

分数を計算する問題では、約分を忘れないようにしましょう。

※約分とは、分母と分子を同じ数で割り算して、できるだけ小さな数の分数にすることです。例えば、$\dfrac{2}{10}$ は約分すると、$\dfrac{1}{5}$ になります。

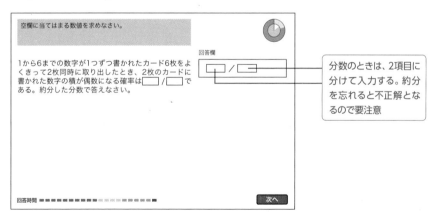

非言語の出題範囲

　以下の表は、SPIの主要な方式（WEBテスティング、テストセンター、ペーパーテスト）の出題範囲です。表からわかるように、SPIでは方式によって出題範囲に大きな違いがあります。**WEBテスティングの出題範囲を把握して対策することが重要**です。

　本書の「非言語」は、**WEBテスティングの頻出度の高さと、学習効率とを考えた順番で掲載**しています。読者のみなさんは、本書の目次順に学習を進めていけば、効率のよい対策ができます。

	WEB テスティング	テストセンター	ペーパーテスト	掲載ページ
推論	★	★	★	p.40/p.50/ p.58
整数の推測	◎	×	×	p.58
図表の読み取り	◎	★	★	p.66
集合	◎	◎	○	p.74
順列・組み合わせ	◎	○	○	p.82
確率	◎	◎	◎	p.90
損益算	◎	○	○	p.98
料金の割引	○	○	○	p.98
代金の精算	○	○	○	p.98
割合・比	◎	○	○	p.106
分割払い・仕事算	○	○	◎	p.106
速さ	○	○	◎	p.112
資料の読み取り	×	○	×	
長文読み取り計算	×	○	×	
グラフの領域	×	×	◎	
物の流れと比率	×	×	○	
装置と回路	×	×	○	

★：極めて高い頻度で出題される　◎：高い頻度で出題される　○：出題されることがある　×：出題されない
※学習効率を考えて、推論のうち、整数に関する問題は「整数の推測」のページに掲載します。
※このほか、過去にWEBテスティングで「文字列の規則性」「フローチャート」「論理式」が出題されたことがあります。
　近年は出題が確認されていませんが、参考問題として、p.118に掲載します。
※上表のデータは、SPIノートの会の独自調査によるものです。無断転載を禁じます。
©SPIノートの会

■● どの分野から何問出題されるのか

　WEBテスティングは、回答状況に応じて出題される分野と問題数が変化するのが原則です。どの分野から何問出題されるのかは決まっていません。目安となるのは、非言語が「20分20問」で固定されていた前バージョン（SPI2）の出題パターンで、現在でもこのパターンに非常に似通った分野、問題数が出題されるという報告が寄せられています。

1	計算系の各分野	3画面で計3問
2	「推論（条件から数値算出）」	3画面で計3問
3	計算系の各分野	3画面で計3問
4	「推論（答えが決まる条件）」	3画面で計3問
5	「順列・組み合わせ」「確率」	3画面で計3問
6	「図表の読み取り」	1画面で計2問
7	「集合」	3画面で計3問

※「計算系の各分野」は、「整数の推測」「損益算」「料金の割引」「代金の精算」「割合・比」「分割払い・仕事算」「速さ」から出題されます。

　本書ではこの点を踏まえ、上記のパターンに基づいて「20分20問」で模擬テストを1セット掲載します。実際に時間を計って取り組んでください。

1 推論（条件から数値算出）

● 条件を使って数値を求める。わかるところから、具体的に考えていく
● 頭の中だけで考えると混乱しやすい。メモ用紙を用意して状況整理に役立てよう

例題

※推論のうち、整数に関する問題は「整数の推測」（58ページ）に掲載しています

1 空欄に当てはまる数値を求めなさい。

5階建てのマンションの住人P、Q、R、S、T、Uの住んでいる階について、以下のことがわかっている。

　ア　PとSは同じ階に住んでいる

　イ　Qだけが住んでいる3階よりも下の階には、3人が住んでいる

　ウ　Uより2つ下の階には、Rだけが住んでいる

このとき、Sは ☐ 階に住んでいる。

2 空欄に当てはまる数値を求めなさい。

P、Q、Rの3人が数学の試験を受けた。その結果について、以下のことがわかっている。

　ア　3人の平均点は70点だった

　イ　Rの点数は、PとQの2人の平均点より6点高かった

このとき、Rの点数は ☐ 点である。

3 空欄に当てはまる数値を求めなさい。

ある商品について3つの商店P、Q、Rの販売価格を比較したところ、高いほうからP、Q、Rの順であり、以下のことがわかった。

　ア　3つの商店の販売価格の平均は297円だった

　イ　商店Pと商店Rの販売価格の差は20円だった

このとき、商店Rの販売価格は最も安くて ☐ 円である。

1 具体的に何階に住んでいるのか、わかるのはイ。ここから始める。イから、**Qは3階**で、1〜2階には合わせて3人が住んでいることがわかる。

次に、ウを考える。2つ下の階は「5→3階」「4→2階」「3→1階」。3階は「Qだけ」

なので、「5→3階」「3→1階」は除外。残

るのは「4→2階」。**Uが4階でRが2階。2**

階は**R**だけなので、**1階は2人**。この時点

で、階が不明なのは**P、S、T**。そのうち、**P**

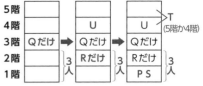

と**S**は、アから同じ階。よって、1階に住んでいるのは**P**と**S**。**S**は1階に住んでいる。

2 アとイから考えられるP、Q、Rの点数を列挙していき、**3人の合計が210点**（「平均点

×人数＝合計点」。アから3人の平均点は70点。70点×3人＝210点）のものを探す。

イの「**R**の点数は、**P**と**Q**の2人の平均点より6点高かった」から、**PとQの2人の平**

均点は、3人の平均点の70点よりも低い。**P**と**Q**の両方が、仮に69点の場合から始

める（**P**と**Q**は、平均点さえわかればよい。計算しやすいよう同点にする）。

P			69	68
Q			69	68
R（P、Qの平均より6点高い。P＋6）			75	74
3人の合計点（P＋Q＋R）			213	210

合計点が210のものが見つかった。以降は検討不要

Rは74点。

> **別解** **方程式で解く場合**
>
> アから「P＋Q＋R＝210」。イから、PとQの平均点はRより6点低い。つまり、Rから
> 6点引いたものを2倍すると、PとQの合計点で、「P＋Q＝（R−6）×2」。これをアの
> 「P＋Q」に代入すると「（R−6）×2＋R＝210」。方程式を解くと「R＝74」。

3 アから、平均297円（3倍すると合計額）で、設問とイから、最高の**P**と最低の**R**の差が

20円。残る**Q**が高いほど、**R**は安くなる。**Q**は、**最高のPより1円だけ安い**と考える。

Rの販売価格をxとして、3店の合計額の方程式を作る。

$$\underset{\text{Rと20円差}}{(\underset{P}{x+20\text{円}})}+\underset{\text{Pより1円安い}}{(\underset{Q}{x+19\text{円}})}+\underset{R}{x\text{円}}=\overset{\text{平均を3倍すると合計額}}{297\text{円}\times3}$$

$$3x+39=891$$

$$x=284$$

Rは最も安くて284円。　　※Pは304円、Qは303円

正解	**1** 1	**2** 74	**3** 284

空欄に当てはまる数値を求めなさい。

1 K、L、M、Nの4人で競泳を2回行った。2回の順位について、以下のことがわかっている。ただし、各回とも同着はいなかった。

　　ア　1回目に4位だったKは、2回目は2位だった

　　イ　2回目にLとNは1回目より1つずつ順位が下がった

このとき、1回目のMの順位は ☐ 位である。

2 P、Q、Rは1号室から18号室までの部屋があるアパートに住んでいる。ただし、6号室、10号室、14号室は空室である。3人の部屋番号について、以下のことがわかっている。

　　ア　3人の部屋番号の合計は39である

　　イ　Pの部屋番号はQの部屋番号より7小さい

このとき、Rの部屋番号は ☐ である。

3 つり銭として24000円分の硬貨を用意した。その種類と枚数について、以下のことがわかっている。

　　ア　硬貨は100円と500円の2種類だった

　　イ　硬貨の合計枚数は85枚以下だった

このとき、500円硬貨は最も少なくて ☐ 枚である。

1 アから、Kは1回目が4位で、2回目が2位。

次に、イからLとNの順位を考える。1つ順位が下がるのは「1→2位」「2→3位」「3→4位」。2回目の2位はKなので、「1→2位」は除外。残るのは「2→3位」「3→4位」。LとNのうち片方が「1回目が2位で、2回目が3位」、もう片方が「1回目が3位で、2回目が4位」（図の赤かグレーの部分）。

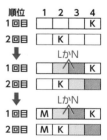

残る順位は1・2回目とも1位だけ。Mは1位。

2 アとイから考えられるP、Q、Rの部屋番号を列挙していき、空室の番号を除く。
まず、イから、PはQより7小さいので「P＝Q－7」。アから、P、Q、Rの合計が39なので「R＝39－Q－P」。これを使って、Qが最大の18のときから考えて、1つずつ減らしていく。

※部屋番号は1～18の間で、6、10、14は空室。

Q	18	17	16	15
P (Q－7)	11	~~10~~	9	8
R (39－Q－P)	~~10~~	12	~~14~~	16

> Qが1減ると、Pは1減ってRは2増える。途中で気づくと以降は列挙が楽

該当するものが見つかった。以降は検討不要

当てはまるのはQが15、Pが8、Rが16のとき。Rの部屋番号は16。

3 500円硬貨が最も少ない場合なので、100円硬貨ができるだけ多い場合を考えてみる。硬貨は最大で85枚。これがすべて100円硬貨なら8500円。24000円に足りない金額は

　　24000円－8500円＝15500円

硬貨1枚を100円から500円に変更すると400円増える。足りない金額を満たす枚数は

　　15500円÷400円＝38.75枚

39枚を500円硬貨で用意すればよい。500円硬貨は最も少なくて39枚。

※500円硬貨が39枚のとき100円硬貨は45枚で、合計84枚で24000円。
　なお、500円硬貨が38枚のときは100円硬貨が50枚必要で、合計88枚となり不適切。

> **別解** 方程式で解く場合
> 500円硬貨の枚数が少ないほど、硬貨の合計枚数は増える。そこで、最大枚数の85枚で24000円を用意する場合に、500円硬貨が何枚になるかを方程式で求める。500円硬貨の枚数をxとすると「(500円×x枚) ＋ (100円×(85－x枚))＝24000円」。方程式を解くと「x＝38.75」。500円硬貨は最も少なくて39枚。

正解	**1** 1	**2** 16	**3** 39

空欄に当てはまる数値を求めなさい。

1 X、Y、Zの3人が、1人6球ずつバスケットボールのシュートを放って、成功した回数を競った。3人が成功した回数について、以下のことがわかっている。ただし、成功した回数が同じ人はいなかった。

  ア Xが成功した回数はZの2倍だった

  イ 3人とも2回以上成功した

  ウ Yが成功した回数は最も少なかった

このとき、Zが成功した回数は   回である。

2 赤、黄、青の3色の箱を、同じ色が隣り合わないように横1列に、合計12個並べた。どのように並べたかについて、以下のことがわかっている。

  ア 青は赤より2個多い イ 赤と黄が隣り合っているところはない

このとき、黄の箱は   個並べた。

3 南北2地区合同で運動会を行ったところ、2地区合わせて83人が参加した。参加した大人と子どもの人数について、以下のことがわかっている。

  ア 大人と子どもの参加者数の差は7人だった

  イ 大人の参加者数は、北地区が南地区より9人多かった

このとき、北地区から参加した大人の人数は   人である。

1 イから、3人とも2回以上成功。ウから、成功回数が最も少ないのはYなので、2回成功の可能性があるのはYだけ。XとZは3回以上で、なおかつ、アから「XはZの2倍」。当てはまるのは、Zが3回、Xが6回のときだけ。Zは3回成功。

X（Z×2）	6	8
Z（3回以上）	3	4

Zが4回だと、Xが6回を超えてしまう

2 設問から、同じ色は隣り合わず、イから、赤と黄が隣り合わない。ここから、赤の隣は青で、黄の隣も青だとわかる。つまり、「青」と「赤か黄」が交互に並んでいる。

合計は12個なので、半分の6個が青で、残りの6個が赤か黄。赤はアから、青より2個少ないので「6－2＝4個」。黄は残りなので「6－4＝2個」。

3 設問から、83人参加。アから、大人と子どもの差は7人。大人と子どものどちらが多いのかは

大人と子どものうち

不明。まず、多いほうと少ないほうの人数を求める。大人と子どもの合計（2つの和）から差を引いて、2で割ると少ないほうの人数になる。

```
     合計     差      少ないほうの人数
 (83人－7人) ÷2 ＝ 38人
```

```
     合計   少ないほうの人数  多いほうの人数
 83人－      38人    ＝ 45人
```

大人は38人か45人。どちらなのかを、イの「大人の参加者数は、北地区が南地区より9人多かった」を使って考える。南

北地区の大人
南地区の大人
差は9人　合計 45人

北2地区の大人の合計（38人か45人）に、差の9人を足して、2で割ると多いほう（北地区の大人）の人数になる。**この計算の答えが整数になるのは、大人の人数が奇数のとき**（9を足して2で割り切れるのは奇数）。ここから、大人の人数は45人。

```
    大人   差     北地区の大人の人数
 (45人 ＋ 9人) ÷ 2 ＝ 27人
```

北地区から参加した大人の人数は27人。

正解	**1** 3	**2** 2	**3** 27

空欄に当てはまる数値を求めなさい。

1 50円、80円、120円のペンが何本かあり、以下のことがわかっている。

　　ア　ペンの金額の合計は540円　　イ　80円のペンの本数が最も多い

このとき、ペンは全部で □ 本である。

2 1本の棒に、赤、黒、茶、黄の印がついているが、順番はわからない。それぞれの印の間の長さについて、以下のことがわかっている。

　　ア　茶と黒の間は15cm、黒と黄の間は40cm、黄と赤の間は20cmである

　　イ　赤と黒の間が最も長い

このとき、赤と茶の間は □ cmである。

3 ある人が家庭菜園でイチゴを栽培している。おととい、昨日、今日の3日間で合計31個のイチゴを収穫した。3日間それぞれの日に収穫した数について、以下のことがわかっている。

　　ア　今日はおとといの2倍の数のイチゴを収穫した

　　イ　最も多かった日は最も少なかった日より11個多く収穫した

このとき、昨日収穫したイチゴの数は □ 個である。

---

1 イから、80円のペンは少なくとも2本。設問から、50円、120円は少なくとも1本。確定している金額を合計から引く。

　　540円−（80円＋80円＋50円＋120円）＝210円

残りの210円になる組み合わせを考える。120円のペンだと「210−120＝90円」で端数が出る。80円と50円のペンだと「80円×2＝160円、50円×1＝50円」で、ちょうど210円。ペンは50円が2本、80円が4本、120円が1本で、全部で7本。

2 イから、「赤と黒の間が最も長い」ので、この2つが印の両端であると考えて、他の色

の配置を考える。赤から始めて、アから赤と黄の間が20cm、黄と黒の間が40cm（左右の並び順は逆でもよい）。

アから茶と黒の間は15cm。イから、赤と黒が印の両端なので、茶は黄と黒の間。

黄と茶の間は「40cm － 15cm ＝ 25cm」。よって、赤と茶の間は「20cm ＋ 25cm ＝ 45cm」。

3 アとイから考えられる3日間それぞれの収穫数を列挙していき、最多と最少の差が11になるものを探す。アから、今日はおとといの2倍なので「今日＝おととい×2」。設問から合計31個なので「昨日＝31 －おととい－今日」。これを使って、おとといが最少の1のときから考えて、1ずつ増やしていく。

おととい	1	2	3	4	5
今日（おととい×2）	2	4	6	8	10
昨日（31 －おととい－今日）	28	25	22	19	16
最多と最少の差	27	23	19	15	11

差が11のものが見つかった。以降は検討不要

昨日は16個。

> **別解** 方程式で解く場合
>
> おとといをxとすると、今日は$2x$。最多が昨日の場合と、今日の場合とで3日間の収穫数の方程式を作り、解いたときにxが整数になるほうが正しい。そのあとで昨日を計算。
>
> ●最多が昨日：最も少ないのはおととい。昨日はイから「$x + 11$」。おととい＋昨日＋今日は「$x + (x + 11) + 2x = 31$」となり、「$x = 5$」。整数なので正しい。昨日のxに代入すると「$x + 11 = 5 + 11 = 16$」。
>
> ●最多が今日：アとイから、昨日が最少で「$2x - 11$」。おととい＋昨日＋今日は「$x + (2x - 11) + 2x = 31$」となり、「$x = 8.4$」。小数なので間違い。
>
> ※おとといが最少はあり得ない（「2倍かつ11の差」が成り立つ最小の値が、おととい11、今日22であり、合計31を超える）。

正解	**1** 7	**2** 45	**3** 16

空欄に当てはまる数値を求めなさい。

1 ある月について、以下のことがわかっている。

　　ア　この月には第5月曜日がある

　　イ　第3金曜日は3の倍数にあたる日である

このとき、第2金曜日の日付は ▢▢▢ 日である。

2 ある会合のために、おにぎりの梅とサケを合わせて20個用意することにした。梅とサケの個数について、以下のような条件があった。

　　ア　梅の個数はサケの個数の1.5倍以下にする

　　イ　サケの個数は梅の個数の2倍以下にする

このとき、梅とサケの個数の組み合わせは ▢▢▢ 通りある。

3 3人の女性R、S、Tがそれぞれ2、3、4のカードを、3人の男性X、Y、Zがそれぞれ5、6、7のカードを1枚ずつ持って円卓に等間隔に座っている。RとX、SとY、TとZは夫婦である。6人の座り方について、以下のことがわかっている。

　　ア　両隣に男性が座っているのはTだけである

　　イ　RとXだけが夫婦で真向かいに座っている

このとき、Sの真向かいに座っている人の持つカードの番号は ▢▢▢ である。

1 「第1月曜日→第3金曜日→第2金曜日」の順で、日付を考えていく。

第1月曜日をx日とすると、アの第5月曜日は、4週（7日×4週＝28日）後なので「$x+28$日」。1ヵ月は最大で31日。これで不等式を作る。

　　$x+28 \leqq 31$

　　　　$x \leqq 3$ ➡ ここから、第1月曜日は1日、2日、3日のいずれか。

第1月曜日の4日後が、第1金曜日。第3金曜日はその2週（14日）後なので、第1月曜日の18日後。イから、第3金曜日は3の倍数。当てはまるものを探す。

第1月曜日	1日	2日	3日
第3金曜日 （第1月曜日＋18）	19日	20日	21日

第3金曜日は21日。第2金曜日は、1週（7日）前なので14日。

2 アからは、梅が最多でサケが最少のときの個数が求められる。イからは、サケが最多で梅が最少のときの個数が求められる。それぞれ求めてから、梅かサケのどちらかの最少～最多の個数を数えれば、組み合わせが何通りかわかる。

ア ➡ 梅が最多になるのは、サケの1.5倍のとき。サケ1、梅1.5として合計の20から割ると、そのときのサケの個数がわかる。

$20 ÷ （1 + 1.5） = 8$ ◁ 梅が最多のとき「サケ8、梅12」

イ ➡ サケが最多になるのは、梅の2倍のとき。梅1、サケ2として合計の20から割ると、そのときの梅の個数がわかる。

$20 ÷ （1 + 2） = 6.66…$ ◁ サケが最多のとき「梅7、サケ13」

※梅6、サケ14はサケが2倍以上になるので成り立たない。

サケに注目して、何通りあるかを数えると「8、9、10、11、12、13」の6通り。

※梅で数えても同じく6通り（12、11、10、9、8、7）。

3 アから、T（設問で女性）だけが両隣が男性。それ以外の人たちの男女順は、T以外に両隣が男性とならないように考えると、右図のいずれか。イから、RとXは男女で向かい合う（右図の場所になる）。
Sは、残った女性の席なので、どちらの場合もTの真向かい。よって、Sの真向かいに座っている人はTであり、持っているカードは設問より4。

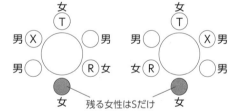

正解	**1** 14	**2** 6	**3** 4

2 推論（答えが決まる条件）

- ●答えが決まる条件を選ぶ。まず、アかイか片方だけで答えが決まるか考えて、決まらないときだけ両方を組み合わせて考える
- ●方程式が立つものは、未知数が1種類になれば答えが決まる

例題

※推論のうち、整数に関する問題は「整数の推測」（58ページ）に掲載しています

1 以下について、ア、イの情報のうち、どれがあれば[問い]の答えがわかるかを考え、AからEまでの中から正しいものを1つ選びなさい。

発表会でP、Q、R、S、Tの5人が順番にバレエを踊った。

[問い]3番目に踊ったのはだれか。

　ア　Pの3人後にTが踊った　　イ　Qの3人後にRが踊った

A　アだけでわかるが、イだけではわからない　　**B**　イだけでわかるが、アだけではわからない　　**C**　アとイの両方でわかるが、片方だけではわからない　　**D**　アだけでも、イだけでもわかる　　**E**　アとイの両方があってもわからない

2 以下について、ア、イの情報のうち、どれがあれば[問い]の答えがわかるかを考え、AからEまでの中から正しいものを1つ選びなさい。

PとQの年齢差は15歳である。

[問い]Pは何歳か。

　ア　現在のPとQの年齢を足すと55である

　イ　5年後にPの年齢はQの年齢の1.6倍になる

A　アだけでわかるが、イだけではわからない　　**B**　イだけでわかるが、アだけではわからない　　**C**　アとイの両方でわかるが、片方だけではわからない　　**D**　アだけでも、イだけでもわかる　　**E**　アとイの両方があってもわからない

1 まず、アかイか片方の条件だけで3番目が決まるか考える。決まらないときだけ、アとイの両方を組み合わせて考える。

ア ➡ Pの3人後がTとなるのは、以下のいずれかのとき。3番目がだれかは不明。

アだけではわからない。

順番	1	2	3	4	5
	P			T	

または

1	2	3	4	5
	P			T

イ ➡ Qの3人後がRとなるのは、以下のいずれかのとき。3番目がだれかは不明。

イだけではわからない。

順番	1	2	3	4	5
	Q			R	

または

1	2	3	4	5
	Q			R

片方だけでは決まらないので、アとイを組み合わせる。1番目がPなのかQなのかで、
以下の2通りが考えられる。どちらも3番目はS。よって「アとイの両方でわかるが、
片方だけではわからない」。

順番	1	2	3	4	5
	P	Q	S	T	R

または

1	2	3	4	5
Q	P	S	R	T

2 年齢差とアとイから方程式を作り、Pの年齢が決まるか考える。**年齢の数値を求める**
必要はない。方程式が解けるかどうかまでを考えればよい。方程式は、1つの式に含
まれる未知数（値のわからないもの）が1種類だけになれば解ける。

年齢差 ➡ 15歳差なので、Pが年上なら「P−Q＝15」。Qが年上なら「Q−P＝15」。

ア ➡ 方程式にすると「P＋Q＝55」。PとQのどちらが年上か不明なので、年
齢差の方程式と組み合わせて解くことができない。Pの年齢は決まらない。
アだけではわからない。

イ ➡ 方程式にすると「P＋5＝（Q＋5）×1.6」。「PはQの1.6倍」なのでP
が年上。年齢差の方程式は「P−Q＝15」と決まる。式を「Q＝P−15」
にして、イのQに代入すれば、Pの年齢が決まる。**イだけでわかる。**

よって「イだけでわかるが、アだけではわからない」。

> **参考** 方程式を解くとPは何歳になるのか
> 年齢差の「P−Q＝15」を「Q＝P−15」にして、イのQに代入する。
> 「P＋5＝（（P−15）＋5）×1.6」となり、「P＝35」。

正解	**1** C	**2** B

以下について、ア、イの情報のうち、どれがあれば [問い] の答えがわかるかを考え、
AからEまでの中から正しいものを1つ選びなさい。

1 P、Q、R、Sの4つのチームが野球の試合を総あたり方式で行った。ただし、試合に
引き分けはなかったものとする。

[問い] 勝ち数が最も多いのはどのチームか。

　ア　全勝したチームがある

　イ　QはPには負けたが、RとSには勝った

A　アだけでわかるが、イだけではわからない　　B　イだけでわかるが、アだけでは
わからない　　C　アとイの両方でわかるが、片方だけではわからない　　D　アだ
けでも、イだけでもわかる　　E　アとイの両方があってもわからない

2 ある郷土研究会には9人が所属している。

[問い] この9人の平均年齢は何歳か。

　ア　48歳のメンバーが1人加わると、平均年齢は1.0歳下がる

　イ　63歳のメンバーが1人加わると、平均年齢は58.5歳になる

A　アだけでわかるが、イだけではわからない　　B　イだけでわかるが、アだけでは
わからない　　C　アとイの両方でわかるが、片方だけではわからない　　D　アだ
けでも、イだけでもわかる　　E　アとイの両方があってもわからない

3 ある人が国語と社会と英語の試験を受けた。

[問い] 国語の得点は何点か。

　ア　この3教科の平均点は68点だった

　イ　国語の得点は、英語の得点より26点高かった

A　アだけでわかるが、イだけではわからない　　B　イだけでわかるが、アだけでは
わからない　　C　アとイの両方でわかるが、片方だけではわからない　　D　アだ
けでも、イだけでもわかる　　E　アとイの両方があってもわからない

1 アかイの片方だけで、勝ち数が最も多いチームが決まるか考える。

ア ➡ 勝ち数が最も多いのは全勝したチームとわかるが、どのチームか不明。

イ ➡ Qは2勝1敗とわかるが、もっと勝ち数が多いチームがいるか不明（Pだけが全勝かもしれないし、全勝はなしで2勝1敗したチームが複数いるかもしれない）。

アとイを組み合わせると、Pが全勝とわかる（イにより、負けた試合のあるQ、R、Sを除くと、全勝の可能性があるのはPだけ）。よって「アとイの両方でわかるが、片方だけではわからない」。

	P	Q	R	S
P		◯	◯	◯
Q	×		◯	◯
R	×	×		
S	×	×		

2 アとイから方程式を作り、片方だけで9人の平均年齢が決まるか考える。

9人の年齢合計　加入者年齢　10人　10人の平均年齢

ア ➡ （ 9x歳 ＋ 48歳 ）÷10人 ＝ $x-1$歳

> 9人の平均年齢をxとする。平均年齢×9人＝9人の年齢合計

イ ➡ （ 9x歳 ＋ 63歳 ）÷10人 ＝ 58.5歳

アもイも未知数はxだけなので方程式が解ける（方程式を解くと、9人の平均年齢は58歳）。よって「アだけでも、イだけでもわかる」。

3 アとイから方程式を作り、片方だけで国語の得点が決まるか考える。

ア ➡ 国語＋社会＋英語＝68点×3

イ ➡ 国語＝英語＋26点

アもイも、未知数（国語、社会、英語）が2種類以上あり、片方だけでは方程式は解けない。アとイを組み合わせても、社会の得点が決まらないため、方程式を解くことはできない（例えば「国語96点、英語70点、社会38点」「国語86点、英語60点、社会58点」など、さまざまな場合が考えられる）。よって「アとイの両方があってもわからない」。

正解	**1** C	**2** D	**3** E

以下について、ア、イの情報のうち、どれがあれば[問い]の答えがわかるかを考え、AからEまでの中から正しいものを1つ選びなさい。

1 100円玉と50円玉と10円玉がそれぞれ1枚以上、合計7枚ある。

[問い]100円玉は何枚あるか。

　　ア　10円玉は3枚ある　　イ　合計金額は300円未満である

A　アだけでわかるが、イだけではわからない　　B　イだけでわかるが、アだけではわからない　　C　アとイの両方でわかるが、片方だけではわからない　　D　アだけでも、イだけでもわかる　　E　アとイの両方があってもわからない

2 あるイベントの3日間の入場者数を調査した。

[問い]最も入場者数が少なかった日は何日目か。

　　ア　2日目は1日目の入場者数の1.5倍で、全体の45%に相当した

　　イ　2日目と3日目を合わせて、3日間合計の7割の入場者数だった

A　アだけでわかるが、イだけではわからない　　B　イだけでわかるが、アだけではわからない　　C　アとイの両方でわかるが、片方だけではわからない　　D　アだけでも、イだけでもわかる　　E　アとイの両方があってもわからない

3 6cm×9cmの長方形のタイルが正方形の枠内に同じ向きにすき間なく並べて貼られている。

[問い]タイルの枚数は何枚か。

　　ア　横の枚数は縦の枚数の1.5倍である

　　イ　縦、横のいずれかの枚数は18枚である

A　アだけでわかるが、イだけではわからない　　B　イだけでわかるが、アだけではわからない　　C　アとイの両方でわかるが、片方だけではわからない　　D　アだけでも、イだけでもわかる　　E　アとイの両方があってもわからない

1 アかイの片方だけで、100円玉の枚数が決まるか考える。

ア ➡ 合計7枚から10円玉3枚を引くと、残りは4枚。少なくとも1枚は50円玉なので、100円玉は1〜3枚。決まらない。

イ ➡ 合計が300円未満なので、100円玉は1枚か2枚。決まらない。

アとイを組み合わせると、10円玉が3枚、50円玉が3枚、100円玉が1枚（合計280円）に決まる。よって「アとイの両方でわかるが、片方だけではわからない」。

2 アかイの片方だけで、最も入場者数が少なかった日が決まるか考える。

ア ➡ 2日目は全体の45％。1日目は、2日目が1日目の1.5倍という情報から計算できる。1・2日目がわかるので、引き算で3日目もわかる。3日間それぞれの入場者数から、最も入場者数が少なかった日が決まる。

イ ➡ 1日目が3日間の合計の3割とわかるだけで、2・3日目それぞれの入場者数はわからない。決まらない。

よって「アだけでわかるが、イだけではわからない」。

> **参考** アを使って解くと最も入場者数が少ない日はいつになるのか
> 1日目は「2日目÷1.5」なので「45÷1.5＝30％」。3日目は「100％−1日目−2日目」なので「100−30−45＝25％」。最も入場者数が少なかったのは3日目。

3 アかイの片方だけで、タイルの枚数が決まるか考える。

ア ➡ タイルの長いほう（9cm）を縦にすると、必ず、横の枚数は縦の枚数の1.5倍。あり得る枚数はさまざま。決まらない。

イ ➡ 例えば、タイルの長いほう（9cm）を縦にする場合、「12×18＝216枚」または「18×27＝486枚」。決まらない。

アとイを組み合わせても、「12×18＝216枚」「18×27＝486枚」のいずれなのか決まらない。よって「アとイの両方があってもわからない」。

| 正解 | **1** C | **2** A | **3** E |

以下について、ア、イの情報のうち、どれがあれば［問い］の答えがわかるかを考え、
AからEまでの中から正しいものを1つ選びなさい。

1 自宅から図書館までと自宅から駅までの直線距離はどちらも1kmである。

［問い］図書館から駅まで直線距離で何kmか。

　　ア　自宅から見ると、図書館は真南に、駅は真東にある

　　イ　自宅、図書館、駅を線で結ぶと直角三角形になる

　　A　アだけでわかるが、イだけではわからない　　B　イだけでわかるが、アだけでは
わからない　　C　アとイの両方でわかるが、片方だけではわからない　　D　アだ
けでも、イだけでもわかる　　E　アとイの両方があってもわからない

2 ある店の来店客のうち100人を対象に、食料品と雑貨の購入について調べたところ、
食料品を購入した人は68人、雑貨を購入した人は32人だった。

［問い］食料品と雑貨の両方を購入した人は何人か。

　　ア　食料品だけ購入した人は48人だった

　　イ　食料品と雑貨のどちらも購入しなかった人は20人だった

　　A　アだけでわかるが、イだけではわからない　　B　イだけでわかるが、アだけでは
わからない　　C　アとイの両方でわかるが、片方だけではわからない　　D　アだ
けでも、イだけでもわかる　　E　アとイの両方があってもわからない

3 ある商品を定価の20%引きで売った。

［問い］この商品の仕入れ値はいくらか。

　　ア　92円の利益が得られた

　　イ　定価で売ったときに比べ、168円利益が減った

　　A　アだけでわかるが、イだけではわからない　　B　イだけでわかるが、アだけでは
わからない　　C　アとイの両方でわかるが、片方だけではわからない　　D　アだ
けでも、イだけでもわかる　　E　アとイの両方があってもわからない

1 アかイの片方だけで、図書館から駅の直線距離が決まるか考える。

ア ➡ 方角と距離を図にしてみると、自宅と図書館と駅は直角
二等辺三角形とわかる。三平方の定理から「$1:1:\sqrt{2}$」
で図書館から駅の直線距離が求められる。

イ ➡ 自宅から図書館と駅は等距離なので、自宅の部分が直角
となる（アで示した図と同様）。こちらも$\sqrt{2}$ kmと決まる。

よって「アだけでも、イだけでもわかる」。

2 アかイの片方だけで、食料品と雑貨の両方を購入した人数が決まるか考える。

ア ➡ 食料品の68人から、食料品だけの48人を引く
と、両方の人（20人）。決まる。

イ ➡ 「食料品68人＋雑貨32人＋どちらも購入しな
い20人」から来店客100人を引くと、両方の
人。決まる。

よって「アだけでも、イだけでもわかる」。

全体100人

食料品68人　　雑貨32人

食料品だけ　両方　雑貨だけ

食料品も雑貨も購入せず

3 アとイから方程式を作り、片方だけで仕入れ値が決まるか考える。

ア ➡ 仕入れ値＋92円＝定価×0.8

イ ➡ 定価＝定価×0.8＋168円

アは未知数が2つ（仕入れ値と定価）なので解けない。イは、定価は決まるが仕入れ値は
不明。アとイを組み合わせると、イの式で求めた定価を、アの式に代入すれば仕入れ
値も決まる。よって「アとイの両方でわかるが、片方だけではわからない」。

> **参考** 方程式を解くと仕入れ値はいくらになるのか
> イを解くと「定価＝840」。アの定価に代入すると「仕入れ値＋92＝840×0.8」となり、
> 「仕入れ値＝580」。

正解 　**1** D　**2** D　**3** C

3 整数の推測

●与えられた条件から整数を推測
●候補の数字をあげるのが速い問題もあれば、方程式が速い問題もある。臨機応変に解く

例題　　※学習効率を考えて、「整数の推測」に加えて、整数に関する「推論」の問題も掲載します

1 空欄に当てはまる数値を求めなさい。

2桁の正の整数Pがある。Pは15で割り切れ、17で割ると5余る。Pは〔　　　〕である。

2 空欄に当てはまる数値を求めなさい。

4つの正の整数がある。4つの数の積は56で、和は14である。このとき4つの数のうち最も大きい数は〔　　　〕である。

3 空欄に当てはまる数値を求めなさい。

Xは2の倍数、Yは3の倍数、Zは5の倍数であり、以下のことがわかっている。

　ア　X＋Y＝35　　イ　Y＋Z＝41

X、Y、Zがいずれも正の整数であるとき、Xは〔　　　〕である。

4 以下について、ア、イの情報のうち、どれがあれば[問い]の答えがわかるかを考え、AからEまでの中から正しいものを1つ選びなさい。

X、Y、Zは1から7までの整数のいずれかで、X＞Y＞Zである。

[問い]Yはいくつか。

　ア　X＝Y＋3　　イ　Z＝Y－3

A　アだけでわかるが、イだけではわからない　　B　イだけでわかるが、アだけではわからない　　C　アとイの両方でわかるが、片方だけではわからない　　D　アだけでも、イだけでもわかる　　E　アとイの両方があってもわからない

1 2桁の整数のうち、17で割ると5余るものを列挙する（最も小さい数は17＋5＝22。以降は17を足していく）。

　22、39、56、73、90

このうち、15で割り切れるのは90だけ。

> 15で割り切れる2桁の整数は
> 15、30、45、60、75、90

2 56を素因数分解（56を2や3などの素数だけのかけ算式に）すると、

　2×2×2×7

かけ算式の数字がちょうど4つなので、試しに和を求めると、

　2＋2＋2＋7＝13

$$
\begin{array}{r|r}
2 & 56 \\
2 & 28 \\
2 & 14 \\
7 & 7 \\
\hline
 & 1
\end{array}
$$
2×2×2×7

14には1足りない。かけ算式のうち「2×2」を「4×1」に変えると、4つの整数は「4、1、2、7」で、積は56、和は14とうまくいく。最も大きい数は7。

3 アが35、イが41とどちらも奇数。2つの数の和が奇数になるのは、「一方が偶数、もう一方が奇数」の場合だけ。Xは2の倍数なので偶数。ここからアのYは奇数。Yが奇数ということは、イのZは偶数。

　ア　X ＋ Y ＝ 35　➡　イ　Y ＋ Z ＝ 41
　　　偶数　奇数　奇数　　　　　奇数　偶数　奇数

Zは5の倍数、かつ偶数なので、「10、20、30、40」のいずれか。

イの「Y＋Z＝41」にZの候補を当てはめて、Yが3の倍数になるものを探す。

Z	10	20	30	40
Y	31	21	11	1

該当するのは「Y＝21」だけ。アの「X＋Y＝35」に当てはめると、Xは14。

4 「X＞Y＞Z」なので、Yは2〜6。アかイか片方の条件だけでYの値が決まるか考える。

ア ➡ Yは2、3、4のいずれか。決まらない。**アだけではわからない。**

イ ➡ Yは4、5、6のいずれか。決まらない。**イだけではわからない。**

アとイを組み合わせると、両方に当てはまるのは「Y＝4」だけ（X＝7、Z＝1）。よって「アとイの両方でわかるが、片方だけではわからない」。

正解	**1** 90	**2** 7	**3** 14	**4** C

空欄に当てはまる数値を求めなさい。

1 3つの連続する整数があり、最も小さい数を2乗したものは残りの2つの数の積より20小さい。このとき、3つの数の積は [＿＿＿＿] である。

2 2つの整数X、Yがある。XはYより小さく、XとYの和は12で差は26のとき、Xは [＿＿＿＿] である。

3 1から195までの整数の中に、4の倍数であるが8の倍数ではない整数は [＿＿＿＿] 個ある。

4 2つの正の整数X、Yがあり、Xの1/5はYの1/6である。また、XとYの差は15だった。このときXは [＿＿＿＿] である。

5 P、Q、Rは正の整数であり、以下のことがわかっている。
　　ア　$P×Q×R＝18$　　イ　$P－Q＝2$
このとき、Rは [＿＿＿＿] である。

1 最も小さい数をxとすると、3つの連続する整数は「x」「$x＋1$」「$x＋2$」。これを使って設問文から方程式を作る。

最も小さい数を2乗　残り2つの数の積より20小さい
$$x^2 ＝ (x＋1)(x＋2)－20$$ ◁ 式を展開する

$$x^2 ＝ x^2＋3x＋2－20$$ ◁ xとx^2を左辺に、数値を右辺にまとめる。x^2は左辺にまとめると消える（$x^2－x^2＝0$なので）

$$－3x ＝ －18$$

$$x ＝ 6$$

最も小さい数が6なので、3つの整数は6、7、8。積は

$$6×7×8＝336$$

2 方程式で解く。和から「X＋Y＝12」。差から「Y－X＝26」。求めるのはXなのでY

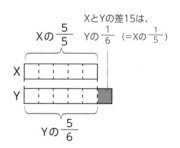

を消す。差の「Y－X＝26」を「Y＝26＋X」にして、和のYに代入する。

XはYより小さい

$$X + \underline{(26 + X)} = 12$$

Yに代入

$$2X = 12 - 26$$

$$X = -7$$

3 8の倍数ではない整数は、4の倍数の中に1個おきに出現する。

　　4の倍数　4、8、12、16、20、24…

　　8の倍数　　　8、　　16、　　　24…

つまり、4の倍数のうち半分が、8の倍数ではない。まず、1〜195に4の倍数が何個

含まれるかを計算する。

　　195÷4＝48 余り 3

4の倍数は48個なので、その半分の24個が8の倍数ではない。

4 設問から、「$\frac{1}{5}X = \frac{1}{6}Y$」。5倍すると「$X = \frac{5}{6}Y$」

なので、XとYの差は「$\frac{1}{6}Y$」（＝15）。「$\frac{1}{5}X = \frac{1}{6}Y$」

なので、「$\frac{1}{5}X = 15$」。15を5倍して、Xは75。

XとYの差15は、
Yの$\frac{1}{6}$（＝Xの$\frac{1}{5}$）

Xの$\frac{5}{5}$

Yの$\frac{5}{6}$

別解 方程式で解く

設問から、①「$\frac{1}{5}X = \frac{1}{6}Y$」、②「Y－X＝15」。②を「Y＝15＋X」にして、①の

Yに代入すると「$\frac{1}{5}X = \frac{1}{6}(15+X)$」。解くと「X＝75」。

---

5 アの18を素因数分解すると2×3×3。差が2（イからPとQの差は2）にな

るものはないので、かけ算式のうち「2×3」を「6×1」に変えて、

「6×1×3」にする。差が2になるのは「3と1」で、これがPとQと決

まる。残る6がR。

$$
\begin{array}{r|l}
2 & 18 \\
\hline
3 & 9 \\
\hline
3 & 3 \\
\hline
& 1
\end{array}
$$

↓

2×3×3

正解	**1** 336	**2** －7	**3** 24	**4** 75	**5** 6

空欄に当てはまる数値を求めなさい。

1 4つの正の整数P、Q、R、Sについて、以下のことがわかっている。

ア P＋Q＋R＋S＝40　　イ P＝5Q　　ウ R＝4S

このとき、Pは [　　　] である。

2 ある2桁の整数Xについて、以下のことがわかっている。

ア Xを8で割ると1余る　　イ Xを14で割ると1余る

このとき、Xを25で割ると余りは [　　　] である。

3 3桁の整数3▲8について、以下のことがわかっている。

ア 7の倍数である　　イ 9で割ると2余る

このとき、▲は [　　　] である。

4 P、Q、Rは1から9までのいずれかの異なる整数である。P、Q、Rについて以下のことがわかっている。

ア Q＋R＝12　　イ 2P＝Q

このときQは [　　　] である。

---

1 イとウを、アのPとRに代入すると「5Q＋Q＋4S＋S＝40」。式のQとSをまとめると「6Q＋5S＝40」。これに当てはまるQを考える。

6Q ➡ 6をかけているので6の倍数。5S（5の倍数）と足し算して40なので、6Qの1の位は0か5。当てはまるのは「6×5＝30」。よって、Qは5。

イの式に「Q＝5」を代入するとPがわかる。

P＝5Q＝5×5＝25

> **［補足］** SとRの値はいくつになるのか
> 「6Q＋5S＝40」に「Q＝5」を代入すると、「6×5＋5S＝40」で「S＝2」。
> 「R＝4S」に「S＝2」を代入すると、「R＝4×2＝8」。Sは2、Rは8。

2 アもイも1余る。ここから、Xは8と14の公倍数に、1を足した
もの。8と14の最小公倍数は56なので、

$$56 + 1 = 57 \quad \text{※次の公倍数は3桁なので考えなくてよい}$$

Xは57。25で割ると、以下のように余りは7。

$$57 \div 25 = 2 \text{ 余り } 7$$

$$
\begin{array}{r|rr}
2 & 8 & 14 \\
\hline
& 4 & 7
\end{array}
$$

$$\downarrow 2 \times 4 \times 7 = 56$$

> **補足** 8と14の最小公倍数の求め方
> 8と14を同じ数で割り算していき、割り切れなくなったら割った数と最後に残った数を
> かけ算する。

3 7の倍数で、末尾が8になるのは「$7 \times 4 = 28$」「$7 \times 14 = 98$」のように、7に「1の
位が4」の数をかけたときだけ。「3▲8」は100の位が3なので、7に34、44、54の
いずれかをかけた数だと予想。それぞれかけ算してみる。

$$\times 7 \times 34 = 238 \quad \bigcirc 7 \times 44 = 308 \quad \bigcirc 7 \times 54 = 378$$

308と378に絞られた。どちらが、イの条件に当てはまるか計算してみる（2を引いた
あと、9で割って整数になるほうが正しい）。

$$\bigcirc \ (308 - 2) \div 9 = 34 \qquad \times \ (378 - 2) \div 9 = 41.77\cdots$$

整数   整数ではない

3桁の整数は308。▲は0。

4 アから、QとRは足して12なので、以下のいずれか。

3と9　　4と8　　5と7

イから、Pの2倍なので、Qは偶数だとわかる。上記のうち、偶数を含むのは「4と8」
だけ。Qが4、8のいずれなのか、イの式に当てはめて考える。

Qが4（Rが8）➡「$2P = 4$」なので「$P = 2$」。成り立つ。

Qが8（Rが4）➡「$2P = 8$」なので「$P = 4$」。PとRが同じ整数の4なので、成り立
たない（設問よりP、Q、Rは異なる整数）。

成り立つのは、Qが4のときだけ。

正解	**1** 25	**2** 7	**3** 0	**4** 4

以下について、ア、イの情報のうち、どれがあれば[問い]の答えがわかるかを考え、AからEまでの中から正しいものを1つ選びなさい。

1 異なる3つの正の整数X、Y、Zがあり、XとYの差は8で、YとZの差は13である。

[問い]XとZの差はいくつか。

　　ア　最も小さい数はXである　　　イ　2番目に小さい数はYである

A　アだけでわかるが、イだけではわからない　　B　イだけでわかるが、アだけではわからない　　C　アとイの両方でわかるが、片方だけではわからない　　D　アだけでも、イだけでもわかる　　E　アとイの両方があってもわからない

2 記号★は四則演算の＋、−、×、÷のいずれかを表す。

[問い]6★6はいくつになるか。

　　ア　4★4＝8　　　イ　2★2＝4

A　アだけでわかるが、イだけではわからない　　B　イだけでわかるが、アだけではわからない　　C　アとイの両方でわかるが、片方だけではわからない　　D　アだけでも、イだけでもわかる　　E　アとイの両方があってもわからない

3 数字の1、3、5が1つずつ書かれたカードが各2枚あり、P、Q、Rの3人に2枚ずつ配った。

[問い]Pは3のカードを何枚持っているか。

　　ア　Pと同じ組み合わせのカードを持っている人がいる

　　イ　Qのカードの数字の和は、Rのカードの数字の和より6大きい

A　アだけでわかるが、イだけではわからない　　B　イだけでわかるが、アだけではわからない　　C　アとイの両方でわかるが、片方だけではわからない　　D　アだけでも、イだけでもわかる　　E　アとイの両方があってもわからない

1 アかイの片方だけで、XとZの差が決まるか考える。

ア ➡ 最も小さい数がXなら、YはXより8大きい。ZもYより13大きい（ZがYより13小さいと最小になってしまう）。XとZの差は「8＋13＝21」と決まる。

イ ➡ 2番目に小さい数がYなら、「X＞Y＞Z」か「Z＞Y＞X」の順。どちらのときも、XとZの差は「8＋13＝21」と決まる。

よって「アだけでも、イだけでもわかる」。

2 アかイの片方だけで、★が＋、－、×、÷のうち1つに決まるか考える。

ア ➡ 「4★4＝8」の★に、＋、－、×、÷を入れて、「左辺＝右辺」になるものを探す。成立するのは「4＋4＝8」だけ。「6★6」は「6＋6」と決まる（計算すると12）。

イ ➡ 「2★2＝4」の★に、＋、－、×、÷を入れて、「左辺＝右辺」になるものを探す。成立するのは「2＋2＝4」と「2×2＝4」。＋と×のどちらなのか決まらない。

よって「アだけでわかるが、イだけではわからない」。

3 アとイに当てはまる数字を列挙して、片方だけでPの3の枚数が決まるか考える。

ア ➡ Pが「1と3」か「3と5」なら、3は1枚。「1と5」なら、3は0枚。決まらない。

イ ➡ Qの和が、Rの和より6大きくなるのは、以下の①②のいずれか。

①Q「5と5」（和は10）、R「1と3」（和は4）、P「1と3」⎫ 3は1枚
②Q「3と5」（和は8）、R「1と1」（和は2）、P「3と5」⎭ （決まる）

よって「イだけでわかるが、アだけではわからない」。

正解	**1** D	**2** A	**3** B

4 図表の読み取り

● 図表を読み取って計算する
● 2問組。1問目は比較的易しい計算問題。2問目は「グラフを選ぶ」「正しいものを選ぶ」など、解くのに時間がかかる問題が多い

例題

表はある年のP、Q、R、Sの4ヵ国における鶏肉、豚肉、牛肉の国民1人1年あたりの合計供給量とその割合を示したものである。

	P	Q	R	S
合計供給量	83.4kg	120.5kg	93.6kg	62.8kg
鶏肉	39.6%	56.4%	20.3%	23.4%
豚肉	42.2%	18.1%	43.6%	34.7%
牛肉	18.2%	25.5%	36.1%	41.9%
計	100.0%	100.0%	100.0%	100.0%

1 豚肉より鶏肉の供給量が上回っている国では、鶏肉は豚肉の [　　　] 倍供給されている（必要なときは、最後に小数点以下第2位を四捨五入すること）。

2 各国の牛肉の供給量を表したグラフは、次のAからFのうちどれに最も近いか。なお、グラフの横軸は、左からP、Q、R、Sの順に並んでいる。

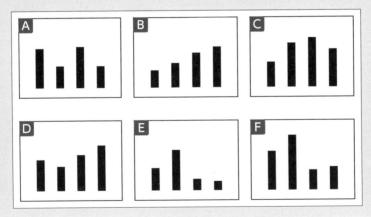

1 各国の豚肉と鶏肉の割合（％）を見比べると、鶏肉のほうが多いのはQだけ。Qの「鶏肉÷豚肉」を計算して何倍かを求める。どちらもQの値なので、数量（kg）は求めずに、割合のまま計算する。

Q鶏肉　　Q豚肉　　鶏肉は豚肉の何倍
56.4 ÷ 18.1 = 3.11… ≒ 3.1倍

　　　　　　　　　└ 四捨五入

2 牛肉の供給量は、各国の「合計供給量×牛肉の割合」で求められる。

	P	Q	R	S
合計供給量	83.4kg	120.5kg	93.6kg	62.8kg
鶏肉	39.6%	56.4%	20.3%	23.4%
豚肉	42.2%	18.1%	43.6%	34.7%
牛肉	18.2%	25.5%	36.1%	41.9%
計	100.0%	100.0%	100.0%	100.0%

　　　　　　合計供給量　牛肉の割合　牛肉の供給量
P ➡ 83.4kg × 0.182 = 15.1788kg …最小

Q ➡ 120.5kg × 0.255 = 30.7275kg

R ➡ 93.6kg × 0.361 = 33.7896kg …最大

S ➡ 62.8kg × 0.419 = 26.3132kg

グラフは、最小の値と、最大の値に注目すると探しやすい。最小の値を見てみると、Pが最小なのはBとC。そのうち、最大がRなのはCのみ。

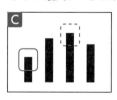

正解	**1** 3.1	**2** C

図はある国における1970年と2005年の旅客輸送量とその内訳を示したものである。

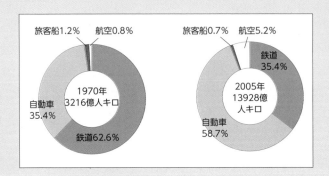

1 1970年の鉄道による旅客輸送量は □ 億人キロである（必要なときは、最後に小数点以下第1位を四捨五入すること）。

2 次のア、イ、ウのうち正しいものはどれか。AからFまでの中から1つ選びなさい。

ア　旅客船による旅客輸送量は、2005年には1970年より減っている

イ　航空による旅客輸送量は、2005年には1970年の25倍以上である

ウ　2005年の鉄道による旅客輸送量は、1970年の自動車による旅客輸送量と同じである

A　アだけ　　B　イだけ　　C　ウだけ　　D　アとイの両方

E　アとウの両方　　F　イとウの両方

1 1970年の円グラフの数値を使って、「旅客輸送量×鉄道の割合」を求める。

$$
\begin{array}{ccc}
\text{旅客輸送量} & \text{鉄道の割合} & \text{鉄道の旅客輸送量} \\
3216億人キロ & \times \quad 0.626 \quad = & 2013.216 \\
& & \doteqdot \quad 2013億人キロ
\end{array}
$$

2 ア、イ、ウについて、それぞれ計算して正しいかどうかを調べる。

　ア⨯➡1970年と2005年の旅客船の旅客輸送量を計算して、2005年が1970年より減っているか確認する。単位の億人キロは省略して計算する。

$$
\begin{array}{ccccc}
& \text{旅客輸送量} & \text{旅客船の割合} & & \text{旅客船の旅客輸送量} \\
1970年 & 3216 & \times & 0.012 & = & 38.592 \\
2005年 & 13928 & \times & 0.007 & = & 97.496
\end{array}
$$

　　　　　　　　　　　　　　　　　　　　　　　増えている

　イ➡1970年と2005年の航空の旅客輸送量を計算して、2005年が1970年の25倍以上か確認する。単位の億人キロは省略して計算する。

$$
\begin{array}{ccccc}
& \text{旅客輸送量} & \text{航空の割合} & & \text{航空の旅客輸送量} \\
1970年 & 3216 & \times & 0.008 & = & 25.728 \\
2005年 & 13928 & \times & 0.052 & = & 724.256
\end{array}
$$

　　　　　　　　　　　　　　　　　　25倍以上
　　　　　　　　　　　　　724÷26＝27.8…倍

　ウ⨯➡1970年の自動車と2005年の鉄道は、どちらも35.4%。1970年と2005年とでは、旅客輸送量が異なる（3216億人キロと13928億人キロ）ので、計算するまでもなく確実に違う。

正しいものはイだけ。

正解	**1** 2013	**2** B

表はある年のP、Q、R、Sの4地域の田畑別耕地面積をまとめたものである。

	P地域	Q地域	R地域	S地域
田面積	51千ha	835千ha	28千ha	354千ha
畑面積	168千ha	207千ha	215千ha	413千ha

1 この年の全国の田面積合計は2368千haだった。このとき、全国の田面積合計に占めるP、Q、R、Sの4地域の田面積合計の割合は、[   ]%である（必要なときは、最後に小数点以下第1位を四捨五入すること）。

2 地域別に田畑合計面積に占める畑面積の割合を求めたとき、畑面積の割合が大きい順に各地域を並べたものはどれか。AからFまでの中から1つ選びなさい。

A　P地域、R地域、S地域、Q地域

B　P地域、Q地域、R地域、S地域

C　Q地域、S地域、P地域、R地域

D　R地域、S地域、P地域、Q地域

E　R地域、P地域、S地域、Q地域

F　S地域、R地域、Q地域、P地域

1 P、Q、R、Sの4地域の田面積を合計して、全国の田面積合計（設問から2368千ha）で割る。単位の千haは省略して計算する。

	P地域	Q地域	R地域	S地域
田面積	51千ha	835千ha	28千ha	354千ha
畑面積	168千ha	207千ha	215千ha	413千ha

Pの田　Qの田　Rの田　Sの田　　全国の田　4地域の田の割合
(51 ＋ 835 ＋ 28 ＋ 354) ÷ 2368 ＝ 0.535… ≒ 54%

2 P、Q、R、Sの4地域それぞれについて「畑面積÷（畑面積＋田面積）」を計算して、比較する。単位の千haは省略して計算する。

畑　　　畑　　田　　　畑の割合
P ➡ 168 ÷ (168 ＋ 51) ＝ 0.767…　**2番目に大きい**

Q ➡ 207 ÷ (207 ＋ 835) ＝ 0.198…　**4番目に大きい**

R ➡ 215 ÷ (215 ＋ 28) ＝ 0.884…　**1番目に大きい**

S ➡ 413 ÷ (413 ＋ 354) ＝ 0.538…　**3番目に大きい**

畑面積の割合が大きい順に並べると、R地域、P地域、S地域、Q地域の順。

[補足] 電卓のメモリー機能を活用すれば、計算過程のメモ書き時間を省ける

例えば、Pの「168 ÷ (168 ＋ 51)」の場合

168 [＋] 51 [M＋]　　◀ かっこ内を計算してメモリーに記憶

168 [÷] [MR] [＝]　　◀ [MR]でメモリー呼び出し。[＝]で答えは0.767…

メモリーのボタンは電卓によって異なるので、詳しくは電卓の説明書で確認を。

[速解] 畑が田より小さいＱが最下位。あとは畑が田の何倍かを概算

畑が田よりも小さいのはQだけ。計算するまでもなく、Qが最下位（4番目）。あとは、畑が田の何倍くらいなのかを概算する（単位の千haは省略）。

P➡ 田が51。約50として3倍すると150。畑は168なので3倍強

R➡ 田が28。約30として7倍すると210。畑は215なので7倍強

S➡ 田が354。畑は413なので2倍に満たない

畑面積の割合が大きい順に、R地域、P地域、S地域、Q地域。

正解	**1** 54	**2** E

表はある喫茶店チェーンの創業3年目から5年目までの3年間の売上状況を示したものである。

	3年目	4年目	5年目
売上高（万円）	17160	20592	
売上高前年比	176%	120%	120%
客数（千人）	240	264	330
客数前年比	160%	110%	125%
客単価（円）	715	780	
客単価前年比	110%	109%	96%

※客単価＝売上高÷客数

1 この喫茶店チェーンの2年目の売上高は □ 万円である（必要なときは、最後に小数点以下第1位を四捨五入すること）。

2 次のア、イ、ウのうち正しいものはどれか。AからFまでの中から1つ選びなさい。

　　ア　5年目の客単価は3年目より高い

　　イ　5年目の3年目に対する売上高の増加率は42%である

　　ウ　3年目から5年目までの客数合計に占める3年目の割合は25%以上である

　　A　アだけ　　B　イだけ　　C　ウだけ　　D　アとイの両方

　　E　アとウの両方　　F　イとウの両方

1 表には「2年目」はないが、3年目の「売上高」と「売上高前年比」を使えば計算できる。

> 3年目の売上高　　売上高前年比　　2年目の売上高
> 　17160万円　　÷　　1.76　　＝ 9750万円

2 ア、イ、ウについて、それぞれ計算して正しいかどうかを調べる。

　㋐➡ 3年目を1として、4・5年目の客単価前年比をかけ算する。答えが1を超えれば、5年目の客単価は3年目より高い。

> 3年目の客単価　　4年目の対前年比　　5年目の対前年比　　5年目の客単価
> 　　1　　×　　1.09　　×　　0.96　　＝1.0464　◁3年目より高い

✗ ➡ 3年目を1として、4・5年目の売上高前年比をかけ算して、増加率が42％か確認する。

3年目の売上高		4年目の対前年比		5年目の対前年比		5年目の売上高
1	×	1.2	×	1.2	＝	1.44

◁ 増加率は44％

⊘ ➡ 客数について「3年目÷3～5年目の合計」を計算して、25％以上か確認する。

単位の千人は省略して計算する。

3年目客数		3～5年目の客数合計		3～5年目に占める3年目の割合
240	÷	(240+264+330)	＝	0.287… ＝ 28.7…％

◁ 25％以上

正しいものはアとウ。

正解	❶ 9750	❷ E

5 集合

●調査の集計結果に関する問題。図にすると状況をつかみやすい
●超過人数が、両方に該当する人

例題

1 空欄に当てはまる数値を求めなさい。

ある喫茶店の客のうち、紅茶を注文した人は68人、ケーキを注文した人は39人であり、紅茶を注文した人のうち1/4がケーキも注文した。このとき、紅茶かケーキのどちらか一方だけを注文した人は ☐ 人である。

2 空欄に当てはまる数値を求めなさい。

あるレストランでコーヒーを注文した客175人のうち、ミルクを入れた人は52%、砂糖を入れた人は36%、どちらも入れなかった人は28%だった。このときミルクと砂糖の両方を入れた人は ☐ 人である。

3 空欄に当てはまる数値を求めなさい。

ある町の世帯数は80世帯で、ネコを飼っている世帯は34世帯、イヌを飼っている世帯は27世帯である。どちらか片方だけ飼っている世帯が49世帯のとき、どちらも飼っていない世帯は ☐ 世帯である。

---

1 紅茶の68人から、両方注文を引くと、紅茶だけを注文した人。ケーキの39人から、両方注文を引くと、ケーキだけ注文した人。それぞれ求めて足す。まず、両方注文した人を求める。

※設問に「紅茶を注文した人のうち $\frac{1}{4}$ がケーキも注文」とある。これが両方注文した人。

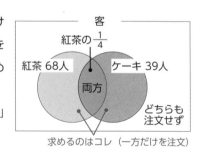

客
紅茶の $\frac{1}{4}$
紅茶 68人　ケーキ 39人
両方
どちらも
注文せず
求めるのはコレ（一方だけを注文）

紅茶　　　　　　　　　　　両方
$68人 × \dfrac{1}{4} = 68 ÷ 4 = 17人$

> 分数は、整数の式にすれば電卓で計算できる。分子が1のかけ算は、逆数（分母と分子を逆にしたもの。$\frac{1}{4}$ の逆数は4）にして割り算にする

紅茶だけ ケーキだけ

紅茶 両方 ケーキ 両方 どちらか一方だけ
(68人 − 17人) + (39人 − 17人) = 73人

別解 紅茶もケーキも、両方注文を引く。両方注文を2倍して引いてもよい
紅茶とケーキを足して、両方注文を2倍した数を引く。「68人＋39人−17人×2＝73人」。

2 人数と％が混じっているので、どちらかにそろえ
る。計算が速いのは175人を100％とするほう。
客は、「ミルクを入れた」「砂糖を入れた」「どち
らも入れなかった」のいずれかに該当。3つを足
して、100％を超えた分が両方入れた人。

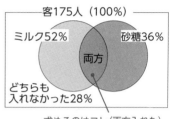
客175人 (100%)
ミルク52% 砂糖36%
両方
どちらも
入れなかった28%
求めるのはコレ（両方入れた）

ミルク 砂糖 入れなかった
52% + 36% + 28% = 116% ➡ 超過は 16% — 客のうち両方入れた人
客175人の16％が何人かを計算する。

客 16% 両方入れた人数
175人 × 0.16 = 28人

3 両方飼っている世帯数を求め、全世帯数80か
ら、「どちらか片方だけ飼っている世帯数」と
「両方飼っている世帯数」を引く。

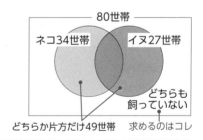
80世帯
ネコ34世帯 イヌ27世帯
どちらも
飼っていない
どちらか片方だけ49世帯 求めるのはコレ

ネコ イヌ 片方だけ ダブリ 両方
(34世帯 ＋ 27世帯 − 49世帯) ÷ 2 = 6世帯

補足 **2で割る理由**
2で割るのは、図からわかるように両方飼っている世帯は、ネコ側とイヌ側との両方から
数えられている部分だから。2で割ることで、ダブって数えられている分を取り除く。

全世帯 片方だけ 両方 どちらも飼っていない
80世帯 − 49世帯 − 6世帯 = 25世帯

| 正解 | **1** 73 | **2** 28 | **3** 25 |

空欄に当てはまる数値を求めなさい。

1 習い事について調査したところ、英会話を習っている人は51%、書道を習っている人は35%いた。またどちらも習っていない人は両方とも習っている人の1.5倍だった。英会話を習っているが書道は習っていない人は、回答者全体の [　　　] %である。

2 ある公園には城と庭園がある。公園に来た人のうち、城に行った人は89人、庭園に行った人は63人だった。城だけに行った人数が庭園だけに行った人数の2倍だったとき、城と庭園の両方に行った人は [　　　] 人である。

3 高校生300人に運動部、文化部への参加状況を尋ねた。運動部だけに参加している人は34%、運動部と文化部の両方に参加している人と、文化部だけに参加している人の比率は2：3、運動部と文化部のどちらにも参加していない人は21%だった。このとき、運動部と文化部の両方に参加している人は [　　　] 人である。

---

1 英会話の51%から、両方習っている人を引くと、英会話だけ習っている人。まず、両方習っている人を求める。両方習っている人をxとして、方程式を作る。

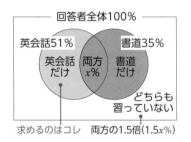

求めるのはコレ　両方の1.5倍(1.5x%)

英会話　　書道　　両方　　習っていない　　全体
51% ＋ 35% － x% ＋ 1.5x% ＝100%

$$0.5x = 14$$
$$x = 14 \div 0.5$$
$$x = \boxed{28}$$ ── 両方習っている人は28%

英会話　　両方　　英会話を習っているが書道は習っていない
51% － 28% ＝ 23%

2 庭園の63人から、庭園だけに行った人を引く
と、城と庭園の両方に行った人。まず、庭園
だけに行った人を求める。庭園だけに行った
人をxとして、方程式を作る。

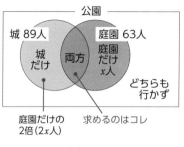

公園

城 89人　庭園 63人

城だけ　両方　庭園だけ x人

どちらも
行かず

庭園だけの　　求めるのはコレ
2倍($2x$人)

$$\overbrace{\underset{\text{城}}{89人} - \underset{\text{城だけ}}{2x人}}^{\text{両方}} = \overbrace{\underset{\text{庭園}}{63人} - \underset{\text{庭園だけ}}{x人}}^{\text{両方}}$$

$$-2x + x = 63 - 89$$

$$-x = -26$$

$$x = \boxed{26} \text{— 庭園だけに行った人は26人}$$

$$\underset{\text{庭園}}{63人} - \underset{\text{庭園だけ}}{26人} = \underset{\text{両方}}{37人}$$

3 高校生全体から「運動部だけ」「どちらにも参
加していない」を引くと、「文化部」(右図の「両
方」「文化部だけ」を足した数)。「両方：文化部だけ」
の比は「2：3」なので、両方は文化部の$\dfrac{2}{5}$。

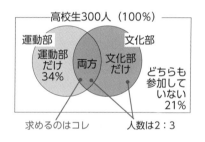

高校生300人（100%）

運動部　　　　　　　文化部

運動部
だけ
34%　両方　文化部
だけ

どちらも
参加して
いない
21%

求めるのはコレ　　　人数は2：3

$$\underset{\text{高校生全体}}{100\%} - \underset{\text{運動部だけ}}{34\%} - \underset{\text{参加なし}}{21\%} = \underset{\text{文化部}}{45\%}$$

$$\underset{\text{高校生全体}}{300人} \times 0.45 \times \underset{\text{文化部}}{\dfrac{2}{5}} = 300 \times 0.45 \times 2 \div 5 = \underset{\text{両方参加の人数}}{54人}$$

> 分数は、整数の式にすれば電卓で計算できる。
> 「×分数」は、「×分子÷分母」にする

正解	**1** 23	**2** 37	**3** 54

空欄に当てはまる数値を求めなさい。

1 ある学年の生徒数は147人で、その男女比は4：3であり、地理もしくは日本史を選択科目として選択する必要がある。その学年の生徒たちのうち、38人が地理を、109人が日本史を選択したとき、男子で日本史を選択したのは最も少なくて ___ 人である。

2 100人を対象に、書籍L、M、Nについて調査したところ、Lは27人、Mは24人、Nは43人が読んでいた。また、LとNの両方を読んだ人は14人、MとNの両方を読んだ人は9人で、LとMの両方を読んだ人はいなかった。このとき、L、M、Nのいずれも読んでいない人は ___ 人である。

3 あるイベントの参加者60人に、ツナ、サバ、カニの3種類の缶詰のうち、種類の異なる2缶が配られた。ツナをもらった人は47人、サバをもらった人は39人だったとすると、ツナとサバをもらった人は ___ 人である。

4 ある大学では、3つの講義P、Q、Rのうち1つ以上を受講することになっている。対象となる大学生は320人で、各講義の受講人数はPが183人、Qが159人、Rが104人だった。3つとも受講した人がいなかったとき、2つの講義を受講した人は ___ 人である。

1 男子で日本史を選択した人が最も少なくなるのは、女子全員が日本史の場合。

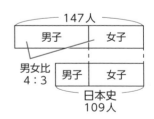

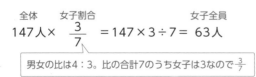

全体 　女子割合 　　　　　　　女子全員
$147 人 × \dfrac{3}{7} = 147 × 3 ÷ 7 = 63 人$

男女の比は4：3。比の合計7のうち女子は3なので $\dfrac{3}{7}$

日本史　　女子全員　　男子で日本史
109人 － 63人 ＝ 46人

2 各書籍を読んだ人数を足し、複数冊を読んだ人（ダブり）を除く。これを対象者100人から引けば、いずれも読んでいない人数がわかる。

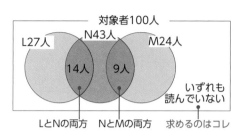

対象者100人
L27人　N43人　M24人
14人　9人
いずれも読んでいない
LとNの両方　NとMの両方　求めるのはコレ

全対象　　　L　　　M　　　N　　LN両方　NM両方　いずれも読んでいない
100人 － （ 27人 ＋ 24人 ＋ 43人 － 14人 － 9人 ） ＝ 29人

3 種類の異なる2缶なので、もらった缶詰は「ツナとサバ」「ツナとカニ」「サバとカニ」のいずれか。カニをもらっていない人が、「ツナとサバ」。

	120缶	
ツナ47缶	サバ39缶	カニ

60人×2缶　　缶詰全体　　ツナ　　サバ　　カニ
カニ　➡　120缶 － （47缶 ＋ 39缶） ＝ 34缶　　カニをもらった人（「ツナとカニ」または「サバとカニ」）は34人

参加者全体　　カニ　　ツナとサバ
ツナとサバ　➡　60人 － 34人 ＝ 26人

別解 ツナとサバを足して60人を超える分が「ツナとサバ」
ツナは47人、サバは39人なので、両方もらった人は「47＋39－60＝26人」。
※ツナの残り21人は「ツナとカニ」、サバの残り13人は「サバとカニ」。

4 「3つとも受講した人がいなかった」ので、受講の延べ人数から、大学生320人を引くと、2つ受講した人。

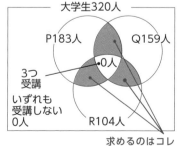

大学生320人
P183人　Q159人
0人
3つ受講
いずれも受講しない
0人
R104人
求めるのはコレ（2つ受講）

P　　　Q　　　R　　延べ人数
183人 ＋ 159人 ＋ 104人 ＝ 446人

延べ人数　　大学生　　2つ受講
446人 － 320人 ＝ 126人

正解	**1** 46	**2** 29	**3** 26	**4** 126

空欄に当てはまる数値を求めなさい。

1 ある図書室では現在84冊の本が貸し出し中である。本を借りている人のうち1冊借りている人と2冊借りている人の比率が1：2で、3冊以上借りている人が13人のとき、2冊借りている人は<u>最も多くて</u>　　　　人である。

2 ある日、博物館を訪れた人のうち特別展を見学した人は469人で、そのうち4/7は常設展も見学した。また、特別展は見学しなかったが常設展を見学した人は116人いた。常設展を見学した人のうち1/3は企画展も見学した。このとき、常設展と企画展の両方を見学した人は　　　　人である。

3 ガム、アメ、クッキーの3種類の中から1～3種類が入った詰め合わせが80袋ある。ガム入りが30袋、アメ入りが38袋、クッキー入りが46袋で、1種類だけ入ったものは53袋だった。このとき、3種類とも入った袋は　　　　袋である。

---

1 2冊の人が最も多くなるのは、3冊以上の人が全員
3冊（4冊以上なし）の場合。

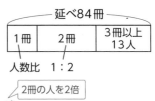

延べ　　　3冊以上　　3冊　　　1・2冊延べ
84冊 －（13人×3冊）＝45冊

1・2冊の人数比「1：2」を、冊数の比に直すと「1：4」。

1・2冊延べ　　2冊
$45冊 \times \dfrac{4}{5} = 45 \times 4 \div 5 = 36冊$ ➡ 2で割ると2冊の人の人数。

$36 \div 2 = 18人$

※「1冊×9人＝9冊」「2冊×18人＝36冊」「3冊×13人＝39冊」の計84冊。

2 常設展は「特別展の $\dfrac{4}{7}$」「特別展なしで常設展

の116人」の合計。その $\dfrac{1}{3}$ が企画展も見学。

$$\underset{特別展}{469人} \times \dfrac{4}{7} = 469 \times 4 \div 7 = \underset{特別展と常設展}{268人}$$

$$\underset{常設展の合計}{(268人 + 116人)} \times \dfrac{1}{3} = \underset{常設展と企画展}{128人}$$

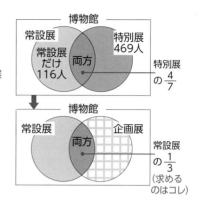

3 ガム入りは「ガム1個」、アメ入りは「アメ1個」、クッキー入りは「クッキー1個」が

入っていると仮定（混乱防止のため袋と個数を使い分ける）。延べ個数を求めて、1種類入り

の袋の分を引く。その後、残り個数と袋数を比較する。

$$個数 \Rightarrow \underset{ガム}{30個} + \underset{アメ}{38個} + \underset{クッキー}{46個} = \underset{延べ個数}{114個}$$

$$\underset{延べ個数}{114個} - \underset{1種類入り}{53個} = \underset{残り個数}{61個}$$

$$袋 \Rightarrow \underset{全袋}{80袋} - \underset{1種類入り}{53袋} = \underset{2 \cdot 3種類入り}{27袋}$$

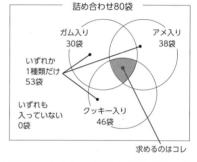

27袋がすべて2種類入りなら、「27袋×2個＝54個」。しかし、残りは「61個」。差

の「61－54＝7個」は3種類入りの袋。

※「53袋×1種類＝53個」「20袋×2種類＝40個」「7袋×3種類＝21個」の計80袋114個。

正解	**1** 18	**2** 128	**3** 7

6 順列・組み合わせ

●並び順や組み合わせが何通りあるかを求める
●組み合わせ条件が複数あるときは、
「かつ」ならかけ算、「または」なら足し算

$$_5C_2 = \frac{5 \times 4}{2 \times 1} = 10通り$$

この数から始めて、1ずつ引いて
この数だけかけていく
総数　選ぶ数　この数から1まで順にかけていく

例題

1 空欄に当てはまる数値を求めなさい。

6羽の小鳥を、Pが3羽、Qが2羽、Rが1羽引き取ることになった。3人が引き取る小鳥の組み合わせは [　　　　] 通りである。

2 空欄に当てはまる数値を求めなさい。

箱の中に白い玉が2個、黒い玉が2個、赤い玉が3個入っている。この中から3個を取り出すとき、何色の玉が何個になるか、その組み合わせは [　　　　] 通りである。

3 空欄に当てはまる数値を求めなさい。

小学生4人、中学生3人の計7人の中から、少なくとも中学生1人を含む3人を選んで出し物をすることになった。このとき、出し物をする3人の組み合わせは [　　　　] 通りである。

---

1 P、Q、Rの3人のうち、2人が引き取る小鳥の組み合わせを考えればよい。もう1人は、残った小鳥に自動的に決まる。数が少ないほうが簡単なので、R→Qの順に考える。

①Rが6羽から1羽　➡　6羽のいずれかなので、6通り

②Qが残る5羽から2羽　➡　組み合わせの公式で計算

$$_5C_2 = \frac{5 \times \overset{2}{4}}{\underset{1}{2} \times 1} = 10通り$$

5羽から　2羽を選ぶ

「①かつ②」だから、2つの組み合わせをかけ算

かけ算

6 × 10 = 60通り

【速度アップ】途中式のメモ書きでは、かけ算記号を「×」の代わりに「・」にすると、少し速くなる。

$$_5C_2 = \frac{5 \cdot \overset{2}{4}}{\underset{1}{2} \cdot 1} = 10通り$$

2 3色のうち、何色取り出したかで場合分けをする。

①1色（3個とも同じ色）　➡ 赤が3個の場合だけ。1通り

②2色（1色目2個、2色目1個）➡ 3通り × 2通り＝6通り

　　　　　　　　　　　　　　 1色目　かつ　2色目

　　　　　　　　　白、黒、赤のいずれか　 1色目以外

③3色（各色が1個ずつ）　　➡ 白・黒・赤1個ずつ。1通り

> 「①または②または③」だから、3つの組み合わせを足し算
>
> 足し算
>
> 1＋6＋1＝8通り

3 選んだ3人の中に、中学生が1人以上含まれるのは「中学生3人」「中学生2人と小学生1人」「中学生1人と小学生2人」のいずれかの場合。これに対して、中学生が含まれないのは「小学生3人」の場合だけ。そこで、3人を選ぶ全組み合わせを求めて、小学生3人の組み合わせを引くことにする。

①3人　　　➡ 7人から3人選ぶ組み合わせを、公式で計算

$$_7C_3 = \frac{7 \times 6 \times 5}{3 \times 2 \times 1} = 35 通り$$

　　7人から　 3人を選ぶ

②小学生3人 ➡ 小学生4人から3人選ぶのは、「4人のうち1人選ばない」のと同じ。4通り

> ①　②　中学生含む3人
>
> 35 － 4 ＝ 31通り

別解 中学生の人数で場合分け

上記よりも手間はかかるが、中学生の人数で場合分けしても答えは同じになる。

①中学生3人 ➡ 中学生3人から3人選ぶ。1通り

②中学生2人かつ小学生1人

　➡ 中学生は3人から2人なので、1人選ばないのと同じで3通り

　　小学生は4人から1人なので4通り

> 3×4＝12通り

③中学生1人かつ小学生2人

　➡ 中学生は3人から1人なので3通り

　　小学生は4人から2人なので$_4C_2 = \frac{4 \times 3}{2 \times 1} = 6$通り

> 3×6＝18通り

「①または②または③」だから、足し算して「1＋12＋18＝31通り」。

正解	**1** 60	**2** 8	**3** 31

空欄に当てはまる数値を求めなさい。

1 男子3人、女子5人を料理する5人と掃除する3人の2つの班に分ける。男子だけ、あるいは女子だけの班を作らないようにするとき、誰がどの班になるか、その組み合わせは ⬚ 通りである。

2 第1章から第6章まである原稿を、順序は変えずに章の区切り方だけを変えて4章にまとめたい。そのまとめ方は ⬚ 通りである。

3 5g、10g、30gのおもりが1つずつある。てんびんの片側だけにおもりを載せるとき、⬚ 通りの重さを量ることができる。

4 P、Q、R、S、Tの5人が2日間にわたって開催される展覧会の受付をすることになった。受付はどちらの日も3人ずつ必要なので、5人のうち1人が2日間担当することにした。誰がどちらの日の担当になるか、その組み合わせは ⬚ 通りである。

1 料理か掃除のどちらかの班の組み合わせを考える。もう一方の班は、残りの人たちが自動的に振り分けられる。人数が少ないほうが簡単なので、掃除の班を考える。
掃除3人の男女内訳は、①「男2人かつ女1人」または ②「男1人かつ女2人」。

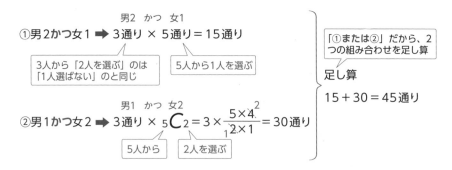

①男2かつ女1 ➡ 3通り × 5通り＝15通り

3人から「2人を選ぶ」のは「1人選ばない」のと同じ

5人から1人を選ぶ

②男1かつ女2 ➡ 3通り × $_5C_2 = 3 \times \dfrac{5 \times \overset{2}{4}}{\underset{1}{2} \times 1} = 30$通り

5人から

2人を選ぶ

「①または②」だから、2つの組み合わせを足し算

足し算

15＋30＝45通り

2 章の区切りにできるのは5ヵ所（1章の終わり～5章の終わり）。このうち3ヵ所を区切れば4章にまとまる。

※例えば、1章の終わり、2章の終わり、3章の終わりを区切れば、「1章」「2章」「3章」「4章（以前の4～6章）」の4章にまとまる。

$$_5C_3 = \frac{5 \times \overset{2}{4} \times \overset{1}{3}}{\underset{1}{3} \times \underset{1}{2} \times 1} = 10通り$$

5ヵ所から｜3ヵ所を選ぶ

3 3つのおもりのうち、いくつを使ったかで場合分けする。

①1つ ➡ 「5g」「10g」「30g」の3通り

②2つ ➡ 「15g （5gと10g）」「35g （5gと30g）」
「40g （10gと30g）」の3通り

③3つ ➡ 「45g （5gと10gと30g）」の1通り

「①または②または③」だから、3つの組み合わせを足し算

足し算

3＋3＋1＝7通り

> **別解** おもりごとに考える
>
> おもりは、使うか使わないかの2通り。5gのおもりは「0g、5g」、10gのおもりは「0g、10g」、30gのおもりは「0g、30g」と2通りずつ。0gを除けば同じ重さにはならないので、おもりの組み合わせの分だけ、重さの組み合わせがある。おもりの組み合わせは「2×2×2＝8通り」。ここからすべて0gの場合を除くと7通り。

4 1日目の担当は、5人から3人選ぶ。選ばれた3人のうち、1人だけが2日目にも受付をする。よって、2日目は、1日目の担当3人のうち1人を選ぶ（あとの2人は、1日目に受付をしていない2人が自動的に担当になる）。

①1日目は5人から3人 ➡ $_5C_3 = \frac{5 \times \overset{2}{4} \times \overset{1}{3}}{\underset{1}{3} \times \underset{1}{2} \times 1} = 10通り$

5人から｜3人を選ぶ

②2日目は3人から1人 ➡ 3通り

「①かつ②」だから、2つの組み合わせをかけ算

かけ算

10×3＝30通り

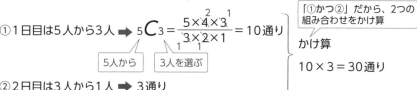

正解	**1** 45	**2** 10	**3** 7	**4** 30

空欄に当てはまる数値を求めなさい。

1 X、Y、Zの3人が遅れて講演会の会場に到着すると、1列目に1つ、2列目に1つ、3列目に2つ空席があった。このとき、3人がそれぞれ<u>何列目</u>に着席するか、その組み合わせは ☐ 通りである。

2 1から5までの数字が1つずつ書いてある5枚のカードを、Pが2枚、Qが3枚となるよう分ける。このとき、Pのカードの数字の和がQのカードの数字の和より小さくなるようなカードの分け方は ☐ 通りである。

3 5枚の写真V、W、X、Y、Zを横1列に展示することになった。Vは端にならないように並べるとすると、5枚の写真の並べ方は ☐ 通りである。

4 6人のメンバーから2人組を2つ作ってテニスのダブルスの試合をするとき、対戦の組み合わせは ☐ 通りできる。

---

1 1列目と2列目に座る人の組み合わせを考える。3列目は、残った人に自動的に決まる。着席する3人に対して、席は4つあるので「X、Y、Z、空席」のいずれかになると考える。

①1列目の1席 ➡ X、Y、Z、空席のいずれか。4通り ⎫ かけ算
②2列目の1席 ➡ ①以外のいずれか。3通り ⎭

> 「①かつ②」だから、2つの組み合わせをかけ算

4×3＝12通り

2 1〜5の数字の和は「1＋2＋3＋4＋5＝15」。Pの和がQの和より小さくなるのは、7以下のとき。2枚で7以下になるものを列挙する。

> 数字の組み合わせがダブらないように数えていく

8通り

3 左端→右端→残り（左から2～4番目）の順に考えていく。

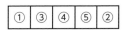

①左端 ➡ V以外の4枚いずれか。4通り

②右端 ➡ ①とV以外の3枚いずれか。3通り

③左から2番目 ➡ Vを含む残り3枚いずれか。3通り

④左から3番目 ➡ 残り2枚いずれか。2通り

⑤左から4番目 ➡ 残り1枚。1通り

「①かつ②かつ③かつ④かつ⑤」だから、5つの組み合わせをかけ算

かけ算

$4 \times 3 \times 3 \times 2 \times 1 = 72$通り

別解 写真ごとに考える

Vが展示できる場所は、両端以外（上図の③④⑤）の3通り。Wは、V以外の場所なので4通り。Xは残りの場所で3通り、Yは2通り、Zは1通り。

よって、「$3 \times 4 \times 3 \times 2 \times 1 = 72$通り」。

---

4 ダブルスを組む4人→選ばれた4人の中でダブルス対戦の組み合わせの順で考える。

①ダブルスを組む4人 ➡ 6人から4人選ぶ（2人選ばないのと同じ）

$$_6C_2 = \frac{\overset{3}{6} \times 5}{\underset{1}{2} \times 1} = 15\text{通り}$$

6人から　　2人選ばない

②対戦 ➡ 具体例で考えてみる。仮にABCDの4人とすると

「AB対CD」「AC対BD」「AD対BC」の3通り

4人から2人を選ぶ組み合わせ（6通り）としないこと。「AB対CD」と「CD対AB」のように、実質的に同じ対戦がダブって数えられるので不適切

「①かつ②」だから、2つの組み合わせをかけ算

かけ算

$15 \times 3 = 45$通り

別解 6人から1組目と、2組目を選ぶ組み合わせを求めて2で割る

①6人から1組目の2人を選ぶ ➡ $_6C_2 = \frac{\overset{3}{6} \times 5}{\underset{1}{2} \times 1} = 15$通り

②残り4人から2組目の2人を選ぶ ➡ $_4C_2 = \frac{\overset{2}{4} \times 3}{\underset{1}{2} \times 1} = 6$通り

$15 \times 6 = 90$通り

対戦がダブるものを除くために2で割り算する。「$90 \div 2 = 45$通り」。

正解	**1** 12	**2** 8	**3** 72	**4** 45

空欄に当てはまる数値を求めなさい。

1 白、青、黄のノートが2冊ずつある。P、Q、Rの3人で2冊ずつ分けるとき、だれがどの色のノートを何冊もらうか、その組み合わせは ▢ 通りである。

2 紺、白、茶、赤、黄の5枚のハンカチが大、中、小の3つの箱に入っている。大箱には3枚まで、中箱には2枚まで、小箱には1枚のハンカチが入る。空箱はないとすると、どの箱に何色のハンカチが入っているか、その組み合わせは ▢ 通りである。

3 サイコロを2回振って1回目に出た目の数をx、2回目に出た目の数をyとする。このとき、$x+6 \leqq 2y$になる組み合わせは ▢ 通りである。

4 ある職場の30代の社員P、Q、R、Sの年齢は、PとQが6歳差、RとSが6歳差、QとRが3歳差である。この4人を年齢の若い順に並べるとき、考えられる順番は ▢ 通りである。

---

1 Pは、①「同じ色が2冊」または②「違う色を1冊ずつ」。それぞれの場合について、Qがもらうノートの組み合わせを求める（Rは残りに決まる）。

①Pは同じ色2冊 ➡ 3色のいずれか。3通り

Q ➡ 残りは2色（2冊ずつ）。同じ色2冊なら2通り、違う色1色ずつなら1通り。計3通り

> 「PかつQ」だから、2つの組み合わせをかけ算

かけ算　3×3＝9通り

②Pは違う色1冊ずつ ➡ 3色から2色選ぶ。3通り

Q ➡ 残りは3色（うち、2冊あるのは1色だけ）。同じ色2冊なら1通り、違う色1冊ずつなら3通り。計4通り

> 「PかつQ」だから、2つの組み合わせをかけ算

かけ算　3×4＝12通り

「①または②」だから、足し算して「9＋12＝21通り」。

2 空箱なしで、ハンカチ5枚を入れると、① 「大2中2小1」 または ② 「大3中1小1」
（大か中のどちらかは、上限より1枚少なくなる）。選ぶ枚数が少ないほうが計算が簡単なので、
それぞれ小と中の組み合わせを求める（大は残りに決まる）。

小　かつ　中

① 5通り × $_4C_2 = 5 \times \dfrac{\overset{2}{4} \times 3}{\underset{1}{2} \times 1} = 30$通り

② 5通り × 4通り = 20通り

足し算 ← 「①または②」だから、2つ
の組み合わせを足し算

30 + 20 = 50通り

3 「$x + 6 \leqq 2y$」になる場合を列挙する。「$y = 6$」から始めて1つずつ減らす（目は1～6）。
xは「$x + 6 \leqq 2y$」に、yの値を代入して計算。あらかじめ式を「$x \leqq 2y - 6$」にして
おいて、$2y$から6を引いた値が、xの上限と考えると計算が速い（下限は必ず1）。

yの目	6	5	4	3
xの目（$x \leqq 2y - 6$）	1～6	1～4	1～2	0（あり得ない）

サイコロなので、
x の目が0以下は
あり得ない

x は、$2y$ から6を引い
た数が上限

6通り　4通り　2通り

合わせて12通り

4 4人の年齢差は、右図の通り。年齢差から、
4人は異なる年齢。年齢差が「＋」「－」の
全組み合わせ（例えば、PとQなら「$P + 6 = Q$」
「$P - 6 = Q$」の2通り）を求めて、最年少と最年長の差が10歳以上の場合を引く。

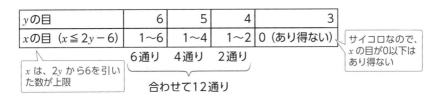

6歳差　　　3歳差　　　6歳差

P ⟵⟶ Q ⟵⟶ R ⟵⟶ S

全員30代（30～39歳）なので
最年少と最年長の差は9歳まで

PQ　かつ　QR　かつ　RS

① 「＋」「－」は2通りずつ ➡ 2通り × 2通り × 2通り = 8通り

② 差が10歳以上 ➡ 「すべて＋」（＋6＋3＋6 = 15歳差）と、
「すべて－」（－6－3－6 = 15歳差）の2通り

①　②　順番
8 - 2 = 6通り

別解 列挙する（PQRSがそれぞれ最年少のときを列挙。最年少を30歳と仮定）

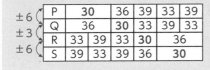

	±6					
P	30	36	39	33	39
Q	36	30	33	39	33
R	33	39	33	30	36
S	39	33	39	36	30

考えられる順番は、① 「P→R→Q→S」、
② 「P→S→Q→R」、③ 「Q→R→P→S」、
④ 「R→Q→S→P」、⑤ 「S→P→R→Q」、
⑥ 「S→Q→R→P」の6通り。

正解	**1** 21	**2** 50	**3** 12	**4** 6

7 確率

- ●確率を答える。Aの確率＝$\dfrac{\text{Aはいくつ}}{\text{全部でいくつ}}$
- ●確率の条件が複数あるときは、「かつ」ならかけ算、「または」なら足し算

例題

1 空欄に当てはまる数値を求めなさい。

1から13までの数字が1つずつ書かれた13枚のカードをよくきって2枚同時に取り出したとき、どちらのカードの数字も3で割り切れる確率は [ ] / [ ] である。約分した分数で答えなさい。

2 空欄に当てはまる数値を求めなさい。

あるレストランでは、セットメニューを注文すると食後にコーヒーか紅茶を選ぶことができる。このレストランでは統計的に男性客の6割、女性客の7割は紅茶を選ぶことがわかっている。セットメニューを注文した1組の男女が異なる飲み物を選ぶ確率は [ ] / [ ] である。約分した分数で答えなさい。

3 空欄に当てはまる数値を求めなさい。

5円玉が2枚、10円玉が2枚ある。この4枚の硬貨を同時に投げ、表が出たものの金額を足す。金額の合計が25円以上になる確率は [ ] / [ ] である。約分した分数で答えなさい。

---

1 1〜13のカードのうち、3で割り切れる数（3の倍数）は「3、6、9、12」の4枚。

| 1 | 2 | 3 | 4 | 5 | 6 | 7 | 8 | 9 | 10 | 11 | 12 | 13 |

①1枚目が3の倍数の確率　$\dfrac{4}{13}$ ←3の倍数は4枚 ←カードは13枚

②2枚目が3の倍数の確率　$\dfrac{3}{12}$ ←3の倍数の残り ←カードの残り

「①かつ②」だから、2つの組み合わせをかけ算

かけ算　$\dfrac{4}{13} \times \dfrac{3}{12} = \dfrac{\overset{1}{4} \times \overset{1}{3}}{13 \times \underset{3}{12}\underset{1}{}} = \dfrac{1}{13}$

2 1組の男女が異なる飲み物を選ぶのは、以下の「①または②」の場合。

① 「男性がコーヒー」かつ「女性が紅茶」

② 「男性が紅茶」かつ「女性がコーヒー」

コーヒーを選ぶ確率は設問にはないが、「紅茶を選ばない確率」と考えて、「1」から

紅茶を選ぶ確率を引けばよい。計算すると男性が4割、女性が3割。

※すべての場合を足すと「1」となるのが、確率の大きな特徴。

男コーヒー かつ 女紅茶

①の確率 ➡ 0.4 × 0.7 = 0.28

男紅茶 かつ 女コーヒー

②の確率 ➡ 0.6 × 0.3 = 0.18

足し算

「①または②」だから、2つ
の組み合わせを足し算

$$0.28+0.18=0.46=\frac{\overset{23}{46}}{\underset{50}{100}}=\frac{23}{50}$$

3 合計25円以上になる組み合わせを考えて、硬貨4枚の表裏の全組み合わせで割り算する。

$$Aの確率 = \frac{Aはいくつ}{全部でいくつ} = \frac{合計25円以上になる組み合わせ}{硬貨4枚の表裏の全組み合わせ}$$

合計25円以上 ➡ 以下のいずれかの場合（2枚の5円玉は区別する）。

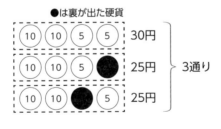

●は裏が出た硬貨

⑩ ⑩ ⑤ ⑤ ：30円
⑩ ⑩ ⑤ ● ：25円 } 3通り
⑩ ⑩ ● ⑤ ：25円

$$\frac{3}{16}$$

4枚の表裏 ➡ 硬貨1枚につき「表」「裏」の2通り。4枚分の表裏の

組み合わせをかけ算する。

2×2×2×2＝16通り

「1枚目かつ2枚目かつ3枚目かつ4枚目」だから、
4つの組み合わせをかけ算

正解	**1** 1/13	**2** 23/50	**3** 3/16

空欄に当てはまる数値を求めなさい。

1 赤玉が5個と白玉が4個入った袋から玉を同時に2個取り出す。このとき、2個とも赤玉である確率は [　　] / [　　] である。約分した分数で答えなさい。

2 1から9までの数字が1つずつ書かれたカード9枚をよくきって2枚同時に取り出したとき、2枚のカードに書かれた数字の和が奇数になる確率は [　　] / [　　] である。約分した分数で答えなさい。

3 1から6までの数字が1つずつ書かれたカード6枚をよくきって2枚同時に取り出したとき、2枚のカードに書かれた数字の積が偶数になる確率は [　　] / [　　] である。約分した分数で答えなさい。

4 100袋限定の福袋がある。1袋の中には商品RかSのどちらか1個と、商品YかZのどちらか1個が入っている。すべての福袋に入っている商品の個数は全部でRが40個、Sが60個、Yが20個、Zが80個である。この福袋を1袋購入するとき、商品RかZのどちらか一方だけが入っている確率は [　　] / [　　] である。約分した分数で答えなさい。

1 2個とも赤玉になるのは、「1個目が赤玉かつ2個目が赤玉」のとき。

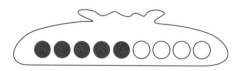

①1個目が赤玉の確率　$\dfrac{5}{9}$ ←赤玉は5個 ←玉は9個

②2個目が赤玉の確率　$\dfrac{4}{8}$ ←赤玉の残り ←玉の残り

かけ算

「①かつ②」だから、2つの組み合わせをかけ算

$\dfrac{5}{9} \times \dfrac{4}{8} = \dfrac{5 \times \overset{1}{4}}{9 \times \underset{2}{8}} = \dfrac{5}{18}$

2 1～9のうち、奇数は「1、3、5、7、9」の5枚、偶数は「2、4、6、8」の4枚。和が奇数になるのは「偶＋奇」または「奇＋偶」のとき。

①偶＋奇   1枚目が偶 かつ 2枚目が奇

$$\frac{4}{9} \times \frac{5}{8} = \frac{\overset{1}{4} \times 5}{9 \times \underset{2}{8}} = \frac{5}{18}$$

②奇＋偶   1枚目が奇 かつ 2枚目が偶

$$\frac{5}{9} \times \frac{4}{8} = \frac{5 \times \overset{1}{4}}{9 \times \underset{2}{8}} = \frac{5}{18}$$

> 「①または②」だから、2つの組み合わせを足し算

足し算
$$\frac{5}{18} + \frac{5}{18} = \frac{\overset{5}{10}}{\underset{9}{18}} = \frac{5}{9}$$

参考 2つの数字の和（足し算の結果）が偶数、奇数になるのは以下の場合
和が偶数 ➡ 「偶＋偶」（例：2＋4＝6）、「奇＋奇」（例：1＋3＝4）
和が奇数 ➡ 「偶＋奇」（例：2＋1＝3）、「奇＋偶」（例：1＋2＝3）

3 1～6のうち、奇数は「1、3、5」の3枚、偶数は「2、4、6」の3枚。積が偶数になるのは「偶×偶」「奇×偶」「偶×奇」のいずれかだが、積が奇数になるのは「奇×奇」の場合だけ。そこで、「奇×奇」の確率を求めて、すべての場合の「1」から引くことにする。

すべての場合   1枚目が奇 かつ 2枚目が奇

$$1 - \left(\frac{3}{6} \times \frac{2}{5} \right) = 1 - \frac{\overset{1}{3} \times \overset{1}{2}}{\underset{1}{6} \times 5} = \frac{4}{5}$$

4 福袋には「商品RかSのどちらか1個と、商品YかZのどちらか1個が入っている」。商品RかZのどちらか一方だけが入っているのは、福袋に「RとY」または「SとZ」が入っているとき。

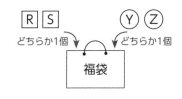

①RとY ➡   R かつ Y

$$\frac{40}{100} \times \frac{20}{100} = \frac{\overset{2}{40} \times \overset{1}{20}}{\underset{5}{100} \times \underset{5}{100}} = \frac{2}{25}$$

②SとZ ➡   S かつ Z

$$\frac{60}{100} \times \frac{80}{100} = \frac{\overset{3}{60} \times \overset{4}{80}}{\underset{5}{100} \times \underset{5}{100}} = \frac{12}{25}$$

> 「①または②」だから、2つの組み合わせを足し算

足し算
$$\frac{2}{25} + \frac{12}{25} = \frac{14}{25}$$

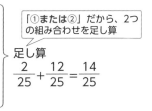

正解	**1** 5/18	**2** 5/9	**3** 4/5	**4** 14/25

練習問題② 確率

空欄に当てはまる数値を求めなさい。

1 男性7人、女性4人の11人が、3人席3つと、2人席1つに分かれて座ることになった。くじ引きで席を決める場合、2人席に男性と女性が座る確率は □ / □ である。約分した分数で答えなさい。

2 100円玉が1枚、50円玉が2枚、10円玉が5枚ある。この8枚の硬貨を同時に投げ、表が出たものの金額を足す。金額の合計が150円になる確率は □ / □ である。約分した分数で答えなさい。

3 店頭にメロンが4個並べてある。1個売れるたびに倉庫からメロンを1個出して並べるとすると、4回目に倉庫から出したメロンを並べたところで、最初に店頭にあった4個のうち1個でも残っている確率は □ / □ である。約分した分数で答えなさい。

1 2人席に男性と女性が座るのは、以下の「①または②」の場合。

① 「1人目が男性」かつ「2人目が女性」

② 「1人目が女性」かつ「2人目が男性」

※3人席は、残りの人たちがどのように座ってもよいので、考える必要なし。

①の確率 ➡ $\overset{男}{\dfrac{7}{11}} \overset{かつ}{\times} \overset{女}{\dfrac{4}{10}} = \dfrac{7 \times \overset{2}{4}}{11 \times \underset{5}{10}} = \dfrac{14}{55}$

②の確率 ➡ $\overset{女}{\dfrac{4}{11}} \overset{かつ}{\times} \overset{男}{\dfrac{7}{10}} = \dfrac{\overset{2}{4} \times 7}{11 \times \underset{5}{10}} = \dfrac{14}{55}$

> 「①または②」だから、2つの組み合わせを足し算

足し算
$\dfrac{14}{55} + \dfrac{14}{55} = \dfrac{28}{55}$

2 合計150円になる組み合わせを考えて、硬貨8枚の表裏の全組み合わせで割り算する。

$$Aの確率 = \frac{Aはいくつ}{全部でいくつ} = \frac{合計150円になる組み合わせ}{硬貨8枚の表裏の全組み合わせ}$$

合計150円 ➡ 以下のいずれかの場合（2枚の50円玉は区別する）。

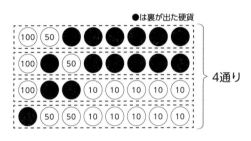

●は裏が出た硬貨

}4通り

$$\frac{\overset{1}{\cancel{4}}}{\underset{64}{256}} = \frac{1}{64}$$

8枚の表裏 ➡ 硬貨1枚につき「表」「裏」の2通り。8枚分の表裏の
組み合わせをかけ算する。

$$2 \times 2 \times 2 \times 2 \times 2 \times 2 \times 2 \times 2 = 256通り$$

> 「1枚目かつ2枚目かつ3枚目かつ4枚目かつ5枚目
> かつ6枚目かつ7枚目かつ8枚目」だから、8つの
> 組み合わせをかけ算

3 最初に店頭にあったメロンが「1個も残らない」確率を求めて、すべての場合の「1」
から引く。「1個も残らない」のは、最初の4個がすべて売れたとき。つまり、売れた
のが、「1個目は4個のいずれか」かつ「2個目は最初の残り（3個）のいずれか」かつ
「3個目は最初の残り（2個）のいずれか」かつ「4個目は最初の残り（1個）」のとき。

最初の4個が1個も残らない確率

すべての場合　　　1個目 かつ 2個目 かつ 3個目かつ 4個目　　　　　1個でも残る確率

$$1 - \left(\frac{4}{4} \times \frac{3}{4} \times \frac{2}{4} \times \frac{1}{4} \right) = 1 - \frac{\overset{1}{\cancel{4}} \times 3 \times \overset{1}{\cancel{2}} \times 1}{\underset{1}{\cancel{4}} \times 4 \times \underset{2}{\cancel{4}} \times 4} = \frac{29}{32}$$

> **別解** 「1個も残らない」確率を、「$\frac{Aはいくつ}{全部でいくつ}$」で求める場合
>
> Aはいくつ ➡ 最初の4個が順番に売れていく。$4 \times 3 \times 2 \times 1 = 24通り$ } $\frac{\overset{3}{\cancel{24}}}{\underset{32}{256}} = \frac{3}{32}$
>
> 全部でいくつ ➡ 店頭のメロンの全組み合わせ。$4 \times 4 \times 4 \times 4 = 256通り$
>
> すべての場合の「1」から引き算すると、「$1 - \frac{3}{32} = \frac{29}{32}$」。

正解	**1** 28/55	**2** 1/64	**3** 29/32

空欄に当てはまる数値を求めなさい。

1 2個のサイコロを同時に振ったとき、出た目の積が4の倍数になる確率は

　□ / □ である。約分した分数で答えなさい。

2 箱の中に金と銀の玉が合わせて10個入っている。玉を1個取り出したときに金が出る

確率が1/5だとすると、玉を同時に2個取り出したとき、金が1個だけ出る確率は

　□ / □ である。約分した分数で答えなさい。

3 横一列に並んだ6つの席がある。T、U、V、W、X、Yの6人がくじ引きで座る席を決

めるとき、TとWが隣り合わせの席になる確率は □ / □ である。約分し

た分数で答えなさい。

4 4人が1つずつ手作りの菓子を用意して交換する。くじで菓子を割り当てるとき、全

員が自分以外が用意した菓子をもらえる確率は □ / □ である。約分した

分数で答えなさい。

---

1 確率の公式「Aの確率＝$\dfrac{\text{Aはいくつ}}{\text{全部でいくつ}}$」を使って考える。

Aはいくつ ➡ 積が4の倍数（「少なくとも片方が4」か「両方が偶数」）

	●	∴	∵	::	∷	⋮⋮
●	1	2	3	4	5	6
∴	2	4	6	8	10	12
∵	3	6	9	12	15	18
::	4	8	12	16	20	24
∷	5	10	15	20	25	30
⋮⋮	6	12	18	24	30	36

計
15通り

$\Big\}$ $\dfrac{\overset{5}{\cancel{15}}}{\underset{12}{\cancel{36}}} = \dfrac{5}{12}$

全部でいくつ ➡ サイコロ2個の目の組み合わせ　6×6＝36通り

2 金の確率は $\dfrac{1}{5}$ なので、10個中2個が金。残り8個が銀。「金と銀」または「銀と金」。

①金と銀 ➡ $\overset{\text{金}}{\dfrac{1}{5}} \times \overset{\text{かつ 銀}}{\dfrac{8}{9}} = \dfrac{8}{45}$ 　　　} 足し算

②銀と金 ➡ $\overset{\text{銀}}{\dfrac{4}{5}} \times \overset{\text{かつ 金}}{\dfrac{2}{9}} = \dfrac{8}{45}$

> 「①または②」だから、2つの組み合わせを足し算

$$\dfrac{8}{45} + \dfrac{8}{45} = \dfrac{16}{45}$$

3 6つの席を左から順に「①②③④⑤⑥」とすると、隣り合わせは「①②」「②③」「③④」「④⑤」「⑤⑥」の5通り。それぞれの場合につき、「片方がTかW」「もう一方がTかWの残り」となる確率は

$$\overset{\text{TかW}}{\dfrac{2}{6}} \times \overset{\text{かつ TかWの残り}}{\dfrac{1}{5}} = \dfrac{\overset{1}{2} \times 1}{\underset{3}{6} \times 5} = \dfrac{1}{15}$$

これが5通りあるので、5倍する。$\dfrac{1}{15} \times 5 = \dfrac{1 \times \overset{1}{5}}{\underset{3}{15}} = \dfrac{1}{3}$

4 確率の公式「Aの確率＝$\dfrac{\text{Aはいくつ}}{\text{全部でいくつ}}$」を使って考える。

Aはいくつ ➡ 4人を仮にa、b、c、dとして、全員が自分以外が用意した菓子をもらえる組み合わせを考える。

a	b	c	d
bから	aから	dから	cから
	cから	dから	aから
	dから	aから	cから
cから	aから	dから	bから
	dから	aから	bから
	bから	aから	aから
dから	aから	bから	cから
	cから	aから	bから
	bから	aから	aから

} 9通り

$\dfrac{\overset{3}{9}}{\underset{8}{24}} = \dfrac{3}{8}$

全部でいくつ ➡ もらえる菓子は、「1人目がa～dの4通り」かつ「2人目が残りの3通り」かつ「3人目が残りの2通り」かつ「4人目が残りの1通り」。

$4 \times 3 \times 2 \times 1 = 24$通り

正解	**1** 5/12	**2** 16/45	**3** 1/3	**4** 3/8

8 損益算・料金の割引・代金の精算

- ●仕入れ値、利益、定価、割引、貸し借りした代金の精算などに関する計算。電卓を活用して手早く計算する
- ●「仕入れ値 + 利益 = 定価または売価」「定価 ×（1 − 割引率）= 売価」

例題

1 空欄に当てはまる数値を求めなさい。

Pはセール初日に定価の2割引で服を買い、Qは同じ服をセール最終日に定価の6割引で、Pより1300円安く買った。この服の定価は □ 円である。

2 空欄に当てはまる数値を求めなさい。

P、Q、Rの3人で食事をした。Qの手持ちのお金が足りなかったので、ひとまず、食事代の総額を、PとRで半分ずつ支払った。後日、3等分になるように、QがPとRに850円ずつ返して精算したとすると、食事代の総額は □ 円である。

3 空欄に当てはまる数値を求めなさい。

ある商品は定価の20%引きで売っても、仕入れ値の6%にあたる108円の利益が得られる。この商品の定価は □ 円である。

4 空欄に当てはまる数値を求めなさい。

あるボウリング場の休日のゲーム料金は平日の3割増しの料金であるが、休日の早朝に限り、その1割引になる。休日の早朝のゲーム料金は平日の □ ％増しの料金である。

1 初日と最終日の割引率の差は「6割 − 2割 ＝ 4割」。この4割が、2人が買った金額（売価）の差1300円に相当する。定価を x 円とすると以下の式が成り立つ。

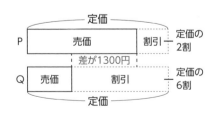

$$\text{定価} \quad \text{4割} \quad \text{定価の4割の金額}$$
$$x円 \times 0.4 = 1300円$$
$$x = 1300 \div 0.4$$
$$x = \boxed{3250} \text{— 定価}$$

2 「QがPとRに850円ずつ返し」たので、850円を2倍すると、1人分の食事代となる。求めるのは食事代の総額 (3人分の食事代) なので、3倍する。

$$\text{Qが1人に返した金額} \quad \text{2倍} \quad \text{1人分の食事代}$$
$$850円 \quad \times 2 = 1700円$$

$$\text{1人分の食事代} \quad \text{3倍} \quad \text{食事代の総額}$$
$$1700円 \times 3 = 5100円$$

3 仕入れ値、売価、定価の順に求めていく。

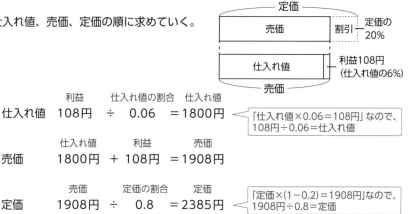

$$\text{仕入れ値} \quad \overset{利益}{108円} \div \overset{仕入れ値の割合}{0.06} = \overset{仕入れ値}{1800円}$$

> 「仕入れ値×0.06＝108円」なので、108円÷0.06＝仕入れ値

$$\text{売価} \quad \overset{仕入れ値}{1800円} + \overset{利益}{108円} = \overset{売価}{1908円}$$

$$\text{定価} \quad \overset{売価}{1908円} \div \overset{定価の割合}{0.8} = \overset{定価}{2385円}$$

> 「定価×(1－0.2)＝1908円」なので、1908円÷0.8＝定価

速解 1つの式にまとめて、電卓で一気に解く

上記の計算を「(108 ÷ 0.06 + 108) ÷ 0.8」とまとめて、電卓で計算すると速い。

---

4 平日の料金を1とすると、休日は3割増しなので「1.3」。これを使って、休日の早朝の料金を計算する。休日の早朝は、休日料金の1割引。

$$\text{休日} \quad \text{1割引} \quad \text{休日早朝の料金}$$
$$1.3 \times (1 - 0.1) = 1.17 \quad \Rightarrow \quad \text{平日の17%増し}$$

正解	**1** 3250	**2** 5100	**3** 2385	**4** 17

空欄に当てはまる数値を求めなさい。

1 ある食品は160 g入りの袋が608円だが、500 g入りの袋なら100 gあたり57円安くなる。このとき、500 g入りの袋は ☐ 円である。

2 1冊800円の専門誌を定期購読した場合、年間契約（50冊）は34800円、半年契約（25冊）は18600円である。このとき、定価に対する1冊あたりの割引率は年間契約の方が半年契約より ☐ ％大きい。

3 ある商品は2個購入すると定価の3％引き、6個購入すると定価の10％引きになる。この商品を6個購入すると、2個購入するときに比べ1個につき238円安くなる。このとき、この商品の定価は ☐ 円である。

4 ある商品は2個以上まとめて購入すると割引価格になり、2個で4850円、5個で11500円である。この商品は2個購入すると定価の3％引き、5個購入すると定価の ☐ ％引きになっている（必要なときは、最後に小数点以下第1位を四捨五入すること）。

5 ある専門誌を定期購読した場合、2年契約（60冊）は46800円、半年契約（15冊）は16200円である。定価に対する1冊あたりの割引率は、2年契約の方が半年契約より25％大きいとすると、この専門誌の1冊の定価は ☐ 円である。

1 160 g入りの袋の100 gあたりの価格を求めて、それを使って500 g入りの袋の価格を求める。

160 gの価格	100 gあたり	100 gあたりの価格
608円 ÷	1.6	= 380円

> 160gは100gの1.6倍なので「÷1.6」する

```
   100gあたり57円安い    5倍    500gの価格
  (380円−57円) × 5 = 1615円
```

2 年間契約と半年契約の割引率を求めて比べる。

```
              購読料      冊数    1冊       1冊    定価      1から引くと割引率
年間契約  34800円÷50冊＝696円   696円÷800円＝0.87 ➡ 13%引き
半年契約  18600円÷25冊＝744円   744円÷800円＝0.93 ➡  7%引き
13%−7%＝6%
```

3 2個購入したときと、6個購入したときの割引率の差は「10%−3%＝7%」。この7%が、1個あたりの価格差238円に相当する。

```
 価格差    7%     定価
238円 ÷ 0.07 = 3400円
```

4 定価をx円として、2個のときの方程式を立てて、定価を求める。

```
 定価        3%引き    個数    割引価格
$x$ × (1 − 0.03)× 2 = 4850
          $x$ = 4850÷2÷0.97
          $x$ = ⌈2500⌉― 定価
```

定価2500円を使って、5個のときの割引率を求める。

```
5個購入の割引価格      定価            5個購入の割引率
  11500円  ÷（2500円×5個）＝0.92 ➡ 8%引き
```

5 2年契約と半年契約の1冊あたりの価格差を求めて、割引率の差25%で割る。

```
           購読料     冊数    1冊
半年  16200円 ÷ 15冊 ＝1080円 ⎫ 1冊あたりの価格差は
2年   46800円 ÷ 60冊 ＝ 780円 ⎭ 1080円−780円＝300円

 価格差    割引率の差    定価
300円 ÷  0.25  ＝1200円
```

正解	**1** 1615	**2** 6	**3** 3400	**4** 8	**5** 1200

空欄に当てはまる数値を求めなさい。

1 X、Y、Zの3人でPの卒業祝いをすることにした。Xが食事代の総額8400円を、Yが花束代の総額を支払った。食事代と花束代を3人が同額ずつ負担することにし、Zが Xに3700円、Yにもいくらか支払って精算した。このとき、花束代の総額は ☐ 円である。

2 ある商品を定価の15%引きで売ると、定価の10%引きで売るときに比べて、利益が145 円少なくなる。この商品を定価の20%引きで売るときの売価は ☐ 円である。

3 ある商品を75個仕入れ、仕入れ値の40%増しの価格で売った。いくつか売れ残りが 出たので廃棄したところ、1個あたりの利益は仕入れ値の12%になった。このとき、 売れた個数は ☐ 個である。

4 定価2680円の商品を定価の25%引きで売ったときに得られる利益は、定価で売った ときの1/3になる。この商品の仕入れ値は ☐ 円である。

---

1 Xは食事代の総額8400円を支払って、精算時にZから3700円を返してもらった。ここから、食事代の総額から3700円を引くと、1人あたりの負担額（食事代と花束代の総額を3等分した額）となる。1人あたりの負担額を3倍して、食事代の総額を引けば、花束代の総額が求められる。

食事代の総額　　Zが Xに返した金額　　1人あたりの負担額
8400円　－　　3700円　＝　4700円

1人あたりの負担額　3倍　　食事代と花束代の総額
4700円　×　3　＝　14100円

食事代と花束代の総額　　食事代の総額　　花束代の総額
14100円　－　8400円　＝　5700円

2 割引率の差は「15％－10％＝5％」。定価の5％が、145円に相当する。

利益の差　　5%　　定価
$$145円 ÷ 0.05 = 2900円$$

定価　　　　20%引き　　20%引きでの売価
$$2900円 × （1 - 0.2） = 2320円$$

3 仕入れ値を1、売れた個数をx個として、売上の方程式を立てる。「仕入れ値の40％増しの価格で、x個を売ったときの売上」と、「仕入れ値の12％増しの価格で、75個を売ったときの売上」が同じであることを使う。

仕入れ値の40%増しでx個　　仕入れ値の12%増しで75個
$$1.4x = 1.12 × 75$$
$$x = 84 ÷ 1.4$$
$$x = \boxed{60}\ \text{─ 売れた個数}$$

> **別解** 仮の金額を当てはめて計算してもよい
> 仮に仕入れ値を1個100円とすると、最終的な利益から売上は「112円×75個＝8400円」。これを1個140円で売るので「8400円÷140円＝60個」。

4 定価の25％引きで得られる利益は、定価の利益の $\dfrac{1}{3}$（割引で利益の $\dfrac{2}{3}$ が減った）。これを使って、定価での利益を求め、定価から引けば仕入れ値がわかる。

割引で減った利益
定価　　25%　　定価の利益の$\frac{2}{3}$　　　　　　　　　定価での利益
$$2680円 × 0.25 ÷ \frac{2}{3} = 2680 × 0.25 ÷ 2 × 3 = 1005円$$

> 分数は整数の式にして
> 電卓で計算

定価　　　利益　　　仕入れ値
$$2680円 - 1005円 = 1675円$$

正解	**1** 5700	**2** 2320	**3** 60	**4** 1675

空欄に当てはまる数値を求めなさい。

1 定価5950円の商品をいくらか割引をして売ったところ、仕入れ値の26％にあたる1105円の利益を得た。このとき、この商品の割引率は定価の ☐ ％である（必要なときは、最後に小数点以下第1位を四捨五入すること）。

2 ある商品は定価の25％引きで売っても、仕入れ値の5％にあたる180円の利益が得られる。この商品を定価の30％引きで売ると ☐ 円の損失が出る。

3 ある商品を50個仕入れ、仕入れ値の30％の利益をのせて定価をつけた。40個を定価で売り、残りの10個は定価の20％引きにして完売した。このとき、1個あたりの利益は仕入れ値の ☐ ％である（必要なときは、最後に小数点以下第2位を四捨五入すること）。

4 1房に7本ついたバナナを1房80円で40房仕入れた。1房単位の売価は1房150円で、1本単位の売価は1本30円である。バナナがすべて売り切れ、利益が4120円であったとすると、房単位で売れたバナナは ☐ 房である。

1 仕入れ値、売価、割引率の順に求めていく。

　　　　　　　　　利益　　　仕入れ値の割合　　仕入れ値
　　仕入れ値　1105円 ÷ 　　0.26　　 ＝ 4250円

　　　　　　　　仕入れ値　　利益　　　　売価
　　売価　　　4250円 ＋ 1105円 ＝ 5355円

　　　　　　　　売価　　　定価　　　　　　　1から引くと割引率
　　割引率　　5355円 ÷ 5950円 ＝ 0.9 ➡ 割引率は定価の10％

2 仕入れ値、定価、損失の順に求めていく。

$$\underset{\text{仕入れ値}}{仕入れ値}\quad \underset{利益}{180円} \div \underset{仕入れ値の割合}{0.05} = \underset{仕入れ値}{3600円}$$

定価

$$\underset{定価}{定価}\quad (\underset{仕入れ値}{3600円} + \underset{利益}{180円}) \div \underset{25\%引き}{0.75} = \underset{定価}{5040円}$$

$$\underset{損失}{損失}\quad \underset{仕入れ値}{3600円} - (\underset{定価}{5040円} \times \underset{30\%引き}{0.7}) = \underset{損失}{72円}$$

3 仕入れ値をx円とすると、定価は仕入れ値の30%の利益なので「$1.3x$」円、定価の20%引きは「$1.3x \times 0.8$」円。これを使って、1個あたりの売価の式を作る。

$$\underset{定価}{}\ \underset{販売数}{}\qquad \underset{20\%引きの売価}{}\quad \underset{販売数}{}\qquad \underset{販売数計}{}\ \underset{1個あたりの売価}{}$$
$$((1.3x \times 40個) + (1.3x \times 0.8 \times 10個)) \div 50個 = 1.248x$$

1個あたりの売価が$1.248x$なので、利益は、仕入れ値の「$0.248 = 24.8\%$」。

4 「房単位」と「本単位」で売ったときの、1房あたりの利益を求める。そのあとで、房単位で売れたバナナをx房として、利益合計の方程式を作る。

$$\underset{1房売価}{}\qquad\qquad \underset{1房仕入れ値}{}\quad \underset{1房利益}{}$$

房単位　$150円 - 80円 = 70円$

本単位　$(30円 \times 7本) - 80円 = 130円$

$$\underset{房単位で売れた利益}{}\qquad\quad \underset{本単位で売れた利益}{}\qquad\qquad \underset{利益合計}{}$$
$$(70円 \times x房) + (130円 \times (40 - x房)) = 4120円$$
$$-60x = -1080$$
$$x = \boxed{18} \ \underset{房単位で}{\text{売れたのは18房}}$$

> **別解** **40房すべてを本単位で売ったと仮定。何房を房単位に戻すか考える**
> 上記で求めた1房利益の「70円」と「130円」を使う。40房すべてを本単位で売ると、本来の利益より「（130円×40房）－4120円＝1080円」多い。房単位に変えると、1房あたりの利益が「130－70＝60円」減る。「1080円÷60円＝18房」。房単位は18房。

正解	**1** 10	**2** 72	**3** 24.8	**4** 18

9 割合・比・分割払い・仕事算

●さまざまな割合や比などを、分数や小数で計算する問題
●「全体数 × 内訳Aの割合 ＝ 内訳Aの数」

例題

1 空欄に当てはまる数値を求めなさい。

ある高校の生徒のうち35％がバスで通学しており、このうちの80％はP交通のバスを利用している。通学にP交通のバスを利用している生徒が168人のとき、この高校の生徒は全部で [　　　] 人である。

2 空欄に当てはまる数値を求めなさい。

現在PはQよりも19歳若く、7年後にはPの年齢はQの年齢の半分になる。現在、Pは [　　　] 歳である。

3 空欄に当てはまる数値を求めなさい。

ケーキを3等分するはずが、間違えて4等分してしまった。ケーキ1切れの大きさは3等分したときに比べ [　　　] ％小さくなった（必要なときは、最後に小数点以下第1位を四捨五入すること）。

4 空欄に当てはまる数値を求めなさい。

データ入力の仕事をP、Q、Rの3人で分担した。QはPの0.7倍の量を、RはPの0.9倍の量を担当した。このときPが担当した量は、全体の5/ [　　　] だった（<u>分数の分母を答えなさい</u>）。

---

1 P交通のバスを利用している168人を、バスのうちP交通の割合と、高校生のうちバスの割合で割り算する。

P交通数	P交通割合	バス割合	高校生数
168人÷	0.8 ÷	0.35 ＝	600人

「高校生数×バス割合×P交通割合＝168人」なので、「168人÷P交通割合÷バス割合＝高校生数」

2 2人の年齢差は、現在も7年後も同じ。7年後に Pは Qの $\frac{1}{2}$ なので、その時点で、年齢差とP の年齢が一致する。ここから、7年後にPは19 歳。現在は7年を引いた年齢。

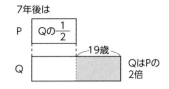

7年後は

7年後のP　7年前　現在のP
19歳 − 7歳 = 12歳

3 ケーキ全体の大きさを、3と4の最小公倍数である「12」と仮定する。3等分と4等分 したときの1切れの大きさを、それぞれ求めて比べる。

　　　　　　　　　　　全体　　等分　　1切れ
3等分したときの1切れ　　12 ÷ 3 ＝ 4 ⎫
4等分したときの1切れ　　12 ÷ 4 ＝ 3 ⎭ 3 ÷ 4 = 0.75 ➡ 75%

4等分したとき1切れは、3等分したときの75%。つまり25%小さくなった。

> **別解 分数のまま割り算**
>
> ケーキ全体を1とすると、4等分の1切れは $\frac{1}{4}$。3等分の1切れは $\frac{1}{3}$、2つを割り算 して「$\frac{1}{4} \div \frac{1}{3} = \frac{1 \times 3}{4 \times 1} = \frac{3}{4} = 3 \div 4 = 0.75$」。25%小さくなった。

4 3人の分担はPを基準に表されている。Pは「1P」、Qは「0.7P」、Rは「0.9P」。

　P　　　Q　　　　R　　　合計
1P ＋ 0.7P ＋ 0.9P ＝ 2.6P

全体1を、Pで表すと2.6P。ここからPを求める。

　P換算した全体　　全体は1
　　　2.6P ＝　　　1

　　　　P ＝ $\frac{1}{2.6}$

　　　　　　　　　　⎞ 分子が5に
　　　　　　　　　　⎠ なるよう通分
　　　　P ＝ $\frac{5}{13}$

答えるのは分母なので13。

正解	**1** 600	**2** 12	**3** 25	**4** 13

練習問題① 割合・比・分割払い・仕事算

空欄に当てはまる数値を求めなさい。

1 ある地区の大人と子どもが2台のバスで旅行にでかけた。大人の参加者の3/5にあたる18人は1台目のバスに乗った。参加した大人と子どもの人数の割合が5：6だったとすると、参加した子どもは □ 人である。

2 PとQが買い物に出かけた。持参したお金はPがQより17500円多く、どちらも持参したお金の □ ％ずつ使って買い物をしたので、買い物代はPがQより6300円多くなった（必要なときは、最後に小数点以下第1位を四捨五入すること）。

3 Pの年齢はQより12歳若く、またQの年齢の5/8である。このとき、Pは □ 歳である。

4 いもと玉ねぎが合わせて56個あった。この中からPはいもの2/3と玉ねぎの1/4、合わせて24個もらった。このとき、Pはいもを □ 個もらった。

---

1 「大人の $\frac{3}{5}$ が18人」を使って、大人の数を求める。大人と子どもは「5：6」なので、大人の数を大人の比で割って、子どもの比をかければ、子どもの数。

$$18人÷\frac{3}{5} = 18÷\underline{3×5} = 30人 \Rightarrow \overset{大人}{30人}÷\overset{大人の比}{5}×\overset{子どもの比}{6} = \overset{子ども}{36人}$$

> 分数は整数の式にして電卓で計算

2 持参したお金が17500円多いPは、使ったお金も、求める割合の分だけ多い。

$$\overset{多く使った}{6300円}÷\overset{多く持参}{17500円} = \overset{使った割合}{0.36} \Rightarrow 36\%$$

P持参　　　　　　　　17500円

Q持参　　　　　　　ここからも同じ割合を使った（6300円）

ここからある割合を使った（金額不明）

仮にQが10000円持参したとすると、Pが持参したのは「10000＋17500＝27500円」。それぞれが使った割合をxとして、「Pの買い物代－Qの買い物代＝6300円」の方程式を作る。「$27500x-10000x=6300$」となり、方程式を解くと「$x=0.36$」。
※仮の金額をいくらにしても、左辺の計算結果は「$17500x$」。

3 PとQの差は12歳で、これはQの$\dfrac{3}{8}$に相当する。

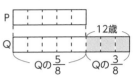

※PはQの$\dfrac{5}{8}$なので、両者の差はQの$\dfrac{3}{8}$。

12歳÷3＝4歳 ➡ これがQの$\dfrac{1}{8}$。PはQの$\dfrac{5}{8}$なので、4歳×5＝20歳

上記より時間がかかるが方程式でも解ける。設問文から2つの方程式 ①「P＝Q－12」、② 「P＝Q×$\dfrac{5}{8}$」を作る。①を「Q＝P＋12」に変形して、②のQに代入すると「P＝（P＋12）×$\dfrac{5}{8}$」。この方程式を解くと「P＝20」。

4 最初にいもがx個あったとすると、玉ねぎは「$56-x$」個。これを使って、Pがもらった数の方程式を作る。そのあとで、Pがもらったいもの個数を計算。

いも　P割合　　　玉ねぎ　　P割合　　P合計
$$(x \times \tfrac{2}{3}) + ((56-x) \times \tfrac{1}{4}) = 24個$$

$$\dfrac{2}{3}x + 14 - \dfrac{1}{4}x = 24$$

（割り切れない分数があるので、電卓は使わず筆算）

$$\dfrac{8}{12}x - \dfrac{3}{12}x = 24 - 14$$

$$\dfrac{5}{12}x = 10$$

$$x = \boxed{24}\ \text{——最初にあったいも個数}$$

最初にあったいも　P割合　　　　　　　Pがもらったいも
24個　$\times \dfrac{2}{3} = 24 \times 2 \div 3 = 16$個

正解	**1** 36	**2** 36	**3** 20	**4** 16

空欄に当てはまる数値を求めなさい。

1 青い液体と赤い液体を3：1の割合で混ぜたものと、3：2の割合で混ぜたものを同量ずつとって混ぜると、この液体に含まれる赤い液体の割合は ☐ ％である（必要なときは、最後に小数点以下第2位を四捨五入すること）。

2 縦2.4m、横1.5mの長方形の菜園がある。その面積の3/5でカブを、残りの面積の1/3でネギを栽培する。このとき、カブの栽培面積はネギの栽培面積より ☐ m² 広い（必要なときは、最後に小数点以下第3位を四捨五入すること）。

3 あるサークルの男性と女性の比率は3：1だったが、女性7人が加入したので2：1になった。このサークルに所属している男性は ☐ 人である。

4 ある会社では社員が90人いたが、男性社員15人が退職したところ、女性社員の占める割合は6.0％上がった。女性社員の人数は ☐ 人である。

---

1 「3：1」の液体は全量が「4」、「3：2」の液体は全量が「5」と考える。それぞれの液体に赤が含まれている割合を求める。

青と赤が「3：1」 ➡ $\dfrac{赤}{全量}=\dfrac{1}{4}$　　　青と赤が「3：2」 ➡ $\dfrac{赤}{全量}=\dfrac{2}{5}$

この2つを足して2で割ると、できた液体における赤の割合がわかる。

$$\left(\dfrac{1}{4}+\dfrac{2}{5}\right)\div 2 = (0.25+0.4)\div 2 = 0.325 = 32.5\%$$

> **別解** 仮の重さを当てはめて計算してもよい
>
> 仮に「3：1」の液体が100g、「3：2」の液体が100gとする。
> 赤は「$100g \times \dfrac{1}{4} = 25g$」と、「$100g \times \dfrac{2}{5} = 40g$」で65g。2つの液体を混ぜると、赤の割合は「$65g \div 200g = 0.325 = 32.5\%$」。

2 縦×横で菜園の面積を求めてから、カブとネギの栽培面積を求めて比べる。

菜園　$\overset{\text{縦}}{2.4\text{m}} \times \overset{\text{横}}{1.5\text{m}} = \overset{\text{面積}}{3.6\text{m}^2}$

カブ　$\overset{\text{菜園全体}}{3.6\text{m}^2} \times \overset{\text{カブ割合}}{\frac{3}{5}} = 3.6 \times 3 \div 5 = \overset{\text{カブ面積}}{2.16\text{m}^2}$

ネギ　$(\overset{\text{菜園全体}}{3.6\text{m}^2} - \overset{\text{カブ面積}}{2.16\text{m}^2}) \times \overset{\text{ネギ割合}}{\frac{1}{3}} = 1.44 \div 3 = \overset{\text{ネギ面積}}{0.48\text{m}^2}$

差は
$2.16 - 0.48 = 1.68\text{m}^2$

> **速解** 割合のまま差を求めて、最後に面積を求める
>
> 全体を1とすると、カブは$\frac{3}{5}$。ネギは残りの$\frac{1}{3}$なので「$\frac{2}{5} \times \frac{1}{3} = \frac{2}{15}$」。カブからネギを引き算して「$\frac{3}{5} - \frac{2}{15} = \frac{7}{15}$」。これを、菜園の面積にかけ算すると「$2.4 \times 1.5 \times \frac{7}{15} = 1.68$」。

3 サークル全体の人数は、以前をx人とすると、女性7人が加入した現在は「$x+7$」人。これを使って、以前の男性数＝現在の男性数の方程式を作る（男性の人数は変化しないので、左右の式はイコールになる）。

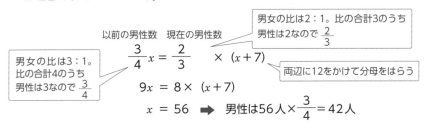

男女の比は2：1。比の合計3のうち男性は2なので$\frac{2}{3}$

男女の比は3：1。比の合計4のうち男性は3なので$\frac{3}{4}$

両辺に12をかけて分母をはらう

$\overset{\text{以前の男性数}}{\frac{3}{4}x} = \overset{\text{現在の男性数}}{\frac{2}{3}} \times (x+7)$

$9x = 8 \times (x+7)$

$x = 56$　➡　男性は56人 $\times \frac{3}{4} = 42$人

4 女性の割合は、社員90人のときをxとすると、男性15人が退職（社員は「$90-15=75$人」）した現在は「$x+0.06$」。これを使って、「以前の女性数＝現在の女性数」の方程式を作る（女性の人数は変化しないので、左右の式はイコールになる）。

$\overset{\text{以前の女性数}}{90x} = \overset{\text{現在の女性数}}{75} \times (x+0.06)$

$90x = 75x + 4.5$

$x = 0.3$　➡　女性は90人 $\times 0.3 = 27$人

正解	**1** 32.5	**2** 1.68	**3** 42	**4** 27

10 速さ

- ●速さ、時間、距離などを求める
- ●「速さ×時間＝距離」「距離÷時間＝速さ」「距離÷速さ＝時間」

例題

1 空欄に当てはまる数値を求めなさい。

家から峠を越えて17km離れた学校まで行くのに、峠まで時速8km/時で自転車をこぎ、残りを時速20km/時でこいだところ、かかった時間は1時間だった。家から峠までの距離は　　　　　kmである。

2 空欄に当てはまる数値を求めなさい。

ある遊歩道をPが一定の速さで歩き始めてから10分後にQが70m/分の一定の速さで追いかけたところ、Qは18分歩いたところでPに追いついた。このとき、Pの歩く速さは　　　　　m/分だった（必要なときは、最後に小数点以下第1位を四捨五入すること）。

3 空欄に当てはまる数値を求めなさい。

21.6km/時の速さで進むボートで川を上る。川が2m/秒の速さで流れているとき、このボートは60秒間で　　　　　m進む（必要なときは、最後に小数点以下第1位を四捨五入すること）。

---

1 峠までの時間を x 時間とすると、残りの時間は「$1-x$」時間。これを使って「峠までの距離＋残りの距離＝17km」の方程式を作る。

峠までの距離　　　　　　残りの距離

峠までの速さ　峠までの時間　　残りの速さ　　　残りの時間　　家から学校の距離

$$（8\text{km/時}× \ x\text{時間}）＋（20\text{km/時}×（1-x\text{時間}））＝17\text{km}$$

$$8x+20-20x＝17$$

$$-12x＝-3$$

$$x＝\boxed{0.25\text{時間}} \text{——峠までの時間}$$

速さ 時間 距離
峠までの距離 ➡ 8km/時 × 0.25時間 = 2km

別解 求める「峠までの距離」を$x$kmとして方程式を作る場合
峠までの距離をx kmとすると、残りの距離は「$17-x$」km。「距離÷速さ＝時間」なので、峠までの時間は「$x÷8$」、残りの時間は「$(17-x)÷20$」。これを使って「峠までの時間＋残りの時間＝1時間」の方程式を作ると、「$(x÷8)+((17-x)÷20)=1$」。方程式を解くと「$x=2$km」。

2 分速は1分に進む距離なので、QがPを追いかける間は、1分につき2人の分速差だけ距離が縮む。Pの分速をx m/分とすると、70m/分のQが縮める距離は、1分につき「$70-x$」m。

Pの10分先行距離　Qが1分に縮める距離　何分後に追いつくか
$$10x ÷ (70-x) = 18$$
$$10x = 18×(70-x)$$
$$10x = 1260-18x$$
$$28x = 1260$$
$$x = \boxed{45} \text{——Pの歩く速さ}$$

速解 Qが進んだ距離を求めてからPの速さを求める
Qが追いつくまでに進んだ距離は「70m/分×18分＝1260m」。Pは同じ距離を「10＋18＝28分」かけて進んだので「1260m÷28分＝45m/分」。

3 川を上るときは、川の流れに逆行する（ボートの速さより遅くなる）。速さは「ボートの速さ－川の流れの速さ」。単位が「時」と「秒」なので、あらかじめ「秒」にそろえる。「km」と「m」も、「m」にそろえる。

ボート速さ（時速）　分速に換算　秒速に換算　ボート速さ（秒速）
21.6km/時 ÷ 60分 ÷ 60秒 = 0.006km/秒 ➡ 6m/秒

ボート速さ　川の速さ　川上りの速さ
6m/秒 － 2m/秒 ＝ 4m/秒 ➡ 60秒間なので4m/秒×60秒＝240m

正解	**1** 2	**2** 45	**3** 240

練習問題① 速さ

空欄に当てはまる数値を求めなさい。

1 家から市役所に向かう。60m/分の速さで歩いていくと待ち合わせの時刻に10分遅れるが、自転車に乗って180m/分の速さでいくと待ち合わせの時刻より20分早く着く。このとき、待ち合わせの時刻は今から　　　分後である（必要なときは、最後に小数点以下第1位を四捨五入すること）。

2 家から駅の改札までは時速3.4km/時で歩いて13分かかる。家を出るのがいつもより5分遅れたとき、同じ時刻に駅の改札に着くためには時速　　　km/時で向かえばよい（必要なときは、最後に小数点以下第2位を四捨五入すること）。

3 家から3.6km離れた学校に行くのに、はじめは平均時速4.5km/時で歩いたが、途中から平均時速7.2km/時で走ったので36分かかった。このとき、走っていた時間は　　　分である（必要なときは、最後に小数点以下第1位を四捨五入すること）。

1 待ち合わせを x 分後とすると、かかる時間は、歩く場合は「$x+10$」分、自転車に乗る場合は「$x-20$」分。どちらも、進む距離は同じなので、「速さ×時間＝距離」の公式を使って「歩く場合の距離＝自転車に乗る場合の距離」の方程式を作る。

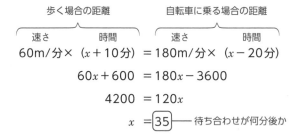

$$60\text{m/分}\times(x+10\text{分})=180\text{m/分}\times(x-20\text{分})$$
$$60x+600=180x-3600$$
$$4200=120x$$
$$x=\boxed{35}\quad\text{待ち合わせが何分後か}$$

2 まず、「3.4km/時で13分」を使って、駅の改札までの距離を求める。次に、5分遅れて出た（使える時間は「13－5＝8分」）ときの速さを求める。割り切れない数値になる

114

ので、分数のまま計算して、最後に四捨五入する。

$$\overset{\text{速さ}}{3.4\text{km／時}} \times \overset{\text{時間}}{\frac{13}{60}\text{時間}} = \frac{\overset{17}{34}\times 13}{10\times \underset{30}{60}} = \overset{\text{距離}}{\frac{221}{300}\text{km}}$$

$$\overset{\text{距離}}{\frac{221}{300}\text{km}} \div \overset{\text{使えるのは8分}}{\frac{8}{60}\text{時間}} = \frac{221\times \overset{1}{60}}{\underset{5}{300}\times 8} = \overset{\text{速さ}}{\frac{221}{40}\text{km／時}} \blacktriangleright 221 \div 40 = 5.5\underline{2}5$$

> 分子÷分母で、小数に直して、四捨五入

$$\fallingdotseq 5.5\text{km／時}$$

速解 分母の60は相殺されるので省いて計算

上記の計算を「$3.4\text{km／時}\times\dfrac{13}{60}$時間$\div\dfrac{8}{60}$時間」とまとめてから、分母の60を省いて、

「$3.4\times 13\div 8 = 5.525 \fallingdotseq 5.5$」と計算すると速い。

---

3 計算しやすいように時速を分速に直す。距離もkmからmに直す。

歩き ➡ 4.5km／時÷60分＝0.075km／分＝75m／分

走り ➡ 7.2km／時÷60分＝0.12km／分＝120m／分

走った時間をx分とすると、歩いた時間は「$36-x$分」。これを使って「走った距離＋歩いた距離＝総距離」の方程式を作る。

$$\overset{\overbrace{\overset{\text{走りの速さ}}{\qquad}\ \overset{\text{時間}}{\qquad}}^{\text{走った距離}}}{120\text{m／分}\times x\text{分}} + \overset{\overbrace{\overset{\text{歩きの速さ}}{\qquad}\ \overset{\text{時間}}{\qquad}}^{\text{歩いた距離}}}{75\text{m／分}\times (36-x\text{分})} = \overset{\text{総距離}}{3600\text{m}}$$

$$120x + 2700 - 75x = 3600$$
$$45x = 900$$
$$x = \boxed{20}\ \text{——走った時間}$$

別解 36分すべて歩いた場合との差分で解く

上記で求めた「歩き75m／分」と「走り120m／分」を使う。仮に、36分すべて歩くと「75m／分×36分＝2700m」で、学校に着くには「3600－2700＝900m」足りない。「歩き」を「走り」に変えると、分速差が「120m／分－75m／分＝45m／分」なので、1分あたり進む距離が45m増える。足りない距離を埋めるのに必要な時間は、「900m÷45m＝20分」。走った時間は20分。

正解	**1** 35	**2** 5.5	**3** 20

空欄に当てはまる数値を求めなさい。

1 Pは家からプールまで行きは自転車に乗り、帰りは自転車を押して歩いた。行きは平均時速9.5km/時で走り、帰りは平均時速3.8km/時で歩いたので往復するのに42分かかった。このとき、家からプールまでの距離は □ kmである（必要なときは、最後に小数点以下第2位を四捨五入すること）。

2 時速108km/時の特急電車がFトンネルを通過する。Fトンネルの長さは1020mであり、電車の長さは180mである。この特急電車がFトンネルを通過するのに □ 秒かかる。

3 1周400mのトラックを12周するのにPは19分12秒、Qはちょうど16分かかった。このとき、Qの平均時速はPの平均時速より □ km/時だけ速かった（必要なときは、最後に小数点以下第1位を四捨五入すること）。

4 1.5m/秒の速さで流れている川をボートで下っている。440m進むのに40秒かかったとき、ボート自体の速さは □ km/時である（必要なときは、最後に小数点以下第2位を四捨五入すること）。

1 プールまでの距離を x km として「行きの時間＋帰りの時間＝往復の時間」の方程式を作る。

行きの時間　　　　　　　帰りの時間

距離　行きの速さ　　　距離　帰りの速さ　　往復の時間

$$(x\,\text{km} \div 9.5\,\text{km/時}) + (x\,\text{km} \div 3.8\,\text{km/時}) = \frac{42}{60}\,\text{時間}$$

両辺に「×9.5×3.8」をして、x の分母をはらう

$$\frac{x}{9.5} + \frac{x}{3.8} = \frac{42}{60}$$

$$3.8x + 9.5\,x = \frac{42}{60} \times 9.5 \times 3.8$$

$$x = 1.9$$

速さの比を使う（距離が同じとき、速さの比と、時間の比は逆になる）
行きと帰りの速さの比は「9.5km/時：3.8km/時」。比の双方を3.8で割ると「2.5：1」。
比の和は3.5で「42分÷3.5＝12分」。よって「9.5km×$\frac{12}{60}$ 時間＝1.9km」。

2 トンネルの通過は、電車の先端がトンネルに入ってから、電車の末端がトンネルを出るまで。つまり、電車は「トンネルの長さ＋電車の長さ」を移動する。

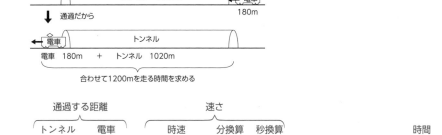

通過する距離 速さ
トンネル 電車 時速 分換算 秒換算 時間
(1020m＋180m) ÷ (108km/時÷60分÷60秒) ＝ 1200m÷30m/秒＝40秒

3 PとQそれぞれ時速を求めて比べる。距離は「400m×12周＝4.8km」。

12秒÷60＝0.2分		距離	時間	時速に換算	時速	
P 19分12秒＝19.2分		4.8km ÷ 19.2分 × 60 ＝ 15km/時				QはPより
Q 16分		4.8km ÷ 16分 × 60 ＝ 18km/時				3km/時速い

4 川を下るときは、川の流れの分だけ加速する。440mから、川の流れによる距離を引く。そのあとで、ボートの速さを求める。

川の流れで進んだ距離
距離 川の流れ 時間 ボート自体の速さで進んだ距離
440m － (1.5m/秒×40秒) ＝ 380m

ボート距離 時間 ボート速さ 分速換算 時速換算 km換算 時速
380m ÷40秒＝9.5m/秒 ➡ 9.5m/秒× 60 × 60 ÷1000m＝34.2km/時

正解	**1** 1.9	**2** 40	**3** 3	**4** 34.2

11 参考問題（過去に出題された分野）

- 2014年度から数年間だけ出題されていた分野。近年は出題が確認されていない
- 「フローチャート」「論理式」「文字列の規則性」。ざっと目は通しておこう

フローチャートの参考問題

以下の文章を読み、これに沿ったフローチャートの空欄に入る適切な言葉を考えて、それぞれ5字以内で答えなさい。

ある博物館の入館料は大人が2000円で、子どもは大人の半額である。また、大人も子どももその年の入館回数に応じて、3回目以降は、入館料を通常より1割引にしている。図は、入館料の決め方をフローチャートで表したものである。

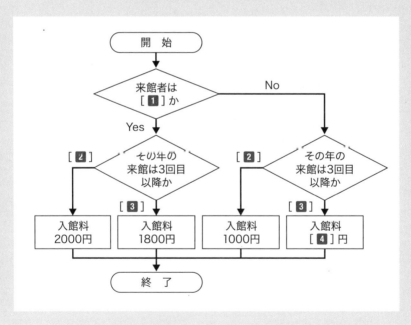

フローチャートの図から、入館料の決め方の流れを読み取って、空欄に入る言葉を考える。

入館料は、大人が2000円で、子どもは半額なので1000円。また、3回目以降は1割引なので、大人が1800円、子どもが900円。

入館料がうまく当てはまるように、フローチャートを埋めていくと、以下のようになる。

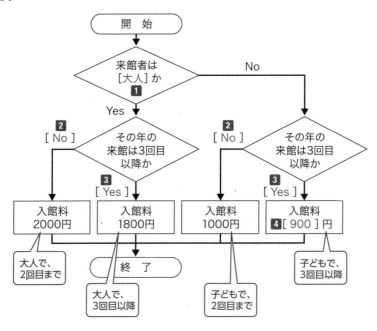

| 正解 | ❶大人 | ❷No | ❸Yes | ❹900 |

論理式の参考問題

文中の空欄に入る論理式を10字以内で答えなさい。

「Xである」ことを「X1」、「Xではない」ことを「X0」、「XかつYである」ことを「X1＊Y1」、「XまたはYである」ことを「X1/Y1」と表すことにする。このとき、表中の空欄に入る論理式はX0＊　　　　　である。

		30歳未満		30歳以上	
		男性	女性	男性	女性
就業		X1＊Y1＊Z1	X1＊Y0＊Z1	X0＊Y1＊Z1	
未就業		X1＊(Y1 / Y0)＊Z0		X0＊Y1＊Z0	

年齢、男女、就業有無の3項目が、X、Y、Zのいずれに当てはまるかを考える。条件が1つだけ異なる（例えば、男性と女性）項目の論理式を見比べるとよい。

男性と女性でYの値が異なる
「Y1」が「男性」、
「Y0」が「女性（男性ではない）」

就業と未就業でZの値が異なる
「Z1」が「就業」、
「Z0」が「未就業（就業していない）」

		30歳未満		30歳以上	
		男性	女性	男性	女性
就業		X1＊Y1＊Z1	X1＊Y0＊Z1	X0＊Y1＊Z1	
未就業		X1＊(Y1 / Y0)＊Z0		X0＊Y1＊Z0	

30歳未満と30歳以上でXの値が異なる
「X1」が「30歳未満」、「X0」が「30歳以上（30歳未満ではない）」

空欄の「30歳以上」かつ「女性」かつ「就業または未就業」を論理式にする。

※「または」の表し方は、表の「(Y1/Y0)」の部分を参考にする。

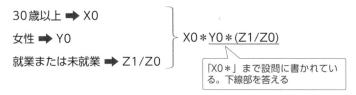

30歳以上 ➡ X0

女性 ➡ Y0

就業または未就業 ➡ Z1/Z0

X0＊Y0＊(Z1/Z0)

「X0＊」まで設問に書かれている。下線部を答える

正解	Y0＊(Z1/Z0)

120

「文字列の規則性」の参考問題

次の文字または文字列は、それぞれ一定の規則に従って並んでいます。空欄に入る文字または文字列を、指定された文字数で答えなさい。

1 e f g e f h e f [____] e f j （1字）

2 h m i j m k l m m [____] o p q （1字）

3 23y 34xw [____] 56srqp 67onmlk （5字以内）

4 いう きく しす [____] にぬ （2字以内）

5 3710 3509 3308 [____] 2906 （4字以内）

1

> 同じ文字 (ef) の繰り返しに注目。
> 残りの文字はアルファベット順

g → h → i → j（アルファベット順）

2
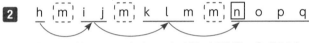

h → ij → klm → nopq（アルファベット順。文字数が1つずつ増える）

3
y → xw → vut → srqp → onmlk（アルファベット逆順。文字数が1つずつ増える）

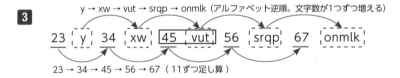

23 → 34 → 45 → 56 → 67（11ずつ足し算）

4
う → く → す → つ → ぬ（五十音のう段を、あ行→か行→さ行…と、行の順）

い → き → し → ち → に（五十音のい段を、あ行 → か行 → さ行…と、行の順）

5
10 → 09 → 08 → 07 → 06（1ずつ引き算）

37 → 35 → 33 → 31 → 29（2ずつ引き算）

正解	**1** i	**2** n	**3** 45vut	**4** ちつ	**5** 3107

非言語　模擬テスト

---

1 空欄に当てはまる数値を求めなさい。

3つの都市P、Q、Rの人口比は、P：Q＝5：2、Q：R＝3：5である。Rの人口が30万人だとすると、Pの人口は ⬚ 万人である。

---

2 空欄に当てはまる数値を求めなさい。

ある製品の原価は7月には1個あたり100円だったが、8月には112円に上がった。この2ヵ月を合わせた生産個数は10800個で、1個あたりの原価が107円だったとすると、7月の生産個数は ⬚ 個である。

---

3 空欄に当てはまる数値を求めなさい。

3つの整数X、Y、Zがある。X＋Y＝7、X＋Z＝4、Y＋Z＝－3のとき、X＋Y＋Z＝ ⬚ である。

---

4 空欄に当てはまる数値を求めなさい。

1から9までの数字が1つずつ書かれた9枚のカードをよく切って、P、Q、Rの3人に3枚ずつ配った。配られたカードについて、以下のことがわかっている。

　　ア　Pのカードの数字の積は90　　　イ　Qのカードの数字の積は84

このとき、Rのカードの数字のうちで最も大きい数字は ⬚ である。

---

5 空欄に当てはまる数値を求めなさい。

祖母と母と娘が同居しており、3人の年齢について以下のことがわかっている。

　　ア　祖母は母より30歳、母は娘より25歳年長である

　　イ　10年後には母と娘の年齢の和がちょうど祖母の年齢になる

このとき、娘の現在の年齢は ⬚ 歳である。

6 空欄に当てはまる数値を求めなさい。

年齢の異なるP、Q、R、Sの4人について、以下のことがわかっている。

　　ア　PはQより年齢が高い　　イ　RはSより年齢が高い

このとき、年齢の高い順に4人を並べると、考えられる順番の組み合わせは ☐☐☐ 通りである。

---

7 空欄に当てはまる数値を求めなさい。

水槽に300リットルの水をためるのに、水道栓Rから毎分6リットル、水道栓Sから毎分10リットルの水を同時に注いだ。途中で水道栓Sが使えなくなり、水をためるのに35分かかった。水道栓Sが使えていた時間は ☐☐☐ 分である。

---

8 空欄に当てはまる数値を求めなさい。

定価600円の商品を50個仕入れ、20個は定価で、30個は定価の3割引で売ったときの利益は4600円であった。この商品1個あたりの仕入れ値は ☐☐☐ 円である。

---

9 空欄に当てはまる数値を求めなさい。

ある選挙で候補者Pに投票した人は全体の60.0%で、候補者Pに投票した男性は全体の39.9%だった。このとき、候補者Pに投票した人のうち男性は ☐☐☐ %だった（必要なときは、最後に小数点以下第2位を四捨五入すること）。

---

10 以下について、ア、イの情報のうち、どれがあれば[問い]の答えがわかるかを考え、AからEまでの中から正しいものを1つ選びなさい。

PとQがサイコロを2回ずつ振ったところ、出た目の和は2人とも7だった。

[問い]2人が1回目、2回目に出した目はそれぞれいくつか。

　　ア　2人が出した目の差は、1回目、2回目ともに2だった

　　イ　2人が出した目の中で、Qが2回目に出した目が最も大きかった

A　アだけでわかるが、イだけではわからない　　B　イだけでわかるが、アだけではわからない　　C　アとイの両方でわかるが、片方だけではわからない

D　アだけでも、イだけでもわかる　　E　アとイの両方があってもわからない

11 以下について、ア、イの情報のうち、どれがあれば[問い]の答えがわかるかを考え、
AからEまでの中から正しいものを1つ選びなさい。

900gの砂糖を3つの容器X、Y、Zに分けた。

[問い] 最も少ないのはどの容器の砂糖か。

　　ア　XにはYより450g多く入っている

　　イ　XにはYの6倍の量が入っている

A　アだけでわかるが、イだけではわからない　　B　イだけでわかるが、アだけでは
わからない　　C　アとイの両方でわかるが、片方だけではわからない

D　アだけでも、イだけでもわかる　　E　アとイの両方があってもわからない

---

12 以下について、ア、イの情報のうち、どれがあれば[問い]の答えがわかるかを考え、
AからEまでの中から正しいものを1つ選びなさい。

PとQが1周4.2kmのサイクリングコースを同地点から同時に逆方向へ走り始めたと
ころ、6分後にすれ違った。

[問い] PとQがすれ違うまでのPの平均時速は何km/時か。

　　ア　Qの平均時速は24km/時だった

　　イ　Pが走った距離はQが走った距離の0.75倍だった

A　アだけでわかるが、イだけではわからない　　B　イだけでわかるが、アだけでは
わからない　　C　アとイの両方でわかるが、片方だけではわからない

D　アだけでも、イだけでもわかる　　E　アとイの両方があってもわからない

---

13 空欄に当てはまる数値を求めなさい。

あるゲームでは0から9までのいずれかの数字を指すルーレットを回し、指した数字の
数だけコマを進める。ただし、0を指した場合はスタート地点に戻る。3回ルーレット
を回した結果、スタート地点から4つ進んだ位置にコマがある確率は　　　／　　　
である。約分した分数で答えなさい。

14 空欄に当てはまる数値を求めなさい。

赤のシールと黄のシールが2枚ずつ、青のシールが1枚ある。これを5段の棚に1枚ずつ貼るとき、どの段に何色のシールを貼るか、その組み合わせは [   ] 通りである。

15 空欄に当てはまる数値を求めなさい。

1から50までの数字が1つずつ書かれた50枚のカードがある。これらのカードの中から無作為に1枚を引いたとき、それが5の倍数または8の倍数のカードである確率は [   ] / [   ] である。約分した分数で答えなさい。

ある実験演習は水曜4・5時限、木曜3・4時限、金曜1・2時限のいずれかを選び履修できるが、それぞれ人数制限があり、希望通りに決まるとは限らない。下表は第1希望と最終決定についてまとめたものである。

		最終決定		
		水曜4・5時限	木曜3・4時限	金曜1・2時限
第1希望	水曜4・5時限	15人	0人	0人
	木曜3・4時限	0人	19人	0人
	金曜1・2時限	11人	8人	27人

16 最終決定が第1希望通りになった学生は [   ] 人である。

17 次のア、イ、ウのうち正しいものはどれか。AからFまでの中から1つ選びなさい。

ア　第1希望が金曜1・2時限だった学生のうち、最終決定が木曜3・4時限だったのは20%以上である

イ　最終決定が水曜4・5時限だった学生のうち、第1希望が金曜1・2時限だったのは40%以上である

ウ　最終決定が第1希望通りにならなかった学生は全体の30%以上である

A　アだけ　　B　イだけ　　C　ウだけ　　D　アとイの両方

E　アとウの両方　　F　イとウの両方

18 空欄に当てはまる数値を求めなさい。

125人を対象に好きな果物についてアンケートをとった。メロンが好きな人は全体の60%で、そのうちの20%はスイカも好きだった。メロンとスイカのどちらも好きではないと答えた人は27人いた。このとき、スイカが好きな人は [　　　] 人である。

19 空欄に当てはまる数値を求めなさい。

ある映画館で、来館した男性客80人と女性客65人を対象にアンケート調査をした。そのうち「今回が何回目の来館か」について、「初めて」は47人、「2回目」は52人、「3回目以上」は46人だった。今回が「2回目以上」の男性客が合わせて64人だったとすると、今回が「3回目以上」の女性客は最も多くて [　　　] 人である。

20 空欄に当てはまる数値を求めなさい。

ある駅前で、R、S、Tの3種類のチラシを配っていた。通行人100人を対象に受け取ったチラシを調べたところ、Rは27人、Sは32人、Tは19人が受け取っていた。2種類のチラシを受け取ったのが13人で、3種類とも受け取った人はいなかったとき、いずれも受け取らなかったのは [　　　] 人である。

非言語　模擬テスト

1 PとRの人口比がわかれば、Rの30万人を使ってPの人口が求められる。

「P：Q」「Q：R」の2つの式のQの値をそろえて、「P：Q：R」にまとめる。

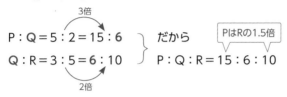

Rの人口　　　Pの人口
30万人 × 1.5 ＝ 45万人

正解	45

> **別解** Qの人口→Pの人口と求めていく
>
> 比から、QはRの $\frac{3}{5}$ なので「30万人 × $\frac{3}{5}$ ＝ 18万人」。比から、PはQの $\frac{5}{2}$ なので「18万人 × $\frac{5}{2}$ ＝ 45万人」。

2 方程式でも解けるが、電卓を前提に考えると、速いのは差額に注目する方法。まず、仮にすべて8月に生産したとすると、実際よりもいくら高くなるかを求める。

8月の原価　2ヵ月の実際の原価　実際の生産個数　実際よりいくら高いか
（112円 － 　107円） 　 × 　10800個 ＝ 54000円

すべて8月の場合は実際よりも54000円高い。8月から7月に変えると、1個あたりの原価が「112 － 100 ＝ 12円」安くなる。何個を7月にすればよいかを計算する。

実際より高い額　7・8月の原価差　7月の生産個数
54000円 ÷ 　12円 　 ＝ 4500個

正解	4500

3 設問の3つの式を足す（左辺どうし、右辺どうしをそれぞれ足す）と、X＋Y＋Zの2倍の値

になる。左右を2で割れば、X＋Y＋Zの答えがわかる。

X＋Y＝7 …① X＋Z＝4 …② Y＋Z＝－3 …③

①の左辺 ②の左辺 ③の左辺 ①の右辺 ②の右辺 ③の右辺
(X＋Y) ＋ (X＋Z) ＋ (Y＋Z) ＝ 7 ＋ 4 ＋ (－3)

2X＋2Y＋2Z＝8 ◁ 両辺を2で割る

X＋Y＋Z＝4

正解	**4**

4 PとQのカードとしてあり得るものを考える。残ったカードがR。

ア➡90を素因数分解（2や3などの素数だけのかけ算式に）すると

「2×3×3×5」。1～9の数字3つのかけ算式に直すと

「6×3×5」か「2×9×5」。Pは「6、3、5」か「2、9、5」。

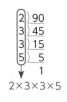

イ➡84を素因数分解すると「2×2×3×7」。1～9の数字3つのか

け算式に直すと「4×3×7」か「2×6×7」。

Qは「4、3、7」か「2、6、7」。

PとQの数字が重ならないのは、P「2、9、5」、Q「4、3、7」。残っ

たカードがRなので「1、6、8」。最も大きい数字は8。

正解	**8**

5 娘の現在の年齢を0歳と仮定すると、10年後の3人の年齢は以下の通り。

娘	10
母（娘より25歳年長）	35
祖母（母より30歳年長）	65
母＋娘	45

}20歳差

「祖母」と「母＋娘」の年齢差は20。この差を0にする方法を考える。

娘の仮の年齢を1歳増やすと、「祖母」は1歳、「母＋娘」は2歳増えるので、差が1歳縮まる。20歳差を埋めるには、上記に20歳を足せばよい。

娘	30
母（娘より25歳年長）	55
祖母（母より30歳年長）	85
母＋娘	85

}一致する

娘は10年後に30歳なので、現在は20歳。

正解	20

> **別解** 10年後の「娘＋母＋祖母」の方程式で解く
>
> 10年後の娘をx歳とすると、母は娘より25歳年長なので「$x+25$」歳、祖母は母より30歳年長なので「$x+25+30$」歳。方程式は「x歳＋（$x+25$歳）＝$x+25+30$歳」で、解くと「$x=30$」。娘は10年後に30歳なので、現在は20歳。
>
> ※現在の娘の年齢をxとして、「$(x+10)+(x+10+25)=x+10+25+30$」という方程式を作ってもかまわないが、より単純な式になるのが上記の方法。

6 アから「P＞Q」、イから「R＞S」。最も高いのはPかR。考えられる順番を列挙する。

1番目	2番目	3番目	4番目
P	Q	R	S
	R	Q	S
		S	Q
R	S	P	Q
	P	S	Q
		Q	S

}6通り

正解	6

7 水道栓Sが使えていた時間をx分として、「水道栓Rから注いだ量＋水道栓Sから注いだ量＝水槽の容量」の方程式を作る。

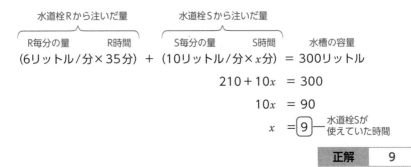

水道栓Rから注いだ量　　　水道栓Sから注いだ量

R毎分の量　R時間　　S毎分の量　S時間　　水槽の容量
$$（6リットル／分×35分）＋（10リットル／分×x分）＝300リットル$$
$$210＋10x＝300$$
$$10x＝90$$
$$x＝\boxed{9} \quad \text{水道栓Sが使えていた時間}$$

正解	9

8 商品1個の仕入れ値をx円として、「仕入れの合計＋利益の合計＝売上の合計」の方程式を作る。

売上の合計

仕入れの合計　利益の合計　　定価での販売　　　3割引での販売
$$（x円×50個）＋4600円＝（600円×20個）＋（600円×0.7×30個）$$
$$50x＋4600＝12000＋12600$$
$$50x＝20000$$
$$x＝\boxed{400} \quad \text{商品1個の仕入れ値}$$

正解	400

9 候補者Pに投票した男性39.9%を、候補者Pに投票した60.0%で割り算する。

P投票男性　P投票　　Pに投票した人のうち男性
$$0.399 ÷ 0.6 ＝ 0.665 ＝ 66.5\%$$

Pに投票
全体の60.0%

男

全体の39.9%

正解	66.5

10 アかイの片方だけで、2人の2回それぞれの目が決まるか考える。サイコロの目は1～6。和が7になるのは「1と6」「2と5」「3と4」。

ア ➡ 2回とも差が2になるのは、例えば、1人が「1と6」、もう1人が「3と4」のとき（ある回が「1」「3」で、別の回が「4」「6」）。だれが何回目にどの目を出したかは

不明。決まらない。

イ ➡ Qの2回目が最も大きいのは、「6」か「5」（「1と6」の人がいれば「6」、いなければ「5」）のとき。Qの2回目は決まらないし、他も決まらない。

アとイを組み合わせても、Pの「1回目が3、2回目が4」でQの「1回目が1、2回目が6」なのか、Pの「1回目が4、2回目が3」でQの「1回目が2、2回目が5」なのか決まらない。よって「アとイの両方があってもわからない」。

正解	E

11 方程式を作り、アかイの片方だけで最も少ない容器が決まるか考える。

全体量 ➡ $X + Y + Z = 900g$　　ア ➡ $X = Y + 450g$　　イ ➡ $X = 6Y$

アもイもZがわからないので、片方だけでは決まらない。アとイを組み合わせると、アとイでXとYがわかり、全体量の方程式への代入でZもわかる。よって「アとイの両方でわかるが、片方だけではわからない」。

正解	C

> **参考** 方程式を解くと最も少ないのはどの容器か
>
> イをアのXに代入すると「$6Y = Y + 450$」となり「$Y = 90$」。Yをイに代入すると「$X = 540$」。XとYを全体量の式に代入すると「$540 + 90 + Z = 900$」となり「$Z = 270$」。Yが最も少ない。

12 アかイの片方だけで、すれ違うまでのPの平均時速が決まるか考える（6分$= \frac{1}{10}$時間）。

ア ➡ すれ違うまでの距離は「2人の時速の和$\times \frac{1}{10}$時間$= 4.2km$」。Qの平均時速がわかれば、Pの平均時速も求められる（計算すると18km/時）。決まる。

イ ➡ 2人の距離は「$Q + 0.75Q = 4.2km$」。ここから、Qの距離、次にPの距離と求められる。Pの距離がわかれば、Pの平均時速も求められる。決まる。

よって「アだけでも、イだけでもわかる」。

正解	D

> **参考** イでのPの時速の求め方
>
> 「$Q + 0.75Q = 4.2km$」を計算するとQは2.4km。「1周－Qの距離」で、Pは1.8km。Pの平均時速は「$1.8km \div \frac{1}{10}$時間$= 18km$/時」。

13 確率の公式「Aの確率＝$\dfrac{\text{Aはいくつ}}{\text{全部でいくつ}}$」を使って考える。最後に約分を忘れないこと。

Aはいくつ ➡ 3回目が終わった時点で、スタート地点から4つ目の位置へとコマが進む組み合わせを考える。

1回目	2回目	3回目	何通り
0～9	0	4	10通り
0	1	3	3通り
	2	2	
	3	1	
1	1	2	2通り
	2	1	
2	1	1	1通り

16通り

$$\dfrac{\overset{2}{\cancel{16}}}{\underset{125}{\cancel{1000}}} = \dfrac{2}{125}$$

全部でいくつ ➡ ルーレットは0～9の10通り。3回繰り返す。

1回目 かつ 2回目 かつ 3回目　　全部
10通り × 10通り × 10通り ＝ 1000通り

正解　**2/125**

---

14 3色のシールのうち、2色を貼る段の組み合わせを考えればよい。もう1色は、残った段に自動的に決まる。数が少ないほうが簡単なので、青→赤の順に考える。

①5段のいずれかに青1枚 ➡ 5通り

②残り4段のいずれかに赤2枚 ➡ ${}_4C_2 = \dfrac{\overset{2}{4}\times 3}{\underset{1}{2}\times 1} = 6$通り

4段から　2段を選ぶ

「①かつ②」だから、2つの組み合わせをかけ算

かけ算

5×6＝30通り

正解　**30**

15 確率の公式「Aの確率 = $\dfrac{\text{Aはいくつ}}{\text{全部でいくつ}}$」を使って考える。最後に約分を忘れないこと。

Aはいくつ ➡ 1〜50に、5の倍数と8の倍数がいくつ登場するか。

公倍数（5と8の倍数のダブリ）を引くのを忘れないこと。

5の倍数　50÷5＝10 ➡ 10枚

8の倍数　50÷8＝6余り2 ➡ 6枚 ⎫ 計15枚

公倍数　40のみ ➡ 1枚分を引く

$\dfrac{\overset{3}{\cancel{15}}}{\underset{10}{\cancel{50}}} = \dfrac{3}{10}$

全部でいくつ ➡ カードが50枚なので「50」。

正解	3/10

16 最終決定が第1希望通りになった学生を足す。

水曜4・5時限　木曜3・4時限　金曜1・2時限　最終決定が第1希望通り
　15人　＋　19人　＋　27人　＝ 61人

正解	61

17 ア、イ、ウについて、それぞれ計算して正しいかどうかを調べる。

ア̸ ➡ 第1希望が金曜1・2時限　　11＋8＋27＝46人

うち最終決定が木曜3・4時限　　　　8人 ⎫ 8÷46＝0.173…≒17.3%

20%以上ではない

イ○ ➡ 最終決定が水曜4・5時限　15＋0＋11＝26人

うち第1希望が金曜1・2時限　　　11人 ⎫ 11÷26＝0.423…≒42.3%

40%以上

ウ̸ ➡ 学生の総数　　　　15＋11＋19＋8＋27＝80人

うち最終決定が第1希望と異なる　11＋8＝19人 ⎫ 19÷80＝0.2375＝23.75%

30%以上ではない

正しいものはイだけ。

正解	B

18 全体から、メロンだけが好きな人と、メロンと
スイカのどちらも好きではない人を引くと、残
りがスイカが好きな人。

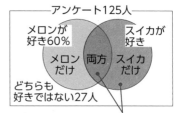

アンケート125人
メロンが好き60%
スイカが好き
メロンだけ 両方 スイカだけ
どちらも好きではない27人
求めるのはこの合計

全体　　メロンが好き　スイカは好きでない　メロンだけ好き
125人×　　0.6　　×　　0.8　　＝ 60人

> メロンが好きな人のうち、20%はスイカも好き。
> つまり80%はスイカは好きではない

全体　　メロンだけ好き　どちらも好きではない　スイカが好き
125人 －　　60人　　－　　27人　　＝ 38人

正解	38

19 3回目以上の女性が最も多くなるのは、2回目
が全員男性の場合。

初めて 47人	2回目 52人	3回目以上 46人

	2回目以上の男性64人	

3回目以上の女性

2回目以上の男　2回目全員が男　3回目以上の男
64人 －　　52人　　＝ 12人

3回目以上　3回目以上の男　3回目以上の女
46人 －　　12人　　＝ 34人

正解	34

別解 初めての女性の数を求めて、残りは3回目以上の女性と考える
まず、初めての男性は、男性全体から2回目以上の男性を引いた「80人－64人＝16人」。
ここから、初めての女性は「47人－16人＝31人」。残りの女性が全員3回目以上と考え
ると、「65人－31人＝34人」。

20 R、S、Tを受け取った延べ人数から、2種類を受け取った人を引くと、受け取った人数がわかる。全体から引けば、受け取らなかった人。

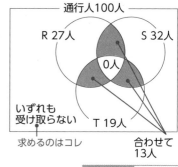

$$\underset{R}{27人} + \underset{S}{32人} + \underset{T}{19人} - \underset{2種類}{13人} = \underset{受け取った}{65人}$$

$$\underset{全体}{100人} - \underset{受け取った}{65人} = \underset{受け取らなかった}{35人}$$

正解	35

WEBテスティング
言語の概要

■● 特徴を踏まえた対策を

　WEBテスティングの言語は、非言語と同様にオーソドックスな問題が多く、特に裏技はありません。また、入力形式の問題があることも非言語と同じです。WEBテスティングならではの特徴を踏まえた対策をとりましょう。

■● 3つの攻略ポイント

① 「熟語の成り立ち」は、画面ごとに選択肢が変わる

　出題される選択肢はA〜Cの3つに、「D　A〜Cのどれにも当てはまらない」を合わせた4つです。A〜Cには次の5種類から3つが使われます。

　　「主語と述語の関係にある」「動詞の後に目的語をおく」「似た意味を持つ漢字を重ねる」「反対の意味を持つ漢字を重ねる」「前の漢字が後の漢字を修飾する」

　選択肢と、熟語の見分け方を覚えておきましょう（138ページ参照）。なお、多くの場合、選択肢は画面ごとに変わります。画面が変わるごとに、A〜Cがどの選択肢になっているのかを確認してから、問題にとりかかるようにしましょう。

② 「空欄補充」には複数の種類がある

　「空欄補充」では、短めの長文に空欄が1つのタイプ（適文）、空欄が3つのタイプ（適語）、3つの文にそれぞれ空欄が1つずつあるタイプ（三文完成）が出題されます。どのタイプも、ヒントとなる言葉や表現を適切に読み取ることが大事です。

③ 「長文読解」では、文字入力が必要な問題が出題される

　長文から2〜5文字以内で抜き出すという形式です。全角文字の入力が必要なので、テスト開始前に文字入力の切り替え方法をあらかじめ確認しておきましょう。

■● 言語の出題範囲

　以下の表は、SPIの主要な方式（WEBテスティング、テストセンター、ペーパーテスト）の出題範囲です。表からわかるように、SPIでは方式によって出題範囲に大きな違いがあります。**WEBテスティングの出題範囲を把握して対策することが重要です。本書の「言語」は、WEBテスティングの頻出度の高さの順で掲載**しています。

	WEB テスティング	テストセンター	ペーパーテスト	掲載ページ
熟語の成り立ち	◎	×	×	p.138
文の並べ換え	◎	○	×	p.146
空欄補充	◎	○	○	p.152/p.158
長文読解	○	○	◎	p.164
二語関係	×	◎	◎	
熟語の意味	×	◎	◎	
語句の用法	×	◎	◎	

◎：高い頻度で出題される　　○：出題されることがある　　×：出題されない
※上表のデータは、SPIノートの会の独自調査によるものです。無断転載を禁じます。
©SPIノートの会

■● どの分野から何問出題されるのか

　WEBテスティングの言語は、非言語同様、SPI2でよく出ていたパターンと非常に似通った分野、問題数が出題されているようです。SPI2の言語は「12分41問」で、最もよく出ていたパターンは以下です。

1	「熟語の成り立ち」	3画面で計15問
2	「空欄補充（三文完成）」	3画面で計9問
3	「文の並べ換え」	4画面で計4問
4	「空欄補充（適語）」	3画面で計3問
5	「長文読解」	2長文、6画面で計6問
6	「空欄補充（適文）」	4画面で計4問

　本書ではこの点を踏まえ、上記のパターンに基づいて「12分41問」で模擬テストを1セット掲載します。実際に時間を計って取り組んでください。

1 熟語の成り立ち

● 漢字２文字から成り立つ熟語の相互の関係を見分ける問題
● 「～が～する」「～を～する」などの表現を入れて訓読みすると見分けやすい

例題

1 以下の5つの熟語の成り立ち方として当てはまるものを、**A**から**D**の中から1つずつ選びなさい。

(1) 左右　　(2) 握手　　(3) 早速　　(4) 銅像　　(5) 主従

A 似た意味を持つ漢字を重ねる　　　**B** 反対の意味を持つ漢字を重ねる

C 動詞の後に目的語をおく　　　**D** A〜Cのどれにも当てはまらない

2 以下の5つの熟語の成り立ち方として当てはまるものを、**A**から**D**の中から1つずつ選びなさい。

(1) 外界　　(2) 自営　　(3) 転居　　(4) 俗説　　(5) 健康

A 似た意味を持つ漢字を重ねる　　　**B** 前の漢字が後の漢字を修飾する

C 主語と述語の関係にある　　　**D** A〜Cのどれにも当てはまらない

「熟語の成り立ち」では、以下の表の選択肢から3つが**A〜C**として出題される。**D**は常に「A〜Cのどれにも当てはまらない」。熟語に「～が～する」「～を～する」などの表現を入れて訓読みすると、関係が見分けやすくなる。後の字から先に読む方法もある。

選択肢	意味	例
主語と述語の関係にある	前の漢字が主語 [1]、後の漢字が述語 [2] の働きをする熟語 ●例えば、訓読みして「～が～する」になるもの	国 有 (国が有する) 主語↑ ↑述語
動詞の後に目的語をおく	前の漢字が動詞 [3] で、後ろの漢字が目的語 [4] の働きをする熟語 ●例えば、後→前の順で訓読みして「～を～する」になるもの	制 球 (球を制する) 動詞↑ ↑目的語
似た意味を持つ漢字を重ねる	前後の漢字が似た意味、または同じ意味を持つ熟語 ●漢字が両方とも似た意味、または同じ意味であるもの	願 望 (「願い」と「望み」) 同じ意味
反対の意味を持つ漢字を重ねる	前後の漢字が反対の意味を持つ熟語 ●それぞれの漢字が反対の意味になるもの	攻 防 (「攻める」と「防ぐ」) 反対の意味
前の漢字が後の漢字を修飾する	前の漢字が後の漢字を修飾（説明）する働きをする熟語 ●前の漢字が後の漢字を説明する働きをするもの	少 量 (少ない量) どんな「量」かを説明

[1] 主語：文の中で、「何がどうする」「何がどんなだ」などの「何」に当たるもの。（例）「花が咲く」の「花」
[2] 述語：文の中で、「何がどうする」「何がどんなだ」などの「どうする」「どんなだ」に当たるもの。（例）「花が咲く」の「咲く」
[3] 動詞：動作などを表す言葉で、一般に語尾が「ウ」段で終わるもの。（例）「走る」「見る」
[4] 目的語：動詞が表す動作・作用が及ぶ対象を示すもの。（例）「木を育てる」の「木」

1 (1)「左」と「右」は反対の意味を持つ漢字。「反対の意味を持つ漢字を重ねる」関係。

(2)「握」が動詞、「手」が目的語の働きをしている。後→前の順で「手を握る」と読むことができる。「動詞の後に目的語をおく」関係。

(3)「早速」は分解して「早い」「速い」と読むことができる。「似た意味を持つ漢字を重ねる」関係。

(4)「銅」が「像」を説明する働きをしている。「銅の像」と読むことができる。「前の漢字が後の漢字を修飾する」関係だが、選択肢にない。「A〜Cのどれにも当てはまらない」。

(5)「主」と「従」は反対の意味を持つ漢字。「反対の意味を持つ漢字を重ねる」関係。

2 選択肢の内容が、前の5問とは違うことに注意する。

(1)「外」が「界」を説明する働きをしている。「外の（世）界」と読むことができる。「前の漢字が後の漢字を修飾する」関係。

(2)「自」が主語、「営」が述語の働きをしている。「自（分）が営む」「自（分）が営（業）する」と読むことができる。「主語と述語の関係にある」。

(3)「転」が動詞、「居」が目的語の働きをしている。後→前の順で「居を転じる」と読むことができる。「動詞の後に目的語をおく」関係だが、選択肢にない。「A〜Cのどれにも当てはまらない」。

(4)「俗」が「説」を説明する働きをしている。「俗の説」と読むことができる。「前の漢字が後の漢字を修飾する」関係。

(5)「健」には「すこやか」、「康」には「からだがじょうぶである」という意味がある。「似た意味を持つ漢字を重ねる」関係。

正解	**1** (1) B (2) C (3) A (4) D (5) B
	2 (1) B (2) C (3) D (4) B (5) A

※言葉の定義は『大辞林第三版』（三省堂）から引用しました。

各問いについて、5つの熟語の成り立ち方として当てはまるものを、AからDの中から1つずつ選びなさい。

1 (1) 内外　　(2) 休職　　(3) 尊敬　　(4) 吉報　　(5) 入門
　　A　反対の意味を持つ漢字を重ねる　　B　前の漢字が後の漢字を修飾する
　　C　動詞の後に目的語をおく　　D　A〜Cのどれにも当てはまらない

2 (1) 善意　　(2) 雌雄　　(3) 私立　　(4) 仰天　　(5) 愉快
　　A　前の漢字が後の漢字を修飾する　　B　主語と述語の関係にある
　　C　動詞の後に目的語をおく　　D　A〜Cのどれにも当てはまらない

3 (1) 終始　　(2) 暗示　　(3) 残留　　(4) 借金　　(5) 継続
　　A　似た意味を持つ漢字を重ねる　　B　反対の意味を持つ漢字を重ねる
　　C　動詞の後に目的語をおく　　D　A〜Cのどれにも当てはまらない

1

(1)「内」と「外」は反対の意味。「反対の意味を持つ漢字を重ねる」関係。

(2)「休」が動詞、「職」が目的語の働きをしている。「職を休む」と読むことができる。「動詞の後に目的語をおく」関係。

(3)「尊敬」は分解して「尊ぶ」「敬う」と読むことができる。「似た意味を持つ漢字を重ねる」関係だが、選択肢にない。「A〜Cのどれにも当てはまらない」。

(4)「吉報」は「めでたい知らせ」という意味。「吉」が「報」を説明する働きをしている。「前の漢字が後の漢字を修飾する」関係。

(5)「入」が動詞、「門」が目的語の働きをしている。「門に入る」と読むことができる。「動詞の後に目的語をおく」関係。

2

(1) 「善」が「意」を説明する働きをしている。「前の漢字が後の漢字を修飾する」関係。

(2) 「雌(めす)」と「雄(おす)」は反対の意味。「反対の意味を持つ漢字を重ねる」関係だが、選択肢にない。「A〜Cのどれにも当てはまらない」。

(3) 「私」が主語、「立」が述語の働きをしている。「私が（設）立する」と読むことができる。「主語と述語の関係にある」。

(4) 「仰」が動詞で「天」が目的語の働きをしている。「動詞の後に目的語をおく」関係。「仰天」は「驚いて天を仰ぐ」から転じた言葉で、「非常に驚くこと」という意味。

(5) 「愉快」は分解して「愉(たの)しい」「快い」と読むことができる。「似た意味を持つ漢字を重ねる」関係だが、選択肢にない。「A〜Cのどれにも当てはまらない」。

3

(1) 「終」と「始」は反対の意味。「反対の意味を持つ漢字を重ねる」関係。

(2) 「暗」が「示」を説明する働きをしている。「暗に示す」と読むことができる。「前の漢字が後の漢字を修飾する」関係だが、選択肢にない。「A〜Cのどれにも当てはまらない」。

(3) 「残」と「留」は分解して「残る」「留(とど)まる」と読むことができる。「似た意味を持つ漢字を重ねる」関係。

(4) 「借」が動詞、「金」が目的語の働きをしている。「金を借りる」と読むことができる。「動詞の後に目的語をおく」関係。

(5) 「継」と「続」は分解して「継ぐ」「続ける（続く）」と読むことができる。「似た意味を持つ漢字を重ねる」関係。

正解	
1	(1) A (2) C (3) D (4) B (5) C
2	(1) A (2) D (3) B (4) C (5) D
3	(1) B (2) D (3) A (4) C (5) A

各問いについて、5つの熟語の成り立ち方として当てはまるものを、AからDの中から1つずつ選びなさい。

1 （1）頭痛 　　（2）通読 　　（3）利害 　　（4）禁止 　　（5）晩秋

　　A　反対の意味を持つ漢字を重ねる 　　B　前の漢字が後の漢字を修飾する

　　C　主語と述語の関係にある 　　D　A〜Cのどれにも当てはまらない

2 （1）放棄 　　（2）読経 　　（3）勝算 　　（4）延命 　　（5）緩急

　　A　似た意味を持つ漢字を重ねる 　　B　反対の意味を持つ漢字を重ねる

　　C　動詞の後に目的語をおく 　　D　A〜Cのどれにも当てはまらない

3 （1）骨太 　　（2）暫時 　　（3）耐震 　　（4）温泉 　　（5）賛否

　　A　反対の意味を持つ漢字を重ねる 　　B　前の漢字が後の漢字を修飾する

　　C　動詞の後に目的語をおく 　　D　A〜Cのどれにも当てはまらない

1

（1）「頭」が主語、「痛」が述語の働きをしている。「頭が痛い」と読むことができる。「主語と述語の関係にある」。

（2）「通」が「読」を説明する働きをしている。「通して読む」と読むことができる。「前の漢字が後の漢字を修飾する」関係。

（3）「利」と「害」は反対の意味を持つ漢字。「反対の意味を持つ漢字を重ねる」関係。

（4）「禁止」は分解して「禁じる」「止める」と読むことができる。「似た意味を持つ漢字を重ねる」関係だが、選択肢にない。「A〜Cのどれにも当てはまらない」。

（5）「晩秋」は「秋の終わり頃」という意味。「晩」が「秋」を説明する働きをしている。「前の漢字が後の漢字を修飾する」関係。

(1)「放棄」は分解して「放す」「棄てる」と読むことができる。「似た意味を持つ漢字を重ねる」関係。

(2)「読経」は「読」が動詞で「経」が目的語の働きをしている。「経を読む」と読むことができる。「動詞の後に目的語をおく」関係。

(3)「勝算」は「勝てる見込み」という意味。「勝」が「算」を説明する働きをしている。「前の漢字が後の漢字を修飾する」関係だが、選択肢にない。「A〜Cのどれにも当てはまらない」。

(4)「延」は動詞で「命」が目的語の働きをしている。「命を延ばす」と読むことができる。「動詞の後に目的語をおく」関係。

(5)「緩」と「急」は反対の意味を持つ漢字。「反対の意味を持つ漢字を重ねる」関係。

3

(1)「骨」が主語、「太」が述語の働きをしている。「骨が太い」と読むことができる。「主語と述語の関係にある」だが、選択肢にない。「A〜Cのどれにも当てはまらない」。

(2)「暫時」は「暫」が「時」を説明する働きをしている。「暫くの時（間）」と読むことができる。「前の漢字が後の漢字を修飾する」関係。

(3)「耐」が動詞で「震」が目的語の働きをしている。「（地）震に耐える」と読むことができる。「動詞の後に目的語をおく」関係。

(4)「温」が「泉」を説明する働きをしている。「温かい泉」と読むことができる。「前の漢字が後の漢字を修飾する」関係。

(5)「賛」と「否」は反対の意味を持つ漢字。「反対の意味を持つ漢字を重ねる」関係。

正解		
2	(1) C (2) B (3) A (4) D (5) B	
2	(1) A (2) C (3) D (4) C (5) B	
3	(1) D (2) B (3) C (4) B (5) A	

各問いについて、5つの熟語の成り立ち方として当てはまるものを、AからDの中から1つずつ選びなさい。

1 (1) 断罪　　(2) 果樹　　(3) 皮革　　(4) 排気　　(5) 去就

A　似た意味を持つ漢字を重ねる　　B　反対の意味を持つ漢字を重ねる

C　動詞の後に目的語をおく　　D　A〜Cのどれにも当てはまらない

2 (1) 弱点　　(2) 停泊　　(3) 雲散　　(4) 発色　　(5) 多寡

A　前の漢字が後の漢字を修飾する　　B　主語と述語の関係にある

C　動詞の後に目的語をおく　　D　A〜Cのどれにも当てはまらない

1

(1)「断」が動詞で「罪」が目的語の働きをしている。「罪を断つ」と読むことができる。「動詞の後に目的語をおく」関係。

(2)「果」が「樹」を説明する働きをしている。「前の漢字が後の漢字を修飾する」関係だが、選択肢にない。「A〜Cのどれにも当てはまらない」。

(3)「皮」と「革」は似た意味を持つ漢字。「似た意味を持つ漢字を重ねる」関係。

(4)「排」が動詞で「気」が目的語の働きをしている。「動詞の後に目的語をおく」関係。

(5)「去就」は「去ることと留まること」という意味。「去」と「就」は「反対の意味を持つ漢字を重ねる」関係。

2

(1)「弱」が「点」を説明する働きをしている。「前の漢字が後の漢字を修飾する」関係。

(2)「停」と「泊」は似た意味を持つ漢字。「似た意味を持つ漢字を重ねる」関係だが、選択肢にない。「A〜Cのどれにも当てはまらない」。

(3) 「雲」が主語、「散」が述語の働きをしている。「雲が散る」と読むことができる。「主語と述語の関係にある」。「雲散」は「雲が風に飛ばされて消えるように、跡形もなく消えること」という意味。

(4) 「発」が動詞で「色」が目的語の働きをしている。「動詞の後に目的語をおく」関係。

(5) 「多寡(たか)」の「寡」は「すくないこと」という意味。「多」と「寡」は反対の意味を持つ漢字。「反対の意味を持つ漢字を重ねる」関係だが、選択肢にない。「A～Cのどれにも当てはまらない」。

| 正解 | **1** (1) C (2) D (3) A (4) C (5) B |
| | **2** (1) A (2) D (3) B (4) C (5) D |

「熟語の成り立ち」問題で頻出の熟語一覧

選択肢	見分け方	熟語		
主語と述語の関係にある	例えば、前の字から訓読みして「～が～する」となるもの	気楽（きらく）	国禁（こっきん）	市営（しえい）
		自炊（じすい）	日照（にっしょう）	年長（ねんちょう）
		波及（はきゅう）	船出（ふなで）	身軽（みがる）
		民有（みんゆう）		
動詞の後に目的語をおく	例えば、後の字から訓読みして「～を～する」となるもの	懐古（かいこ）	架橋（かきょう）	加速（かそく）
		起源（きげん）	採決（さいけつ）	始業（しぎょう）
		失格（しっかく）	指名（しめい）	署名（しょめい）
		尽力（じんりょく）	造船（ぞうせん）	遅刻（ちこく）
		鎮痛（ちんつう）	投票（とうひょう）	避難（ひなん）
		録画（ろくが）		
似た意味を持つ漢字を重ねる	両方とも似た意味、または同じ意味になるもの	威嚇（いかく）	永遠（えいえん）	憶測（おくそく）
		拡大（かくだい）	緩慢（かんまん）	棄却（ききゃく）
		危険（きけん）	強硬（きょうこう）	幸福（こうふく）
		災難（さいなん）	詳細（しょうさい）	生誕（せいたん）
		接触（せっしょく）	帳簿（ちょうぼ）	破壊（はかい）
		模倣（もほう）		
反対の意味を持つ漢字を重ねる	それぞれの漢字が相反する意味になるもの	有無（うむ）	禍福（かふく）	吉凶（きっきょう）
		苦楽（くらく）	軽重（けいちょう）	自他（じた）
		首尾（しゅび）	賞罰（しょうばつ）	出納（すいとう）
		聖俗（せいぞく）	是非（ぜひ）	粗密（そみつ）
		得失（とくしつ）	任免（にんめん）	方円（ほうえん）
		老若（ろうにゃく）		
前の漢字が後の漢字を修飾する	前の漢字が後の漢字を説明する働きをしているもの	握力（あくりょく）	煙害（えんがい）	円陣（えんじん）
		快晴（かいせい）	我流（がりゅう）	完成（かんせい）
		剣道（けんどう）	豪雨（ごうう）	再考（さいこう）
		視界（しかい）	真価（しんか）	騒音（そうおん）
		地殻（ちかく）	独演（どくえん）	熱気（ねっき）
		連載（れんさい）		

2 文の並べ換え

- ●選択肢を正しい順番に並べ換える問題
- ●最初の空欄や最後の空欄に当てはまるものを探す

例題

1 文中のアからエの空欄に、AからDの語句を入れて文を完成させる場合、最も適切な組み合わせを答えなさい。

たとえ多くの情報を

| ア | イ | ウ | エ |

ことにもなりかねない。

A　その膨大な情報を自分自身で　　B　集めることができたとしても

C　整理して利用できなければ　　　D　せっかくの情報に押しつぶされる

2 文中のアからエの空欄に、AからDの語句を入れて文を完成させる場合、最も適切な組み合わせを答えなさい。

部下のやる気を

| ア | イ | ウ | エ |

大事です。

A　成果を収めるためには　　　B　「何のために」という動機付けが

C　引き出して　　　　　　　　D　「どのように」という方法論ではなく

ばらばらに並べられた選択肢を正しい順番に並べ換える問題。**文頭や文末の内容をヒントにして、最初の空欄や最後の空欄に当てはまるものを探すことから始めるとよい。**最初や最後の空欄に入るものが1つに決まらないときは、先に選択肢どうしでつながりを考えてから空欄に当てはめる。

---

1 文頭の「たとえ」をヒントに、続きそうなものを探す。「たとえ～できたとしても」という仮定の文になるBの「集めることができたとしても」が適切（B→？→？→？）。Bの後はA、C、Dいずれが続いてもよさそうなので保留して、文末の「ことにもなり

かねない」の前に入りそうなものを探す。「こと」の前に入って意味が通るのは「押しつぶされる」とあるD。これが「エ」に入る（B→?→?→D）。

残りはAとC。これが「イ」「ウ」に入る。C→Aだと、Aの「その膨大な情報を自分自身で」が、その次のDの「せっかくの情報に押しつぶされる」とうまくつながらない。A→CならCがDにつながって意味が通る（B→A→C→D）。

> × ［C　整理して利用できなければ］［A　その膨大な情報を自分自身で］［D　せっかくの情報に押しつぶされる］
> ○ ［A　その膨大な情報を自分自身で］［C　整理して利用できなければ］［D　せっかくの情報に押しつぶされる］

【全並び順】たとえ多くの情報を［B　集めることができたとしても］［A　その膨大な情報を自分自身で］［C　整理して利用できなければ］［D　せっかくの情報に押しつぶされる］ことにもなりかねない。

2 文頭の「部下のやる気を」をヒントに、続きそうなものを探す。適切なのはCの「引き出して」（C→?→?→?）。文末の「大事です」につながりそうなのは、Aの「成果を収めるためには」とBの「『何のために』という動機付けが」。この段階ではどちらが入るかわからないので、Cを除く選択肢どうしでつながりを考える。

Dの「〜ではなく」とBの「〜が」は、つなげると対の表現になる（D→B）。これを「ウ」「エ」に入れると、「(略)方法論ではなく」「(略)動機付けが」「大事です」となり、意味が通る（C→?→D→B）。

残ったAは「イ」に入る（C→A→D→B）。

【全並び順】部下のやる気を［C　引き出して］［A　成果を収めるためには］［D　「どのように」という方法論ではなく］［B　「何のために」という動機付けが］大事です。

正解	
1	(ア) B (イ) A (ウ) C (エ) D
2	(ア) C (イ) A (ウ) D (エ) B

各問いについて、文中のアからエの空欄に、AからDの語句を入れて文を完成させる場合、最も適切な組み合わせを答えなさい。

1 初冠雪とは、その年の最高気温を

| ア | イ | ウ | エ |

重要な指標となっている。

A 積もった状態になることを指し　　B 初めて山頂部に雪が

C 観測した日より後に　　D 冬の訪れを推し量る

2 江戸時代の測量家である伊能忠敬が

| ア | イ | ウ | エ |

われわれを大いに力づけてくれる。

A 高齢化社会を生きる　　B 50歳を超えてからだったことは

C 日本全図の作成に着手したのが　　D 後世に残る偉業である

3 天候デリバティブは

| ア | イ | ウ | エ |

注目されている。

A 金融派生商品のひとつで　　B 企業の収益源を補償するものとして

C 天候に関して見込みが外れたときに　　D 猛暑や冷夏など

---

1 文頭の「その年の最高気温を」の次に入って意味が通るのは、「観測した」とあるC。これが「ア」に入る（C→?→?→?）。文末につながりそうなのはAとD。この時点ではどちらが入るかわからないので、Cを除く選択肢どうしでつながりを考える。AとBは「山頂部に雪が」「積もった状態になることを指し」という内容から、B→Aとなることが推測できる。これを「イ」「ウ」に入れて「ア」に入ったCにつなげると、「ア」～「ウ」までで「初冠雪」の状態の説明になることがわかる（C→B→A→?）。残ったDは「エ」に入る（C→B→A→D）。

2 文頭の「伊能忠敬が」に続きそうな選択肢は複数ある。文末の「われわれ」と関係がありそうな内容は、Aの「高齢化社会を生きる」。「エ」に入れると「高齢化社会を生きる」「われわれを大いに力づけてくれる」となり、意味が通る（？→？→？→A）。文頭につながるものはAを除いてもまだ絞り切れないので、選択肢どうしでつながりを考える。

Cの「着手したのが」に続けて自然なのは、「50歳を超えてからだったことは」（C→B）。残りのDは、Cの前に入れると「後世に残る偉業」がCの「日本全図の作成」を指すことになり、適切（D→C→B）。これが「ア」〜「ウ」に入る（D→C→B→A）。

3 文頭の「天候デリバティブは」に続きそうな選択肢は複数ある。文末の「注目されている」につながりそうなのは、「補償するものとして」とあるBだが、つながるだけなら他にもあるので保留。選択肢どうしでつながりを考える。Dの「猛暑や冷夏など」の次に入って意味が通るのは「天候」とあるC（D→C）。さらに、AとBのうち、Cの「外れたときに」につながるのは、保留したB（D→C→B）。

残ったAはBの後ろでは意味が通らない。Dの前に入る。これがそのまま「ア」〜「エ」に入る（A→D→C→B）。

正解		
1	(ア) C　(イ) B　(ウ) A　(エ) D	
2	(ア) D　(イ) C　(ウ) B　(エ) A	
3	(ア) A　(イ) D　(ウ) C　(エ) B	

各問いについて、文中のアからエの空欄に、AからDの語句を入れて文を完成させる場合、最も適切な組み合わせを答えなさい。

1 職場の朝礼や会議に出て聞いていると

ア	イ	ウ	エ

長々と自説を展開する人もいる。

A その決まり文句自体の意味が　　B 失われていることも多く

C いろいろな決まり文句が登場するが　　D 「要するに」と断言しながら

2 自然環境を

ア	イ	ウ	エ

必要がある。

A 積極的な植林をする　　B 管理を行うとともに

C 自然の法則に沿った　　D 保全していくには

3 地球に存在する水のうち

ア	イ	ウ	エ

利用しづらい海水だ。

A 2.5%程度にすぎず　　B 淡水は全体の

C 人間が利用しやすい　　D 残りの97.5%は

---

1 文頭、文末ともにつながりそうな選択肢が複数ある。選択肢どうしでつながりを考える。Cの「決まり文句が登場するが」の次は、「その決まり文句」とCの内容を指すAが入る（C→A）。さらに、Aの「意味が」の後にはBの「失われている」が続く（C→A→B）。

残りはD。「断言しながら」とあるが、断言しているのは文末の「長々と自説を展開する人」。ここから、Dは「エ」に入る。C→A→Bは「ア」～「ウ」（C→A→B→D）。

2 文頭の「自然環境を」に続きそうな選択肢は複数ある。文末の「必要がある」につながりそうなものは「積極的な植林をする」とあるA（？→？→？→A）。

Aを除く選択肢どうしで並び順を考える。C→B→D、D→C→Bの2つが考えられるが、「エ」に入るAにつなげることを考えると、「自然の法則に沿った管理」と「積極的な植林」の両方が「保全」に含まれるD→C→Bの流れが適切（D→C→B→A）。

> ×　［C　自然の法則に沿った］［B　管理を行うとともに］［D　保全していくには］
> ○　［D　保全していくには］［C　自然の法則に沿った］［B　管理を行うとともに］

【全並び順】自然環境を［D　保全していくには］［C　自然の法則に沿った］［B　管理を行うとともに］［A　積極的な植林をする］必要がある。

3 文頭、文末ともにつながりそうな選択肢が複数ある。選択肢どうしでつながりを考える。

この文は、文末に「利用しづらい海水」とあり、Bに「淡水」、Cに「人間が利用しやすい」とあることから、「利用しづらい海水」と「利用しやすい淡水」で対比の文になっていることが推測できる。ここから、Cに「淡水」とあるBを続ける（C→B）。

残りのAとDのうち、Bの「全体」に続けて意味が通るのは「2.5％程度にすぎず」とあるA（C→B→A）。

Dの「残りの97.5％は」は、海水の割合のことを指している。これが「利用しづらい海水」の直前の「エ」に入る。「ア」～「ウ」にはC→B→Aが入る（C→B→A→D）。

【全並び順】地球に存在する水のうち［C　人間が利用しやすい］［B　淡水は全体の］［A　2.5％程度にすぎず］［D　残りの97.5％は］利用しづらい海水だ。

正解	
1	（ア）C （イ）A （ウ）B （エ）D
2	（ア）D （イ）C （ウ）B （エ）A
3	（ア）C （イ）B （ウ）A （エ）D

3 空欄補充（適文・適語）

●文章の中の空欄に入る文や語として適切なものを選ぶ
●「適文」では空欄は1つ、「適語」では空欄は3つ出題される

例題

1 文中の空欄に入る最も適切な語句を**A**から**D**の中から1つ選びなさい。

コーチングとは、目標達成のために必要な能力や行動をコミュニケーションで引き出す能力開発法である。コーチングでは、何かを教え込んでやらせる指導とは異なり、自発的な行動を促す方法が取られる。人が自分から行動を起こすのは、[　　　　]ときであり、「こうしろ」と押しつけられると自主性を失ってしまうものである。

A 「誰もそんなことはしない」と叱責される　　**B** 「あなたならどうするか」と問いかけられる　　**C** 「他の人と同じようにしなさい」と指導される　　**D** 「ああするな、こうするな」と禁止される

2 文中のア、イ、ウの空欄に入る最も適切な語を**A**から**C**の中から1つずつ選びなさい。ただし、それぞれの語は1ヵ所のみ用いるものとします。

イースター島にあるモアイ像は、人面を模した石像彫刻だ。島で産出される凝灰岩^{ぎょうかいがん}で作られており、海に面した高台に建てられていることもあって風や雨による[　ア　]が激しい。中には波が足元の土壌をえぐり、[　イ　]したモアイ像もあり、放っておくと近い将来[　ウ　]する恐れもあるという。

A 消滅　　**B** 風化　　**C** 倒壊

「適文」は、文中の1つの空欄に当てはまる文を選ぶ問題。「適語」は、文中の3つの空欄に当てはまる語句を選ぶ問題。どちらも、**空欄の前後の文からヒントをつかむ。**

「適語」では、**A**〜**C**の語句が使えるのは1ヵ所ずつなので、確実なものから順に空欄を埋めて選択肢を減らすとよい。

1 「コーチング」は、2文目にあるように、「自発的な行動を促す方法が取られる」能力開発法。空欄を含む文は、なぜ自発的な行動を促す方法を取るのか、その理由を述べた箇所。空欄の前に「人が自分から行動を起こすのは」とあり、空欄の後ろに「『こうしろ』と押しつけられると自主性を失ってしまうものである」とあることから、空欄には、押しつけとは反対の内容が入ることがわかる。

> ・**自分から行動を起こす**のは、[   ]とき
>   　　　　　　　　　　　　反対の内容
> ・**「こうしろ」と押しつけられる**と**自主性**を失ってしまう

当てはまるのは**B**。

2 設問文の「モアイ像」「石像彫刻」「海に面した高台に建てられている」という内容と、「ア」の前後にある「風や雨による」「激しい」をヒントに考える。「ア」に当てはまるのは**B**の「風化」。

※「風化」は、「地表の岩石が、気温・氷雪・空気・水などの物理的・化学的作用によって、次第に破壊されていくこと」という意味。

「ア」はBと決まったので、「イ」「ウ」にはAの「消滅」かCの「倒壊」のどちらかが入る。モアイ像の足元の土壌が失われるとまず起こるのは「倒壊」。これが「イ」に入る。残った「消滅」は「ウ」に入る。

> **【補足】先に判明した箇所を手がかりにして推測する**
> 「ア」が「風化」だとわかると、「イ」「ウ」を含む文がモアイ像の風化が進む状態を述べていることが推測できる。このように、先に判明した箇所を手がかりにして、残りを推測するとよい。

正解	**1** B
	2 （ア）B （イ）C （ウ）A

※言葉の定義は『大辞林第三版』（三省堂）から引用しました。

各問いについて、文中の空欄に入る最も適切な語句をAからDの中から1つ選びなさい。

1 試験や評価という言葉を明確に区別していない者が多いようだ。試験は規格に対する合否の判断をすることだ。一方、評価は将来を予測することだ。つまり、メーカーの信頼性試験で得られた結果はあくまである瞬間のデータでしかなく、□□□□□。

  A　将来を自然界に存在しないものに導くのだ　　B　将来を彩るものなのだ

  C　将来を創り出すものではないのだ　　D　将来を予測するものではないのだ

2 人間は、温度や明るさ、味などについて、□□□□□。例えば、真夏に気温が15度の日があれば寒いと感じるが、真冬に15度の日があれば暖かいと感じるといったことだ。こうしたことは触覚や視覚、味覚などだけでなく、お金や物に対する評価も同じで、何らかの基準との比較で行われる。

  A　現状が最適であると判断することはほとんどない

  B　環境に左右されない絶対的な感覚を持っている

  C　絶対値ではなく相対的な変化に反応しがちである

  D　金銭や物のよしあしを見極めるときとは異なった価値判断をする

3 目的地に着くための道順は知っているはずなのに、目印にしていた木や建物がなくなって風景が変わってしまったために迷うことがある。頭の中に変化がなくても、知識が知識として機能しなくなるのだ。結局、私たちが知識として持っている多くの部分が□□□□□ということである。

  A　主観にすぎない　　B　環境などの外的要因に支えられている

  C　記憶するだけでは役に立たない　　D　命題化が簡単

---

1 設問文は「試験」と「評価」の区別について述べている。試験（メーカーの信頼性試験）は規格に対する合否の判断で、得られた結果は「ある瞬間のデータ」。評価が行う将来予測とは異なる。空欄には「将来を予測することだ」とは反対の内容が入る。

当てはまるのは**D**。

2 「温度や明るさ、味など」について、人間の感じ方について述べた文。2文目は「例えば」で始まっており、空欄を含む1文目の具体例。

・**真夏**に気温が15度の日があれば**寒い**
・**真冬**に15度の日があれば**暖かい**

> 同じ15度でも、「真夏」という基準では寒く、「真冬」という基準では暖かい

具体例で述べていることをまとめると、3文目の「(評価は) 何らかの基準との比較で行われる」になる。選択肢のうち、基準との比較で反応や評価が行われることを言い換えているのは、**C**の「絶対値ではなく相対的な変化に反応しがちである」。

3 1文目の「目的地に着くための道順は知っているはずなのに (略) 迷うことがある」は具体例で、これを言い換えたものが「結局」より後の内容。言い換えのヒントは「頭の中に」から始まる2文目で、これも1文目の具体例の言い換え。

1文目 (具体例)　　　　　**2文目 (言い換え)**
道順は知っているはず ──→ 頭の中に変化がない
迷う ──────────→ 知識が知識として機能しなくなる

迷う (知識が知識として機能しなくなる) 理由は、「目印」がなくなってしまうから。目的地に着く (知識が知識として機能する) ためには、1文目で述べられている「木や建物」が目印として必要。知識が知識として機能するための条件、つまり木や建物などの目印があって目的地に着けることを言い換えたのが**B**。

正解	**1** D	**2** C	**3** B

各問いについて、文中のア、イ、ウの空欄に入る最も適切な語をAからCの中から1つずつ選びなさい。ただし、それぞれの語は1ヵ所のみ用いるものとします。

1 グーテンベルクが鋳造活字による印刷技術を完成させたことはよく知られている。メディアの発展の歴史で印刷技術の影響がいかに大きかったかは、すでに多くの研究で ア されているが、このように技術の イ によって人々の生活が変わり、ひいては社会も ウ した例は、いくらでもあげられる。

A 浸透　　B 変容　　C 検証

2 アメリカ合衆国の国旗は、赤と白の横縞と、左上に白い星の ア が多数浮かぶ四角い青地が配置された イ である。この「赤と白の横縞」「白い星が浮かぶ青地」はアメリカ合衆国の ウ としてさまざまなところで使われている。

A デザイン　　B マーク　　C シンボル

3 「海は広い」と発したことばの解釈はさまざまである。 ア を表している場合もあるだろうし、たんに イ を述べただけという場合もあるだろう。言語の規則を厳密に決めることができない理由は、ことばが多様な ウ を持っているからだ。

A 感動　　B 意味　　C 事実

---

1 「ア」を含む前後は「すでに多くの研究で」「されている」。研究によってされるものとして適切なのはCの「検証」。

「イ」にはAの「浸透」とBの「変容」のどちらも当てはまりそうなので、「ウ」を先に見る。

「ウ」を含む前後は「ひいては社会も」「した例」。「も」とあることから、この部分は、「人々の生活が変わり」を受けた並列の文と推測できる。当てはまるのは「変容」。残った「浸透」が「イ」に入る。

2 1文目は、「赤と白の横縞」「白い星」「四角い青地が配置」という国旗全体を説明する内容から、デザインについて述べたものと推測できる。ここから、まず「イ」に入るのはAの「デザイン」。

「ア」「ウ」にはBの「マーク」とCの「シンボル」が入る。全体（デザイン）について述べた1文目のうち、「左上に白い星」という一部を指す言葉として適切なのは「マーク」。これが「ア」に入る。「ウ」には「シンボル」が入る。

3 「ウ」の前後の「ことばが多様な」「を持っている」から、多様、かつ「言語の規則を厳密に決めることができない」ことの根拠になるのは、Bの「意味」。

「ア」「イ」にはAの「感動」とCの「事実」が入る。

「ア」「イ」を含む部分では、「海は広い」という言葉の解釈について述べているが、「イ」を含む文のほうが、「ア」を含む文よりも限定的。限定にそぐわない「感動」ではなく「事実」が適切。

> ・[ア] を表している場合もある
> ・**たんに** [イ] を述べた**だけ**という場合もある ── 「ア」の文よりも限定的

「イ」には「事実」、残った「ア」には「感動」が入る。

正解	**1** (ア) C (イ) A (ウ) B
	2 (ア) B (イ) A (ウ) C
	3 (ア) A (イ) C (ウ) B

4 空欄補充（三文完成）

- 1画面に3問あるタイプの空欄補充
- 同じ選択肢は重複して使えない。取り組み方を工夫して手早く解く

例題

1 AからEの中から最もつながりのよいものを1つずつ選び、以下の3つの文を完成させなさい。ただし、同じ選択肢は重複して使ってはいけません。

(1) ［　　　　］、なんといっても企画の良さにあります。

(2) ［　　　　］、1冊の新しい本を書き下ろすようなものです。

(3) ［　　　　］、ある彫刻家の作品を集めた展示室に来たときでした。

A　ルネッサンス期のイタリアの美術は

B　展覧会を作り上げることは

C　彫刻の多様性とその移り変わりは

D　この彫刻展の成功要因は

E　圧倒されるような思いがしたのは

2 AからEの中から最もつながりのよいものを1つずつ選び、以下の3つの文を完成させなさい。ただし、同じ選択肢は重複して使ってはいけません。

(1) 山野は秋になると紅葉で色づき、［　　　　］。

(2) 白銀とは名のとおり、［　　　　］。

(3) 春になると雪はとけて水となり、［　　　　］。

A　冬には多くの雪が降り積もって美しい景観を作り出す

B　しろがね色に輝く雪のことを指している

C　環境に負荷がかかりにくい地下水の利用方法といえる

D　落葉樹の雑木林が広がっている

E　地表を下って川に流れ込み海にまで届く

「三文完成」では、同じ選択肢を重複して使ってはいけない。1問解くごとに以降の選択肢が絞られる。**最初の設問や、検討すべき選択肢が多い設問は意味から解く、選択肢が絞られてきた**

ら単純に文のつながりを見て解くなど、取り組み方を工夫して手早く解こう。

1

(1) 空欄の後ろの「企画の良さにあります」から、空欄には「企画の良さ」が理由になるような何かが入ると推測できる。当てはまるのは**D**。

(2) 「1冊の新しい本を書き下ろすようなもの」から、後半が前半の例えであることがわかる。D以外の選択肢のうち、「1冊の新しい本を書き下ろす」という例えが当てはまるのは**B**。

(3) 残りの選択肢はA、C、E。「展示室に来たときでした」という内容から、空欄には作者が経験したことに関する内容が入ることがわかる。当てはまるのは**E**。

> 【補足】文のつながりを見て解く場合
> 残った選択肢を空欄に入れて、文の意味が通るかどうかで判断してもよい。
> ×[A　ルネッサンス期のイタリアの美術は]、┐
> ×[C　彫刻の多様性とその移り変わりは]、├[ある彫刻家の作品を集めた
> ○[E　圧倒されるような思いがしたのは]、┘　展示室に来たときでした]

2

(1) 「秋になると紅葉で色づき」から、設問文は山野の見た目（景色）に関することを述べていることが推測できる。選択肢のうち、山野の景色に関するものは「雪が降り積もって美しい景観を作り出す」とある**A**。つなげてみると、秋の紅葉と冬の雪が美しい景観を作り出すという文になり、適切。

(2) 設問文の「白銀」「名のとおり」から、空欄には白銀の意味に関する内容が入ると推測できる。当てはまるのは**B**。

(3) 残りの選択肢はC、D、E。「雪はとけて水となり」から、雪解け水に関する内容が続くと推測できる。水について述べているのは「地下水の利用方法」とある**C**と、「川に流れ込み海にまで届く」とある**E**。つなげて文の意味が通るのは**E**。

正解	**1** (1) D　(2) B　(3) E
	2 (1) A　(2) B　(3) E

各問いについて、**A**から**E**の中から最もつながりのよいものを1つずつ選び、以下の3つの文を完成させなさい。ただし、同じ選択肢は重複して使ってはいけません。

1 (1) ☐ 、できないと心身のバランスを崩してしまう。

(2) ☐ 、バラつきのある手仕事を現場から追いやってしまった。

(3) ☐ 、とにかく時間だけはかかる手仕事がまだまだ多い。

A 手仕事ならではの達成感を覚えながら

B 特別な技能や資格も、集中力や創造力もいらないが

C 高精度で同質な仕上がりを要求する現代社会が

D 見守りが必要な状態でも人は誰かの役に立つことがしたいし

E それまで培ってきた技能や創造力を生かして

2 (1) ☐ 、録音したものを聞くとまるで別人の声のように聞こえる。

(2) ☐ 、昔の合戦では法螺貝や太鼓の音が合図の音として使われた。

(3) ☐ 、音漏れで聞こえるのは高音が強調された耳障りな音なのである。

A 防音工事を施した無音のスタジオでは圧迫感があるため

B 気温が上昇すると音が伝わる速度が上がるので

C イヤホンは広い空間に波長の長い低音を送り出すには小さすぎるため

D 自分の声は声帯などの振動が頭蓋骨を伝わって聞こえるため

E 障害物に遮蔽されやすい高音よりも低い音の方が遠くまで届くので

1

(1) 空欄の直後の「できないと」から、空欄には何かを「する」ことに関する内容が入ると推測できる。関係がありそうなのは「人は誰かの役に立つことがしたいし」とある**D**。つなげてみると、「見守りが必要な状態でも人は誰かの役に立つことがしたいし、できないと心身のバランスを崩してしまう」という文になり、意味が通る。**D**以外の選択肢はつなげても意味が通らない。

(2) 文末に「追いやってしまった」とあるので、空欄には「バラつきのある手仕事」を現場から追いやった原因が入ると推測できる。「バラつきのある手仕事」とは逆の「高精度で同質な仕上がり」という言葉があるCをつなげると、社会の要請によってバラつきのある手仕事が敬遠されたという意味の文になり、適切。

(3) 残りの選択肢はA、B、E。設問文の「時間だけはかかる」とは、言い換えれば「時間以外には何も必要としない」ということ。当てはまるのはB。

2

(1) 「まるで別人の声」から、人の声の聞こえ方に関するものが入ることがわかる。自分の声が自分に聞こえる仕組みを説明したDが適切。

(2) 「法螺貝」とは、大きな巻き貝に吹き口をつけて吹き鳴らすようにしたもの。音に関して法螺貝と太鼓で共通しているのは、低くて大きな音を出すことができること。空欄には、法螺貝や太鼓が合戦の合図として使われる理由が入る。適切なのは「低い音の方が遠くまで届くので」とあるE。

(3) 残りの選択肢はA、B、C。音漏れで高音が強調される仕組みは、前問の法螺貝や太鼓の仕組みと逆と推測できる。低音を遠くまで届かせることができる法螺貝や太鼓と反対なのが、「広い空間に波長の長い低音を送り出すには小さすぎる」とあるイヤホン。当てはまるのはC。

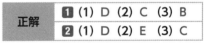

正解	
1 (1) D (2) C (3) B
2 (1) D (2) E (3) C

各問いについて、AからEの中から最もつながりのよいものを1つずつ選び、以下の3つの文を完成させなさい。ただし、同じ選択肢は重複して使ってはいけません。

1 (1) 商標やロゴマークは言うまでもないが、ポスター、書籍のデザインも、 _____ 。

(2) デザインは要求の多い注文主と移り気な大衆のどちらの要請にも対応しつつ、 _____ 。

(3) 展覧会などでは発注者が不在の、つまり目的がないデザイン作品も見られるが、 _____ 。

A 未来の理解者を夢見て現世を孤独な創作活動に捧げる生き方もあり得る

B 芸術を志向する作品として日常からかけ離れた別世界を形成する

C 発注者が意図する目的とそれに基づいた役割を前提としている

D それは技術を磨くための習作であって本来のデザイン活動とはいえない

E 安易な妥協に逃げずに自分の存在を主張しなければならない

2 (1) 高齢者の健康で大事なのは単に持病の有無ではなく、 _____ 。

(2) 健康的な生活を送る高齢者は平均寿命の延びとともに増えており、 _____ 。

(3) 老化がさらに進行すると、運動機能などが低下していくことは避けられないが、 _____ 。

A 自立して生活を送ることができる心身の能力があるかどうかだ

B ややもすると「社会から活力が失われた」とネガティブな見方をする人もいる

C このような人は高齢者に望ましい健康状態は何かを理解していない

D それでもなお適切な支援を得て自立した生活を送る人は多い

E 今後は自立した日常生活を送れる人が社会の大部分を占めることになる

1

(1)「商標」「ロゴマーク」「ポスター」「書籍のデザイン」に共通するのは、商用デザイン＝ビジネスの目的に沿ったデザインということ。当てはまるのは、こうしたデザ

インの特性を「発注者が意図する目的」「それに基づいた役割」と述べているC。

(2) 「対応しつつ」という表現から、デザインには「要求の多い注文主と移り気な大衆」に対応しながらも、さらに何かすることがあると推測できる。A、B、Eが関係ありそうだが、Aは「生き方もあり得る」という結びが不適切。Bは、「対応しつつ」と「かけ離れた別世界を形成」が矛盾する。要請に対応することと、自分の存在を主張することを両立する必要がある、という意味になるEが適切。

(3) 残りの選択肢はA、B、D。A、Bは「目的がないデザイン作品も見られる」という文の結びとしては適切ではない。残ったDをつなげると、「目的のないデザイン作品は習作であり、本来のデザイン活動ではない」という意味の文になり、適切。

2

(1) 高齢者の健康にとって大事なものは何かを選択肢から推測する。「持病の有無ではなく」「心身の能力があるかどうかだ」と対の文になるAが適切。

(2) 健康的な生活を送る高齢者が増えるとどうなるか、その結果となるものをA以外から探す。当てはまるのは、「自立した日常生活を送れる人が社会の大部分を占める」とあるE。

(3) 残りの選択肢はB、C、D。前問までで、高齢者が健康で自立した生活を送るためには、心身の能力が必要ということがわかっている。空欄には、運動機能などが低下していくとどうなるかを述べたものが入る。B、Cは高齢者以外の人について述べているので不適切。能力の一部が低下しても、支援を得て自立した生活を継続させる人も多い、という内容になるDが適切。

正解	**1** (1) C (2) E (3) D
	2 (1) A (2) E (3) D

5 長文読解

- ●短めの長文に対して3問程度が出題される組問題
- ●長文を読み込むと時間が足りなくなる。設問を先に読み、必要な箇所を探そう

例題

次の文を読んで、問いに答えなさい。

　ファンタジーを創る場合、描写力、文章力に負うところがひじょうに大きいと、私はがんこに思っている。一言でいえば、日常にあり得ることを描いて他に伝えようとすることさえ、一筋なわではいかないのに、ましてあり得ないことをあり得るように描いて納得させようというのだから、よほど的確な表現技術がなければ、うまくいくわけがないのである。【A】しかし、そのことは抜きにしても、私にとって表現技術は重要である。いつのころからか、技術主義などという言葉があって、なんとなく軽侮するような空気がある。だからといって、技術（ここでは文章技術、言葉の選択から句読点のつけ方まで）そのものを軽侮してはならない。【B】なぜなら、われわれは□□□□によって考えを発展させるからだ。言葉が思考を生み、その思考がまた言葉を生む。思考に力があるように言葉にも力があって、この力は創作中にも具体的に働く。書かれた文章が内容を展開させたり修正させたりするので、作者自身までしばしば意表をつかれる思いをする。【C】このことを「手が考える」という。もちろん手が考えるわけはなく、文章によって表現され、すでに定着されたいくつかのことがらが、知らず知らずのうちに頭のどこか底のほうで複雑に結びつき合って、1つの解答を提示してくるのだろう。【D】よりよい文章を書こうとする努力がともなってはじめて起こるので、それでこのことを「手が考える」というのである。

（『ファンタジーの世界』佐藤さとる、講談社）

1 次の1文を挿入するのに最も適切な場所を、文中の【A】から【D】から選びなさい。

　　だが、こんなことは書いていないとけっして起こらない。

　　A 【A】　　B 【B】　　C 【C】　　D 【D】

2 文中の空欄□□□□に入る語句を、文中から2文字で抜き出しなさい。

3 文中で述べられていることから判断して、次のア、イの正誤を答えなさい。

　　　ア　言葉の力によって、書いている作者自身が意表をつかれることがある

　　　イ　「手が考える」とは、表現技術にとらわれない創作方法のことである

　　A　アもイも正しい　　B　アは正しいがイは誤り　　C　アは誤りだがイは正しい

　　D　アもイも誤り

長文の一部を挿入する問題や、必要な情報を探し出せるかを見る問題などが出る。長文を読み込んでいては時間が足りない。**設問を先に読み、必要な箇所を探そう。**

1 挿入する文には「起こらない」とある。本文でこの言葉を探すと、12行目に、「はじめて起こる」とある。この前に【D】があるので、挿入する文をつなげてみる。

> このことを「手が考える」という。もちろん手が考えるわけはなく、文章によって表現され、すでに定着されたいくつかのことがらが、知らず知らずのうちに頭のどこか底のほうで複雑に結びつき合って、1つの解答を提示してくるのだろう。だが、**こんなこと**は**書いていないとけっして起こらない**。よりよい文章を書こうとする努力がともなって**はじめて起こる**ので、それでこのことを「手が考える」というのである。
>
> こんなこと＝「手が考える」

挿入する文の「こんなこと」は、2文前（9〜10行目）の「手が考える」を指していることがわかる。【D】の位置が正解。なお、「手が考える」とは、8〜9行目で述べられている「書かれた文章が内容を展開させたり修正させたりする」こと。

2 空欄の前後から、「言葉が思考を生み、その思考がまた言葉を生む」（7〜8行目）が、空欄を含む部分の言い換えだと推測できる。空欄に入るのは「言葉」。

> 言い換え
>
> なぜなら、われれは〔　　　　〕によって**考え**を発展させるからだ。**言葉**が**思考**を生み、その思考がまた言葉を生む。
>
> 同じ内容

3 ア、イの正誤をそれぞれ見る。

㋐ 9行目に「作者自身までしばしば意表をつかれる思いをする」とある。この文は、1行前からの「思考に力があるように言葉にも力があって、（略）書かれた文章が内容を展開させたり修正させたりする」を受けたもの。言葉の力が創作中に働き、作者はそのことで意表をつかれている。正しい。

㋑ 4行目に「表現技術は重要」とある。作者がそう思うのは、「手が考える」という現象は、「よりよい文章を書こうとする努力がともなってはじめて起こる」（12行目）から。表現技術は「手が考える」上で欠かせない。誤り。

正解	**1** D	**2** 言葉	**3** B

次の文を読んで、問いに答えなさい。

> 整備しなければならない社会的インフラストラクチュアは、情報・知識産業、あるいは知識集約型産業を支える基盤として機能する社会的インフラストラクチュアでなければならない。知識集約型産業の基盤となるのは、人間そのものの知的能力と社会資本である。つまり知識資本である。新しい知識集約型産業は、指をくわえて待っていても生まれない。知的能力の高い人間が存在するようになって、はじめて誕生する。しかも、ひとりの天才のひらめきからでは、新しい産業構造の創出は無理である。社会の構成員が、それぞれの ［　　　　］ を高めなければならない。つまり、知識集約型産業は知的能力の基盤がなければ誕生しないのである。しかも、高い知識能力を育成できた国に、企業も移動してこざるをえなくなる。こうした知的能力の育成や研究開発に効果をあげるには、時間を必要とする。
>
> （『人間回復の経済学』神野直彦、岩波書店）

1 文中の空欄 ［　　　　］ に入る語句として適切なのは、次のうちどれか。

    A　社会資本　　B　知的能力　　C　産業創出　　D　育成能力

2 整備すべき社会的インフラストラクチュアとは何か。文中から5文字以内で抜き出しなさい。

3 文中で述べられていることから判断して、次のア、イの正誤を答えなさい。

    ア　新しい知識集約型産業の創出には天才のひらめきが不可欠である

    イ　この文で述べられている「社会的インフラストラクチュアの整備」が効果をあげるには、時間がかかる

    A　アもイも正しい　　B　アは正しいがイは誤り　　C　アは誤りだがイは正しい

    D　アもイも誤り

1 空欄を含む文の前に、「ひとりの天才のひらめきからでは、新しい産業構造の創出は無理である」（5〜6行目）とある。ここから、空欄を含む部分は「新しい産業構造の創出」に関することだとわかる。

「新しい産業構造の創出」に関する内容は、もう2文さかのぼった4行目の「新しい知識集約型産業は」から始まっている。

> **新しい知識集約型産業**は、指をくわえて待っていても生まれない。**知的能力の高い人間が存在**するようになって、はじめて誕生する。しかも、ひとりの天才のひらめきからでは、**新しい産業構造**の創出は無理である。**社会の構成員が、それぞれの ［　　　］ を高めなければならない。**

「新しい知識集約型産業」の言い換えが「新しい産業構造」で、「知的能力の高い人間が存在」を発展させた内容が空欄を含む文。当てはまるのは**B**。

2 「整備すべき社会的インフラストラクチュア」については、2～4行目に書かれている。知識集約型産業の基盤となるのは、3行目に書かれている「知的能力と社会資本」。

> **知識集約型産業の基盤となるのは**、人間そのものの**知的能力と社会資本**である。つまり**知識資本**である。

言い換え

これが「整備すべき社会的インフラストラクチュア」といえるが、5文字以内に収まらない。次の文で同じことを言い換えた「知識資本」が適切。

3 ✗ 「ひとりの天才のひらめきからでは、新しい産業構造の創出は無理」（5～6行目）とある。「新しい産業構造」とはその2文前の「新しい知識集約型産業」（4行目）のこと。天才のひらめきがなければ新しい知識集約型産業は創出できないということではない。誤り。

⟋ 「時間がかかる」ことについて本文で述べているのは「知的能力の育成や研究開発に効果をあげるには、時間を必要とする」（8～9行目）。前問で、社会的インフラストラクチュア（知識集約型産業の基盤）となるのは「知的能力と社会資本」であることがわかっている。設問の「社会的インフラストラクチュアの整備」は、「知的能力の育成や研究開発」と言い換えることができる。正しい。

| 正解 | **1** B | **2** 知識資本 | **3** C |

次の文を読んで、問いに答えなさい。

　資源は鉱物資源と生物資源とに大きく分けられる。【A】石油や鉄のような鉱物資源には資源を再生産する能力がないので、それらを人類が利用すれば資源の量は減少し、やがて消滅する危険が迫ることになる。それ故に、鉱物資源の利用を節約したり、利用しないままにしたりするような方策は、われわれの子孫が将来それらを利用する可能性を残す意味で大切である。また、鉱物資源は利用しないでおいても、よほどの天変地異がない限り、将来もそのままの状態で残るはずである。【B】これに対して、生物資源は、再生産・成長・自然死亡という鉱物資源にはない特性をもっているので、その再生産能力の範囲内で資源を利用し続けたとしても、資源が減少することはない。したがって、生物資源を利用しないでおくことはもったいないことであり、これを保護することが将来の利用に備えることにはならない。【C】しかし、生物資源はそれを取りまく生物環境、非生物環境および生物資源を利用する漁業などの産業の影響を受け、同時にそれらに影響を与えながら存在する。【D】

（『クジラと日本人』大隅清治、岩波書店）

1 次の1文を挿入するのに最も適切な場所を、文中の【A】から【D】から選びなさい。

つまり、生物資源は環境の影響を受けやすく、十分にその環境を管理しないと資源に変動を来すことになる。

A 【A】　　B 【B】　　C 【C】　　D 【D】

2 次の文は、本文の要旨である。　　　　に入る語句を文中から5文字以内で抜き出しなさい。

生物資源は鉱物資源とは異なり、　　　　　をもつ。

3 文中で述べられていることから判断して、次のア、イの正誤を答えなさい。

　ア　鉱物資源を利用しないでおくことに意味はない

　イ　生物資源は漁業などの産業と相互に影響を与え合っている

A　アもイも正しい　　　B　アは正しいがイは誤り　　　C　アは誤りだがイは正しい

D　アもイも誤り

1 「つまり」は、前の文を受けて説明や要約をするときの接続語。挿入する文が、その前の内容の説明や要約になる箇所を探す。生物資源が受ける影響について述べているのは末尾の文（9～11行目）。この後ろの【D】に挿入する文をつなげてみる。

> しかし、**生物資源はそれを取りまく生物環境、非生物環境および生物資源を利用する漁業などの産業の影響を受け、**同時にそれらに影響を与えながら存在する。**つまり、生物資源は環境の影響を受けやすく、十分にその環境を管理しないと資源に変動を来すことになる。**

挿入する文の「生物資源は環境の影響を受けやすく」は、その前の「生物資源はそれを取りまく（略）影響を受け」の要約であることがわかる。【D】の位置が正解。

2 本文の要旨の一部が空欄になっているタイプの問題。生物資源と鉱物資源の違いについて、本文で述べているのは6～8行目。

> **生物資源は、再生産・成長・自然死亡という鉱物資源にはない特性をもっているので、その再生産能力**の範囲内で資源を利用し続けたとしても、資源が減少することはない。

生物資源の特性は、「再生産・成長・自然死亡」。しかし、これらはどれも、そのまま空欄に入れることはできない（「再生産をもつ」「成長をもつ」「自然死亡をもつ」とは言わない）。「再生産」の言い換えとして、直後に出てくる「再生産能力」なら、「再生産能力をもつ」となり、意味が通る。

3 ✗「鉱物資源の利用を節約したり、利用しないままにしたりするような方策は、われわれの子孫が将来それらを利用する可能性を残す意味で大切」（3～4行目）とある。鉱物資源を利用しないでおくことに意味はある。誤り。

○「生物資源はそれを取りまく生物環境、非生物環境および生物資源を利用する漁業などの産業の影響を受け、同時にそれらに影響を与えながら存在する」（9～11行目）は、「生物資源は漁業などの産業と相互に影響を与え合っている」と言い換えることができる。正しい。

| 正解 | **1** D | **2** 再生産能力 | **3** C |

次の文を読んで、問いに答えなさい。

　地球温暖化は世界の食料生産に対しては、プラスに働く地域、マイナスに働く地域が混在し、全体として見たとき、人類に対しそれほど深刻な影響を与えることはなさそうである。【A】しかし、それでは全面的に安心してよいのであろうか。それはまた違った話である。人類が農耕を始めてからの時間は約1万年であるが、この中で、ここ3000年くらいの気候は比較的温暖で安定していた。【B】人類はこの安定した時代に、その地域地域に特有の文化・文明を築いてきた。農耕では、どこでだれが何をつくるというルールを決めてきた。小麦は比較的乾燥し、かつ少し寒いところ、また、水稲はアジアモンスーン地帯でつくり、それに対応した人口密度になっていった。シベリアやカナダに森林が多く、ほとんど人がいないのは、そこが耕地には適さなかったからである。【C】温暖化により、日本ではコシヒカリが北海道で大量に栽培されている可能性があるし、旱魃（かんばつ）が常態化するアメリカから穀物を大量に購入することが不可能になり、温暖化に伴い新たに出現した広大な穀倉地帯を有するロシアやカナダから穀物を買うことになるかもしれない。また、人口密度の高い中国南部や東南アジアの降雨量が増し治水のコストがかさむようになり、かつ中国東北地区やロシアに穀物栽培に適する土地が広がるとしたら、それは世界の人口分布、経済、政治に大きな影響を与えるであろう。100年後に、地球全体で食料をつくることができなくなる可能性は少ないが、長い人類の歴史から見ればきわめて短い時間で耕作適地が大きく変動する可能性がある。【D】

（「二十一世紀の食料生産」『東京大学公開講座74　未来』川島博之、東京大学出版会）

1 次の1文を挿入するのに最も適切な場所を、文中の【A】から【D】から選びなさい。
そのようなルールが、次の100年で急激に変わる可能性がある。
A 【A】　　B 【B】　　C 【C】　　D 【D】

2 文中下線の部分「それ」が指すものは、次のうちどれか。
A 穀物栽培　　B 地球温暖化　　C モンスーン　　D 人口密度

3 文中で述べられていることから判断して、次のア、イの正誤を答えなさい。
　ア　地球温暖化によって、現在の耕作適地が大きく変動する可能性がある
　イ　地球温暖化によって、新しく穀倉地帯が出現する可能性がある
A アもイも正しい　　B アは正しいがイは誤り　　C アは誤りだがイは正しい
D アもイも誤り

1 「そのようなルール」をヒントに探す。5〜6行目に「どこでだれが何をつくるという ルール」とある。その後に、現在のルールの具体例と、【C】を挟んだ次の段落で温暖 化によってルールが変わった場合に予想される具体例が述べられている。

現在のルール	ルール変更により起こりうる可能性
・小麦は比較的乾燥し、かつ少し寒いところ →	旱魃が常態化するアメリカから穀物を 大量に購入することが不可能に
・水稲はアジアモンスーン地帯 →	日本ではコシヒカリが北海道で大量に 栽培
・シベリアやカナダは耕地には適さなかった →	ロシアやカナダに穀倉地帯が出現

挿入する文の「そのようなルール」は、これまでのルールのこと。これまでのルール について述べた終わりにある【C】の位置が適切。

2 設問の「それ」は13行目にあり、その前から続く文の一部。ここで述べられているの は、本文の8〜9行目の「温暖化により」から始まる、予想される変化。そして、下線 部「それ」の前では、そのうち治水コストの増大と、栽培に適した土地の拡大につい て述べている。

> また、**人口密度の高い中国南部や東南アジアの降雨量が増し治水のコストがかさむよう になり、かつ中国東北地区やロシアに穀物栽培に適する土地が広がるとしたら、**それは 世界の人口分布、経済、政治に大きな影響を与えるであろう。

治水コストの増大と栽培適地の拡大は、いずれも 温暖化によって起こる可能性があること

これらはいずれも温暖化によって起こる可能性があること。適切なのは**B**。

3 ㋐ **1** で見たように、本文では、「どこでだれが何をつくる」というルールの変更に よって、小麦や水稲の栽培が行われる場所が変わる可能性が述べられている。正 しい。

㋑ 10〜11行目で「温暖化に伴い新たに出現した広大な穀倉地帯を有するロシアや カナダから穀物を買うことになるかもしれない」とある。これらはルール変更に よって起こりうる可能性の一部。正しい。

正解	**1** C	**2** B	**3** A

6 参考問題（過去に出題された分野）

● 2014年度から数年間だけ出題されていた分野。近年は出題が確認されていない
● 「空欄補充（適文・適語）」（P.152）「空欄補充（三文完成）」（P.158）を見ておこう

長文の空欄補充の参考問題

【a】の文章を読み、これを受けた【b】の文中の 　　　　 に入る語句を、指定された文字数で答えなさい。

> 【a】パンには発酵パンと無発酵パンがある。発酵パンはパンの生地に酵母を加えて発酵させてから焼いたもので、無発酵パンは酵母を加えずに焼いたものだ。発酵パンが作られるようになった経緯には諸説あるが、麦と水を練ったものを放置していたところに天然の酵母が取りついて自然発酵し、これを焼いてみたことがきっかけという。現在のパンに近い発酵パンが発明されたのは古代エジプトといわれている。ギリシャ・ローマでも、中世ヨーロッパでも天然酵母を加えた発酵パンが焼かれてきたが、質が安定しなかった。19世紀以降の人工酵母の登場により、安定した質のパンが大量生産できるようになった。
>
> 【b】発酵パンと無発酵パンの大きな違いは生地を焼く前に 　(1)　 させるかどうかである。発酵には 　(2)　 酵母が使われてきたが、安定した質のパンが大量生産できるようになるまでには、人工酵母の登場を 　(3)　 。

(1) 　　　　　　（5文字以内）　　(2) 　　　　　　（5文字以内）
(3) 　　　　　　　　（10文字以内）

(1) 【a】は発酵パンと無発酵パンを説明した文章で、【b】はその要約。発酵パンは「生地に酵母を加えて発酵させてから焼いたもの」、無発酵パンは「酵母を加えずに焼いたもの」。両者の違いは、焼く前に発酵させるかどうか。適切な言葉は「発酵」。

(2) 【a】では、「ギリシャ・ローマでも、中世ヨーロッパでも天然酵母を加えた発酵パンが焼かれてきた」とある。適切な言葉は「天然」。

(3) 【b】の末尾の文は、【a】の「人工酵母の登場により、安定した質のパンが大量生産できるようになった」の言い換え。「○になるまでには、△の登場を」によく使われ

る結びで、10文字以内で収まるものは、「待つ必要があった」（8文字）。

※10文字以内であれば、「待たねばならなかった」（10文字）などでもかまわない。

正解	(1) 発酵　(2) 天然　(3) 待つ必要があった

2つの文章の空欄補充の参考問題

AからEの中から最もつながりのよいものを1つずつ選び、以下の2つの文を完成させなさい。ただし、同じ選択肢は重複して使ってはいけません。

(1) ジャガイモは一年中収穫できるような作物ではないが、インディオの人々は [　　　]。

(2) インカ帝国の人々がジャガイモを主食にしていたのは、[　　　]。

A　スペインにジャガイモを持ち込んでそこからヨーロッパ中に普及させることだった

B　フリーズドライという凍らせてから乾燥させる方法を活用していた

C　他に作物がなくそれしか食べるものがないという状況は危険性が高かった

D　ヨーロッパでも地域によってはジャガイモの栽培に適していない場所があった

E　気温が低く乾燥した南米の高地での栽培に向いていたからだった

(1) ジャガイモの「一年中収穫できるような作物ではない」という性質に関係があることで、「インディオの人々」がしていたことが空欄に入る。A、Dはヨーロッパに関することで、性質とは直接関係しない。CとEは文の意味が通らない。Bは、一年中収穫できない、だからフリーズドライという保存方法を活用していたという意味になり、適切。

(2) B以外の選択肢から選ぶ。A、C、Dは文の意味が通らない。Eの「からだった」で終わる文を「ジャガイモを主食にしていたのは」の後ろにつなげると、「南米の高地での栽培に向いていた」ことが、インカ帝国の人々がジャガイモを主食にしていた理由となり、適切。

正解	(1) B　(2) E

言語　模擬テスト

※実物は、言語と非言語で合わせて35分、問題数は回答状況によって異なる

---

1 以下の5つの熟語の成り立ち方として当てはまるものを、AからDの中から1つずつ選びなさい。

(1) 優良　　(2) 昇降　　(3) 加筆　　(4) 大海　　(5) 新鮮

A　似た意味を持つ漢字を重ねる　　B　反対の意味を持つ漢字を重ねる　　C　前の漢字が後の漢字を修飾する　　D　A～Cのどれにも当てはまらない

---

2 以下の5つの熟語の成り立ち方として当てはまるものを、AからDの中から1つずつ選びなさい。

(1) 善悪　　(2) 雷鳴　　(3) 失速　　(4) 祝宴　　(5) 発熱

A　反対の意味を持つ漢字を重ねる　　B　前の漢字が後の漢字を修飾する　　C　動詞の後に目的語をおく　　D　A～Cのどれにも当てはまらない

---

3 以下の5つの熟語の成り立ち方として当てはまるものを、AからDの中から1つずつ選びなさい。

(1) 硬貨　　(2) 拾得　　(3) 労使　　(4) 氷解　　(5) 洋画

A　似た意味をもつ漢字を重ねる　　B　主語と述語の関係にある　　C　前の漢字が後の漢字を修飾する　　D　A～Cのどれにも当てはまらない

---

4 AからEの中から最もつながりのよいものを1つずつ選び、以下の3つの文を完成させなさい。ただし、同じ選択肢は重複して使ってはいけません。

(1) 食品は、ぱっと見ただけでは品質を判断しづらいため、　　　　　。

(2) 家事の中で裁縫は習得に時間がかかるが、　　　　　。

(3) 人の味覚は子ども時代からの習慣によって作られるので、　　　　　。

A 成長にあたって家庭などでの食事体験が大事だと言われている

B 郷土料理になじみのない若者が増えている

C 料理は比較的容易に習得できる

D 同じ料理でも店によって味や価格に違いが出る

E 広告や食品会社のブランド力が売れ行きに大きな影響を与える

---

5 AからEの中から最もつながりのよいものを1つずつ選び、以下の3つの文を完成させなさい。ただし、同じ選択肢は重複して使ってはいけません。

(1) ⬚⬚⬚⬚ 、企業はその分の雇用を増やさなくてもやっていける。

(2) ⬚⬚⬚⬚ 、だんらんや余暇に使える時間的な余裕はそれだけ少なくなる。

(3) ⬚⬚⬚⬚ 、個人の問題を超えて社会のありかたにまで関係する。

A 長い時間働くかそうでない働き方をするかという選択は

B 1人あたりの労働時間を長くすることができれば

C 労働時間を短くすることによって

D 残業時間を長くしたり短くしたりすることによって

E 長時間労働をすれば収入は増えるかもしれないが

---

6 AからEの中から最もつながりのよいものを1つずつ選び、以下の3つの文を完成させなさい。ただし、同じ選択肢は重複して使ってはいけません。

(1) 航空宇宙産業は高い山の頂が引き合いに出されるように、⬚⬚⬚⬚ 。

(2) アルミは軽いが腐食しやすく弁当箱でさえもすぐに壊れたものだが、⬚⬚⬚⬚ 。

(3) かなりのスピードで走っていてもブレーキが利く自動車のシステムは、⬚⬚⬚⬚ 。

A 住宅の窓に使われるアルミサッシといった建材にまつわる産業に応用された

B 多くが航空機の制動に関する技術を転用したものである

C 航空機の開発を契機に、耐久性が高められた材料として再登場した

D 新幹線のブレーキ装置にも戦闘機を製造するための技術が使われている

E エンジンをはじめ山の裾野に展開する多種多様な産業が存在する

7 文中のアからエの空欄に、AからDの語句を入れて文を完成させる場合、最も適切な組み合わせを答えなさい。

車のドアに触れたときに起こる静電気による感電は

| ア | イ | ウ | エ |

現象である。

A　静電気が瞬時に　　B　体にたまっていた　　C　ドアを通じて流れる

D　ドアにではなく

8 文中のアからエの空欄に、AからDの語句を入れて文を完成させる場合、最も適切な組み合わせを答えなさい。

この国に、世界を動かした思想家や

| ア | イ | ウ | エ |

ことである。

A　何度も指摘されてきた　　B　英雄が輩出しなかったことは　　C　強烈な個性を発揮した　　D　国内外から

9 文中のアからエの空欄に、AからDの語句を入れて文を完成させる場合、最も適切な組み合わせを答えなさい。

「コンコルド効果」とは

| ア | イ | ウ | エ |

失敗してしまうことである。

A　せっかくこれまでに　　B　途中でやめることを　　C　多大な金銭や時間を投じたのだからと　　D　決断できなかった結果として

10 文中のアからエの空欄に、AからDの語句を入れて文を完成させる場合、最も適切な組み合わせを答えなさい。

習得が困難な

| ア | イ | ウ | エ |

普通である。

A　反映した価格が設定されるのが　　B　製品やサービスほど　　C　技術が要求される　　D　その技術を持つ人の希少性を

11　文中のア、イ、ウの空欄に入る最も適切な語をAからCの中から1つずつ選びなさい。ただし、それぞれの語は1ヵ所のみ用いるものとします。

深海には350℃もの熱水を噴き出すチムニー（煙突）と呼ばれる　ア　火山の吹き出し口があり、この近くに棲む細菌は100℃の高温を好み、　イ　している。これらの菌は太古に　ウ　・高圧・無酸素状態の地球で初めて誕生した生物である可能性を持っている。

A　高温　　B　海底　　C　生息

12　文中のア、イ、ウの空欄に入る最も適切な語をAからCの中から1つずつ選びなさい。ただし、それぞれの語は1ヵ所のみ用いるものとします。

臨床試験とは、新しい医薬品が使用・販売の　ア　を受けるために、その有効性と安全性を確認する目的で人間を対象に行われる　イ　のことで、　ウ　ともいう。

A　実験　　B　承認　　C　治験

13　文中のア、イ、ウの空欄に入る最も適切な語をAからCの中から1つずつ選びなさい。ただし、それぞれの語は1ヵ所のみ用いるものとします。

衣服は社会の秩序や仕組みを維持するためのものとして　ア　するといえるだろう。過去の日本の歴史においても、為政者が衣服に関してルールを定め、被治者に　イ　することで、一定の秩序や仕組みの強固さを　ウ　することが行われてきた。

A　強制　　B　可視化　　C　機能

以下の文を読んで、問いに答えなさい。この問題は3問組です。

> 写真の出現以来、それとどう対峙（たいじ）するかは、画家の重要な試金石だった。アカデミーにはアカデミーの、印象派には印象派の、写真への対し方があった。それなしには、画家は絵筆を取り得なかった。写真は絵画を侵食しに来たのではない、解放しにやって来たのだとピカソは言う。これによって、あらゆる絵描きが [＿＿＿＿] を取り戻した。取り戻した、と彼が言うのは、もともと絵を描くことは、自由な行為だったからである。【A】誰もが〈そっくり〉だと思う似姿を遠近法に従って描く義務、そのやり方で聖書や歴史事件の一場面を描く義務、そんなものは画家にはない。【B】けれども、この解放は、もとの自由を画家に取り戻させたのではないだろう。【C】絵画の自由は、写真以後、むしろまったく新たな問題として画家たちを襲ったのである。【D】地域を問わず、それまではどんな絵画もその時代に自明な何物かを描いてきた。ラスコー壁画の動物も宋元画の山水も、誰もが知っているあの物、この物について描いてきたのである。そういう歴史が、二十世紀絵画において一挙に崩れ去った。
>
> （『絵画の二十世紀』前田英樹、日本放送出版協会）

14 次の1文を挿入するのに最も適切な場所を、文中の【A】から【D】から選びなさい。

　　そういうふうに描かなければ、喰えない時代がしばらく続いたというまでである。

　　A 【A】　　B 【B】　　C 【C】　　D 【D】

15 文中の空欄 [＿＿＿＿] に入る語句を、文中から5文字以内で抜き出しなさい。

16 文中で述べられていることから判断して、次のア、イの正誤を答えなさい。

　　　ア　二十世紀絵画では、何を描くかということが画家にとって新しい問題となった
　　　イ　写真の出現後、画家は自由に絵を描くことができなくなった

　　A　アもイも正しい　　B　アは正しいがイは誤り　　C　アは誤りだがイは正しい
　　D　アもイも誤り

以下の文を読んで、問いに答えなさい。この問題は3問組です。

　　人類は、産業社会の中で、どのように「労働」したらいいのかのノウハウを教え・教わるシステムを相当程度に蓄積してきた。【A】ところが、高度産業社会、高度消費社会、モラトリアム社会のなかで、非労働時間をどのように生きたらいいのかのノウハウをほとんど蓄積してきていないのである。【B】存在するのは、もっぱら、消費関連産業が用意したシステムだけである。もちろん、このシステムの充実・整備は重要である。しかし、もっとも重要なのは、諸個人が自分独自の生活スタイルを創造的に開発することである。【C】したがって、一個の自立した生活者になるためにこそ、大学でも、否、大学でこそ、職業に直結しない「教養」（リベラル・アーツ）教育が必要になるのである。【D】「教養」（リベラル・アーツ　liberal arts）とは、語源的には、下層階級に特有の技術や仕事とは異なる、独立した資産と安定した地位をもつ _____ な階級にふさわしい「学芸」を意味した。ここで、学芸は、今日の産業が必要とするような知や技術につながる内容をもっていたが、当時は、生産・労働に直結しない、純然たる生活をエンジョイするためのアーツ（知と技術）であった。

（『新・学問のすすめ』鷲田小彌太、マガジンハウス）

17 次の1文を挿入するのに最も適切な場所を、文中の【A】から【D】から選びなさい。
　　そうでなければ、消費産業が準備したシステムの利用者であることにとどまる。
　A　【A】　　B　【B】　　C　【C】　　D　【D】

18 文中の空欄 _____ に入る語句として適切なのは、次のうちどれか。
　A　労働的　　B　特権的　　C　技術的　　D　職業的

19 文中で述べられていることから判断して、次のア、イの正誤を答えなさい。
　　ア　消費関連産業が用意したシステムは、諸個人に独自の生活スタイルを提供している
　　イ　「教養（リベラル・アーツ）」は、語源的には生産・労働に直結しない知と技術を意味する
　A　アもイも正しい　　B　アは正しいがイは誤り　　C　アは誤りだがイは正しい
　D　アもイも誤り

20 文中の空欄に入る最も適切な語句をAからDの中から1つ選びなさい。

みんなでイチゴやミカンを食べるとき、1人が多くを取れば他の人の取り分は減る。し
かし、科学的な知識は競合しない価値であり、□□□□□。素粒子理論やアインシュタ
インの相対性理論を用いても、別の人も同じようにその知識を活用することができる
し、むしろ知識はより広く共有されてこそ強さを発揮するのだ。

A　誰かが使用すると他の誰かの使用が妨げられてしまう　　B　科学者どうしが協力し合
わなければ科学は発達しない　　C　科学者は他には目もくれずに1つの研究に専念する
ことが望ましい　　D　誰かが使用することで他の誰かの使用が妨げられることはない

---

21 文中の空欄に入る最も適切な語句をAからDの中から1つ選びなさい。

多くの人が大雪山を「北の大地」北海道を象徴する山だと思っている。確かに北海道
の象徴ではあるが、□□□□□山の名である。実は、北海道中央部にある火山群の総称
が大雪山で、熊本の阿蘇山と似たような事情である。

A　寒冷な地方にはふさわしくない　　B　珍しい植物の宝庫である

C　1つの山としては存在しない　　D　広く一般に知られている

---

22 文中の空欄に入る最も適切な語句をAからDの中から1つ選びなさい。

自己や人間こそが中心にあり、その他はすべて自分の外側にある客観的な対象にすぎ
ないとする考えが西欧の思想にはある。自己や人間以外の位置は低いところにあるの
だから、□□□□□とは考えないのである。したがって、日本人と西欧人とでは、自然
への感情移入において大きな隔たりがあるといわざるをえない。

A　人間が自然を征服する　　B　自然も神の創造物の1つである　　C　人間と自然
が感情を共にする　　D　自然と人間は相いれない

---

23 文中の空欄に入る最も適切な語句をAからDの中から1つ選びなさい。

「純粋な文化」などというものは、ありえない存在である。地球上の文化はすべから
く□□□□□ もので、近代文明の影響が及ばない隔絶された地域でも、そこの人々は近
隣から違う文化の影響を受けているのだ。

A　複雑化し混じり合う　　B　一時期は発展してもいずれ衰退する　　C　だんだん
と画一化していく　　D　弱肉強食を繰り返す

言語　模擬テスト

解説と正解

※言葉の定義は『大辞林第三版』（三省堂）から引用しました。

1

(1) 「優良」は分解して「優れている」「良い」と読むことができる。「似た意味を持つ漢字を重ねる」関係。

(2) 「昇」と「降」は反対の意味。「反対の意味を持つ漢字を重ねる」関係。

(3) 「加」が動詞、「筆」が目的語の働きをしている。「筆を加える」と読むことができる。「動詞の後に目的語をおく」関係だが、選択肢にない。「A〜Cのどれにも当てはまらない」。

(4) 「大」が「海」を説明する働きをしている。「前の漢字が後の漢字を修飾する」関係。

(5) 「新鮮」の「鮮」には「新しい」という意味がある。「似た意味を持つ漢字を重ねる」関係。

正解	(1) A　(2) B　(3) D　(4) C　(5) A

2

(1) 「善」と「悪」は反対の意味。「反対の意味を持つ漢字を重ねる」関係。

(2) 「雷」が主語、「鳴」が述語の働きをしている。「雷が鳴る」と読むことができる。「主語と述語の関係にある」だが、選択肢にない。「A〜Cのどれにも当てはまらない」。

(3) 「失」が動詞、「速」が目的語の働きをしている。「速さを失う」と読むことができる。「動詞の後に目的語をおく」関係。

(4) 「祝」が「宴」を説明する働きをしている。「祝いの宴」と読むことができる。「前の漢字が後の漢字を修飾する」関係。

(5) 「発」が動詞、「熱」が目的語の働きをしている。「熱を発する」と読むことができる。「動詞の後に目的語をおく」関係。

正解　(1) A (2) D (3) C (4) B (5) C

3

(1) 「硬」が「貨」を説明する働きをしている。「前の漢字が後の漢字を修飾する」関係。

(2) 「拾得」は分解して「拾う」「得る」と読むことができる。「似た意味を持つ漢字を重ねる」関係。

(3) 「労使」は「労働者と使用者」という意味。「反対の意味を持つ漢字を重ねる」関係だが、選択肢にない。「A〜Cのどれにも当てはまらない」。

(4) 「氷解」は「氷」が主語、「解」が述語の働きをしている。「氷が解ける」と読むことができる。「主語と述語の関係にある」。「氷解」は「氷がとけるように、疑いやうらみの気持ちなどがなくなること」という意味。

(5) 「洋」が「画」を説明する働きをしている。「(西)洋の画」と読むことができる。「前の漢字が後の漢字を修飾する」関係。

正解　(1) C (2) A (3) D (4) B (5) C

4

(1) 空欄に入るのは、食品が外見から品質を判断しづらいときに、どのようなことが起きるか。当てはまるのは、広告や食品会社のブランドの影響力について述べた**E**。

(2) 「習得」という内容から、家事の習得について裁縫と料理の対比になる**C**が適切。

(3) 残りの選択肢は**A**、**B**、**D**。空欄には、人の味覚の形成に関係する内容が入る。設問文に「子ども時代からの習慣」とあることから、「家庭などでの食事体験が大事」とある**A**が適切。

正解　(1) E (2) C (3) A

5

(1) 空欄には、企業が雇用を増やさなくて済む方法について述べたものが当てはまる。「1人あたりの労働時間を長くする」とあるBが適切。

(2) 家族のだんらんや余暇に使う時間が少なくなる原因は、働く時間が長くなること。当てはまるのは「長時間労働をすれば」とあるE。

(3) 残りの選択肢はA、C、D。(1)(2)では、長時間労働について、企業側の都合と労働者側のメリットとデメリットが述べられていた。この設問文はそれらを受けた文。長時間労働をするかどうかが、社会のありかたに関係するという文になるAが適切。

正解	(1) B (2) E (3) A

6

(1) 航空宇宙産業についての文。「高い山の頂」の対比となる「山の裾野に展開する」という表現があるEが適切。

(2) 空欄の直前に「すぐに壊れたものだが」と逆接の言葉があるので、空欄には壊れやすいこととは反対の内容が入ることが推測できる。当てはまるのは、「耐久性が高められた材料として再登場した」とあるC。

(3) 残りの選択肢はA、B、D。設問文の「ブレーキが利く」に関連する選択肢は「航空機の制動」とあるBと、「新幹線のブレーキ装置」とあるD。Bをつなげると、自動車のシステムが航空機の制動に関する技術を転用したという文になり、意味が通る。Dはつなげても意味が通らない。

正解	(1) E (2) C (3) B

7 文頭の「感電は」につながりそうな選択肢は複数ある。文末の「現象である」につながって意味が通るのは、Cの「ドアを通じて流れる」(?→?→?→C)。Cの前に入りそうなのはAだが、つながるだけならDもあるので保留。C以外の選択肢でつながりを考える。Aの「静電気」の前に入るのはBの「体にたまっていた」(B→A)。これをCの前に入れると、静電気が流れる仕組みの説明として適切

（B→A→C）。残りのDはCの前では意味が通らない。「ア」なら通る。
（D→B→A→C）。

正解　　（ア）D（イ）B（ウ）A（エ）C

8 文頭、文末ともにつながりそうな選択肢は複数ある。選択肢どうしでつながりを考える。「指摘されてきた」とあるAの前には、D「国内外から」が入る（D→A）。また、Bの「英雄が輩出しなかったことは」の前に入って意味が通るのはCの「強烈な個性を発揮した」（C→B）。ここまでわかった2つのつながりのうち、文末の「ことである」の前に入って意味が通るのはD→A（？→？→D→A）。残りのC→Bは「ア」「イ」に入る（C→B→D→A）。

正解　　（ア）C（イ）B（ウ）D（エ）A

9 文頭、文末ともにつながりそうな選択肢は複数ある。選択肢どうしでつながりを考える。Aの「せっかく」には、これを受ける形になるCの「多大な金銭や時間を投じたのだからと」が続く（A→C）。また、Dの「決断できなかった」の前に、「やめることを」とあるB（B→D）がつながる。2つのつながりのうち、文末の「失敗してしまうことである」の前に入って意味が通るのはB→D（？→？→B→D）。残りのA→Cは「ア」「イ」に入る（A→C→B→D）。

正解　　（ア）A（イ）C（ウ）B（エ）D

10 文頭、文末ともにつながりそうな選択肢は複数ある。選択肢どうしでつながりを考える。「技術を持つ人の希少性を」とあるDに続くのは「反映した」とあるA（D→A）。これを文末の「普通である」の前に入れると意味が通る（？→？→D→A）。残りのBとCは、B→Cだと以降の文にうまくつながらない。C→Bなら全体の意味が通る（C→B→D→A）。

正解　　（ア）C（イ）B（ウ）D（エ）A

11 「ア」の「火山」の前に入って「〇〇火山」という名称になるのはBの「海底」。Aの「高温」、Cの「生息」のうち、「イ」の「している」の前に入れて意味が通るのは「生息」。残りの「高温」は「ウ」に入る。

12 設問文は「臨床試験」の説明（定義）。「ア」を含む文で、新しい医薬品が、使用・販売のために受けるのはBの「承認」。

「イ」「ウ」にはAの「実験」とCの「治験」が入る。「イ」の前後の「人間を対象に行われる」「のことで」から、「イ」には、「実験」「治験」のうち、より平易な言葉の「実験」が入る。残りの「ウ」には「人間を対象に行われる実験」の名称である「治験」が入る。

正解 （ア）B （イ）A （ウ）C

13 Aの「強制」、Bの「可視化」、Cの「機能」のうち、為政者が被治者に対して「すること」は「強制」。これが「イ」に入る。

「ア」「ウ」にはBとCが入る。「ウ」の前後の「仕組みの強固さを」「すること」から、当てはまるのは「可視化」。残りの「ア」には「機能」が入る。

正解 （ア）C （イ）A （ウ）B

14 挿入する文から、「過去の時代では、喰うために必要な描き方があった」ことがわかる。画家の描き方について述べているのは、【A】の次の「誰もが〈そっくり〉だと思う似姿を遠近法に従って描く義務、そのやり方で聖書や歴史事件の一場面を描く義務」（5～7行目）。この文の終わりの【B】に挿入する文をつなげると、「そういう（ふう）」という指示語が、【B】の前で述べられている過去の描き方を指していることがわかる。

正解 B

15 空欄を含む文章の「これ」が指す内容は、写真が絵画を解放したこと。空欄に入るのは、写真によって解放されたことで、かつ、絵画が取り戻したもの。当てはまる内容は、その次の文の「もともと絵を描くことは、自由な行為だった」（5行目）。空欄に「自由」と入れてみると、3～5行目が、絵を描くことはもともと自由な行為であり、写真が絵画を解放したことで画家がその自由を取り戻した、という文になり、適切。

正解 自由

16 ㋐「絵画の自由は、写真以後、むしろまったく新たな問題として画家たちを襲ったのである」（8〜9行目）以降では、「何を描くか」という前提が崩れたことが述べられている。ここから、「何を描くか」が新たな問題として画家たちを襲ったことがわかる。正しい。

✗ **15** で見たように、写真の登場によって絵画は自由を取り戻した。さらに、アで見たように、「何を描くか」という自由さゆえの「新たな問題」が発生した。自由に絵を描くことができなくなったわけではない。誤り。

正解　**B**

17 挿入する文の「消費産業が準備したシステム」とほぼ同じ内容が4〜5行目（消費関連産業が用意したシステム）にある。その2文後に「もっとも重要なのは、諸個人が自分独自の生活スタイルを創造的に開発すること」（5〜6行目）とあり、挿入する文の「システムの利用者であることにとどまる」と反対の内容であることに注目する。挿入する文を【C】に入れると、自分独自の生活スタイルを創造的に開発しない限りは利用者であることにとどまる、という内容の文になり、適切。

正解　**C**

18 空欄を含む文の前半では「下層階級に特有の技術や仕事とは異なる」とあることから、空欄には「下層階級」との対比になる言葉が入ることが推測できる。当てはまるのは「特権的」。

正解　**B**

19 ✗ **17** で見たように、消費関連産業が用意したシステムは、自分独自の生活スタイルを持たない場合に利用する存在。誤り。

㋑「教養（リベラル・アーツ）」の定義は8〜11行目で述べられている。「学芸」を意味するが、その「学芸」は「生産・労働に直結しない、純然たる生活をエンジョイするためのアーツ（知と技術）」（12〜13行目）。正しい。

正解　**C**

20 設問文の2文目は「しかし」で始まっている。以降の内容は1文目とは反対の内容であることが推測できる。

> ・イチゴやミカンは**1人が多くを取れば他の人の取り分は減る**
> 　　　　　　　　　　　　　　　　　↕ **反対の内容**
> ・科学的な知識は**競合しない価値であり**、[　　　]。

「競合しない価値」は、イチゴやミカンで例えるなら「1人が多くを取っても、他の人の取り分が減らない」価値。空欄には、これを言い換えた**D**が当てはまる。

正解	D

21 空欄を含む文の次に「実は、北海道中央部にある火山群の総称が大雪山」とある。「火山群」という表現から、大雪山は複数の火山が集まったものの全体を指す名前であることがわかる。これを言い換えたのが「1つの山としては存在しない」。

正解	C

22 3文目の「したがって」以下が結論。「隔たりがある」というのは、「自然への感情移入」が西欧と日本とでは違うということ。空欄を含む文章は「とは考えないのである」とある。空欄に入るのは、「自然への感情移入」のことで、なおかつ「自己や人間こそが中心」「自己や人間以外の位置は低い」と書かれている西欧の思想とは違うもの。当てはまるのは「人間と自然が感情を共にする」。

正解	C

23 空欄の直前の「すべからく」とは、「当然」という意味。
1文目では、「『純粋な文化』などというものは、ありえない」と主旨が端的に述べられている。この主旨の具体例が、空欄を含む文の後半で述べられている「隔絶された地域でも、そこの人々は近隣から違う文化の影響を受けている」。これを短く言い換えた「複雑化し混じり合う」が空欄に入る。

正解	A

WEBテスティング
性格テストの概要

🔴 企業の風土や職務内容に受検者が適しているか診断する

　WEBテスティングの性格検査は、企業の風土や職務内容に、受検者がどの程度、適**しているかを客観的に診断するための検査**です。大きく分けて以下の3つの項目で診断をします。

・職務適応性

「多くの人と接する仕事」など、さまざまな特徴を持つ職務に対して、受検者がどの程度適しているかを診断します。

・組織適応性

「創造（重視風土）」などの組織風土に対して、受検者がどの程度適しているかを診断します。

・性格特徴

受検者の性格にどのような傾向があるかを、行動、意欲、情緒、社会関係の4つの側面で診断します。

🔴 性格テストの構成

	質問数	制限時間
第1部	約90問	約12分
第2部	約130問	約13分
第3部	約70問	約11分

※質問数や制限時間は異なることもあります。正確な質問数と制限時間は、性格検査を受検する前の画面で確認できます。

◼️◯ 性格検査　第1部

第1部は、左右で組になった質問文に対する回答を選びます。

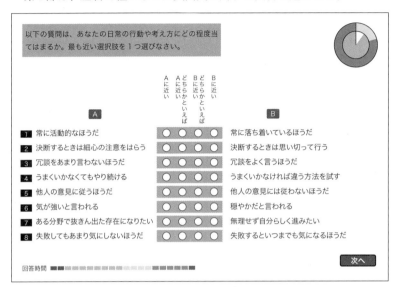

◼️◯ 性格検査　第2部

第2部は、1つの質問文に対してどの程度当てはまるかを選びます。

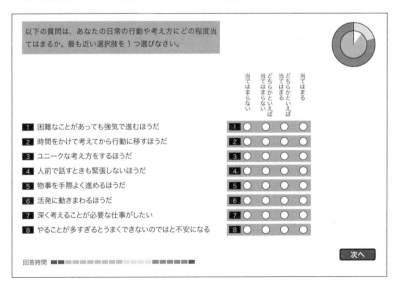

● 性格検査　第3部

第3部は、第1部と同じ形式です。

以下の質問は、あなたの日常の行動や考え方にどの程度当てはまるか。最も近い選択肢を1つ選びなさい。

	A	Aに近い	Aに近いどちらかといえば	Bに近いどちらかといえば	Bに近い	B
1	自分のやり方をたとえれば長距離ランナーだ	○	○	○	○	自分のやり方をたとえれば短距離ランナーだ
2	物事を素早く判断するほうだ	○	○	○	○	物事を判断するのに時間をかけるほうだ
3	休日は家でゆっくりするほうだ	○	○	○	○	休日は外出するほうだ
4	他人のためになることをしたい	○	○	○	○	自分の成長に結びつくことがしたい
5	全体をおおざっぱに理解する	○	○	○	○	細かい部分まで念入りに確認する
6	感情を顔に出すほうだ	○	○	○	○	感情を顔に出さないほうだ
7	他人との対立を避けるほうだ	○	○	○	○	他人との対立をいとわないほうだ
8	あることで数日間も悩むことがある	○	○	○	○	悩むことはあまりない

回答時間　■■■■■■■■■■■■■■■■■■　　次へ

WEBテスティングの報告書について

　WEBテスティングを受検した結果は、「報告書」として企業に届きます。WEBテスティングの報告書には、基礎能力検査などの得点のほか、性格検査の診断結果（職務や組織への適応性、どのような性格特徴があるかなど）が表示されます。

　2018年1月に報告書がリニューアルされ、レイアウトの変更や、「職務適応性」の各タイプの名称変更などが行われました。本書194ページの「尺度一覧」の「職務適応性」では、変更後の名称を記載します。なお、今回のリニューアルで、基礎能力検査や性格検査の出題内容に変更はありません。

WEBテスティング 性格テストの攻略法

■ 全問回答を心がけよう

　WEBテスティングの性格検査は全問回答を前提に診断されます。質問数が多く、答えきれないことがあるかもしれませんが、**なるべく全問に回答することを心がけましょう**。未回答があまりにも多いと、正しい診断結果が出ません。

　また、**画面ごとの制限時間にも注意**しましょう。制限時間を過ぎると、未回答の質問が残っていても自動的に次の画面に切り替わってしまいます。あまり考え込まずにスピーディーに回答することを心がけましょう。

■ 企業が求める人物像を知ろう

　企業が応募者に求める人物像は、企業ごと、また職種ごとに違います。ですから、企業は応募者が自社の風土や職務内容に適しているかを重視します。企業にとって、WEBテスティングの性格検査は、こうした観点から応募者を客観的に判断するための重要なツールなのです。

　受検者にとって大事なのは、自分がその企業の風土や職務内容に合っているかどうかを知ることです。まずは、応募企業が求める人物像を知ることから始めましょう。研究を進めて理解が深まれば、性格検査の質問に対してどう答えればよいのか、推測できるようになってきます。

　志望企業を絞り込んでいないときは、逆に「自分はどんな企業で働きたいのか」「どのような職種につきたいのか」を考えることから始めましょう。WEBテスティングの性格検査対策は、「適社・適職探し」につながるのです。

WEBテスティング 性格テストの【回答法と尺度】

● 性格検査の質問文と尺度

性格検査の質問文はそれぞれ、尺度に基づいています。尺度とは、受検者の性格傾向などを測定するための切り口（測定基準）のことで、その性格傾向などについて強い傾向が現れたときは尺度が高くなり、逆の場合は尺度は低くなります。

1つの尺度を測るための質問文は複数あります。回答するときは、「この質問文が何の尺度を測るものなのか」を推測することが大切です。

※性格検査の尺度と、尺度が測定する内容は194ページを参照。

● 第1部、第3部ではこう回答する

性格検査の第1部と第3部では、尺度を測定する質問文が左右で組になって出題されます。4つの選択肢から1つを選択することで、尺度の高低がつけられます。自分が質問文のどちらに当てはまるかを考えて回答しましょう。

■性格検査　第1部の質問例

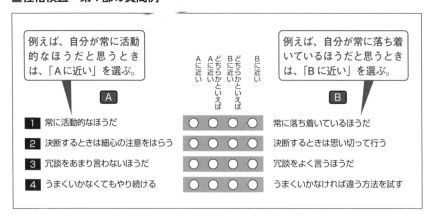

●第2部ではこう回答する

性格検査の第2部では、1つの質問文に対して、4つの選択肢から回答を選択します。

質問文に対して、「当てはまる」「どちらかといえば当てはまる」を選択すると、その質問文の尺度は高くなります。逆に、「当てはまらない」「どちらかといえば当てはまらない」を選択すると、その質問文の尺度は低くなります。

■性格検査　第2部の質問例

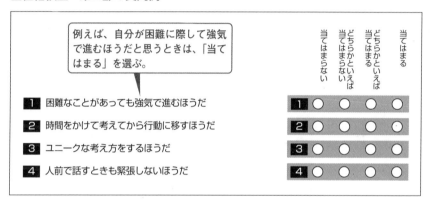

例えば、自分が困難に際して強気で進むほうだと思うときは、「当てはまる」を選ぶ。

1　困難なことがあっても強気で進むほうだ

2　時間をかけて考えてから行動に移すほうだ

3　ユニークな考え方をするほうだ

4　人前で話すときも緊張しないほうだ

当てはまらない

どちらかといえば当てはまらない

どちらかといえば当てはまる

当てはまる

◗ 尺度一覧① 職務適応性　※2018年1月にリニューアル

14タイプの職務について、受検者がどの程度適しているかが診断されます。

職務適応性のタイプ	どんな職務か
関係構築	多くの人と接する仕事
交渉・折衝	人との折衝・交渉が多い仕事
リーダーシップ	リーダーとして集団を統率する仕事
チームワーク	周囲と協調・協力して進める仕事
サポート	人に気を配ったり、人のサポートをする仕事
フットワーク	フットワークよく進める仕事
スピード対応	スピーディーに手際よく進める仕事
柔軟対応	計画・予定にはないできごとへの対応が多い仕事
自律的遂行	自分で考え、自律的に進める仕事
プレッシャー耐性	目標達成へのプレッシャーの大きな仕事
着実遂行	粘り強く着実に進める仕事
発想・チャレンジ	まったく新しいことに取り組む仕事
企画構想	新しい企画・アイデアを考え出す仕事
問題分析	複雑な問題を分析する仕事

(SPIノートの会調べ)

◗ 尺度一覧② 組織適応性

4タイプの組織風土について、受検者がどの程度適しているかが診断されます。

組織適応性のタイプ	どんな組織か
創造（重視風土）	・革新的な考えや、創造に対して積極的な組織 ・風通しが良く、積極的に議論をする組織 ・社員が新しいことに挑戦することを受け入れる組織
結果（重視風土）	・各自に高い目標の達成を求める競争的な組織 ・各自の成果・責任が明確な組織 ・合理性を重んじ、意思決定が速い組織
調和（重視風土）	・人の和を重視しつつ、着実に進める組織 ・面倒見がよく、チームプレーを強みとする組織 ・家庭的で温かみのある組織
秩序（重視風土）	・明確なルールに従って、秩序だった意思決定をする組織 ・合理的な判断が強みの組織 ・計画的で、手堅く仕事を進める組織

(SPIノートの会調べ)

■ 尺度一覧③ 性格特徴（社会関係的側面を含む）

　受検者の性格特徴です。その項目について強い傾向が現れたときは尺度が高くなり、逆の場合は尺度は低くなります。

性格特徴の４項目	尺度	測定内容
行動的側面 行動としてあらわれやすい性格特徴を測定。	社会的内向性	対人的に消極的か積極的か
	内省性 <small>ないせいせい</small>	物事を深く考えるかどうか
	身体活動性	体を動かし、気軽に行動するか
	持続性	困難があっても、あきらめずに頑張り抜くか
	慎重性	先行きの見通しをつけながら、慎重に物事を進めるか
意欲的側面 目標の高さやエネルギーの大きさを測定。	達成意欲	大きな目標を持ち、第一人者になることに価値を置くか
	活動意欲	行動や判断が機敏で意欲的か
情緒的側面 行動にあらわれづらい性格特徴を測定。	敏感性	神経質で、周囲に敏感か
	自責性	不安を感じたり、悲観的になりやすいか
	気分性	気分に左右されやすく、感情が表にあらわれやすいか
	独自性	独自の物の見方・考え方を大切にするか
	自信性	自尊心が強く、強気か
	高揚性	調子がよく、楽天的か
社会関係的側面 周囲の人と関わりあう際の特徴を測定。厳しい状況であらわれやすい。	従順性	他人の意見に従うか
	回避性	他人との対立やリスクを避けるか
	批判性	自分と異なる意見に対して批判的か
	自己尊重性	自分の考えに沿って物事を進めるか
	懐疑思考性	他人との間に距離を置こうとするか

（SPI ノートの会調べ）

■ 「職務適応性」「組織適応性」を参考にしよう

　志望業界や企業、職種などが決まっているときは、その企業や職種が「職務適応性」「組織適応性」のどのタイプに当てはまるのかを確認しておきましょう。企業風土がわからない場合は、4タイプのどれに当てはまるのかが大まかにわかる程度まで研究を進めておきましょう。

　志望業界や企業がまだ決まっていないときは、逆に「職務適応性」「組織適応性」の各タイプを参考に、自分がどんな職業につきたいのか、どんな風土の企業で働きたいのかを考えるとよいでしょう。

SPIの診断項目はどのように変わってきたか

　SPIは、SPI2、SPI3と大きなリニューアルを2度行っています（テストセンターとWEBテスティングはSPI2から登場）。その都度、性格検査では診断項目の増減がありました。

　初期のSPIの性格検査の診断項目は「性格特徴」「性格類型」でした。受検者がどのような性格なのかに焦点を当てて確認するテストといえます。

　SPIは2002年にSPI2にリニューアルします。このとき性格検査に「職務適応性」が追加され、「性格類型」が廃止されました。受検者の性格に加え、仕事に対する適応性を確認する検査になったのです。

　SPI2の登場後、ITの進展やグローバル化など企業を取り巻く環境は変化し、社員に要求される仕事の難易度は高まりました。しかし、企業は以前に比べ、人材育成に時間を割くことが難しくなっています。その結果、若手社員の組織への不適応が大きな問題になりました。これを受けて登場したのがSPI3の新項目「社会関係的側面」「組織適応性」です。これにより、受検者が自分を取り巻く社会や組織にどのような適応性があるかを客観的に確認できるようになりました。

SPI	SPI2 (2002~)	SPI3 (2013~)
性格特徴	性格特徴	性格特徴※
性格類型	職務適応性	職務適応性
		組織適応性

※社会関係的側面が追加

第4部

CUBIC

● ●

■ 採用テスト作成会社 ■
CUBIC

CUBICとは？

●● 多くの企業が実施している「CUBIC」のWebテスト版

CUBICは、CUBIC製のテストです。能力テストと性格テストが出題されます。多くの企業で使われてきた実績のあるテストで、もとはペーパーテストだけでしたが、ここ数年で、Webテストでも実施されるようになりました。Webテストでの実施企業数は年々増えており、要注目のテストだといえます。

●● 5科目の能力テスト＋性格テストの組み合わせ

CUBICの能力テストは5科目あります。それぞれの科目について、難易度や制限時間の違う複数のテストが存在します。実施科目や、どの種類のテストを実施するかは、企業によって異なります。

科目名		問題数	制限時間	詳しい対策
能力	言語	20問	4～10分	P.246
	数理	20問	15～40分	P.201
	論理	20問	15～40分	P.217
	図形	20問	5～15分	P.234
	英語	20問	10～15分	P.256
性格	性格	91問または123問	30分～制限時間なし	P.267

●● どんな問題が出題されるのか

言語（国語に相当）、数理（数学に相当）、英語では、種類によって難易度は違うものの、おおむね中学校や高校までの学習内容から広く浅く出題されます。例えば、言語では空欄補充や並べ換え、長文読解など、英語では空欄補充、言い換え、長文読解などが出題されます。数理では、累乗、n進法、図形の性質などが出題されます。論理、図形では、中学校や高校までの学習内容とは、やや離れた内容が出題されます。例えば、論理では文字列の規則性や推理・推論など、図形では図形の回転や空間把握などの問題が出題されます。

能力テストでは、幅広い分野に柔軟に対応できる力が求められているといえます。性

格テストでは、受検者の資質や特性が、性格、意欲、価値観、社会性などの側面から評価されます。

◼️◯ CUBICの画面

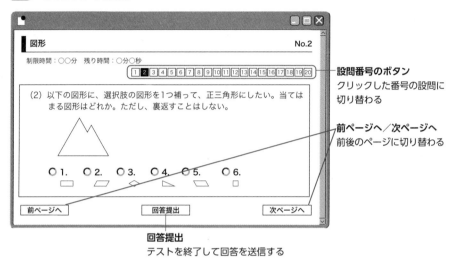

設問番号のボタン
クリックした番号の設問に切り替わる

前ページへ／次ページへ
前後のページに切り替わる

回答提出
テストを終了して回答を送信する

◼️◯ CUBICの動作環境

ブラウザ	Microsoft Edge最新版 Google Chrome最新版 Mozilla Firefox最新版 Safari最新版
ブラウザ設定	ブラウザのCookie、JavaScriptが有効
ディスプレイ解像度	1280×1024以上

※ 動作環境は、受検年度や企業によって変わることがあります。動作環境は、実際の受検時に必ずご確認ください。

CUBICの攻略法

■○ 時間配分を意識する

　CUBICでは、科目やテストの種類を問わず、1問あたりに使える時間が短めです。どの科目でも、時間配分を考えることが大事です。

　受検する科目の制限時間は、テストを受ける前に表示されます。能力テストの問題数は、各科目とも20問ですから、1問あたりに使える時間がどの程度あるかを考えてから、テストを開始するとよいでしょう。

■○ どんな問題が出るのか知っておく

　本書では、言語、数理、論理、図形、英語について、特徴的な問題の分野別解説と、模擬テストを掲載します。どんな問題が出題されるのか、どのように解くのかを経験しておきましょう。不慣れな科目は、一度でも取り組んでおけば、効果が見込めます。

■○ 効率のよい画面操作を

　CUBICは、画面の設問番号のボタンや「前ページへ」「次ページへ」ボタンで問題を行き来することができます。設問を飛ばしたり、あとから戻ってやり直したりすることができるので、これらの機能はぜひ覚えておきましょう。

1 四則計算・n進法

●整数や分数の計算や、10進法から2進法や3進法への変換

例題

1 $(-6^2) \times \dfrac{4}{9} + (-7)^2$ の値はどれか。

1. 33　　2. 26　　3. 14　　4. 65　　5. 49　　6. 30

2 10進法の251を、2進法で表すとどれか。

1. 10000001　　　2. 10001010　　　3. 11001100

4. 11100111　　　5. 11111011　　　6. 11111110

1 累乗は指数の位置に気をつけよう。(-6^2) は「$-(6 \times 6)$」なので-36、$(-7)^2$は「$(-7) \times (-7)$」なので49になる。

$$(-6^2) \times \frac{4}{9} + (-7)^2 \quad \blacktriangleleft \text{累乗を計算}$$

$$= -36 \times \frac{4}{9} + 49 \quad \blacktriangleleft \text{かけ算を計算。} \frac{-36 \times 4}{9} = -16$$

$$= -16 + 49 \quad \blacktriangleleft \text{その後で足し算を計算}$$

$$= 33$$

2 2進法には0と1しかなく、1の次は10に桁が繰り上がる。10進法を2進法にするには、2で割り算して余りを書いていく。割られる数が0になるまで続けて、余りを下から順に並べる。10進法の251は、2進法では「11111011」。

```
2)251        余り
2)125 … 1    ↑
2) 62 … 1
2) 31 … 0
2) 15 … 1
2)  7 … 1
2)  3 … 1    余りを下から
2)  1 … 1    上へと並べると
   0 … 1    11111011
```

> **補足　n進法にするにはnで割る**
> 10進法をn進法にする手順は、2進法以外のときも同じ。例えば、10進法を3進法にするには、3で割り算して余りを書いていく。余りを下から並べると3進法の数字になる。

正解 **1** 1 **2** 5

2 濃度算・速さ

● 食塩水などの濃度や、速さの計算
● 「食塩水の質量×濃度＝食塩の質量」「速さ×時間＝距離」

例題

1 30gの食塩に何gの水を加えれば6%の食塩水になるか。

　　1. 180g　　**2.** 240g　　**3.** 430g　　**4.** 470g　　**5.** 500g　　**6.** 600g

2 一定の速度で進む長さ70mの電車が、Aトンネルに入ってから出るまでに14秒かかり、Bトンネルでは19.6秒かかった。Bトンネルの長さはAトンネルの長さの1.5倍である。Bトンネルの長さは何mか。

　　1. 400m　　**2.** 420m　　**3.** 440m　　**4.** 460m　　**5.** 480m　　**6.** 500m

1 食塩30gが入った6%の食塩水の質量を求めて、そこから食塩30gを引く。

$$\underset{\text{食塩の質量}}{30\text{g}} \div \underset{\text{濃度}}{0.06} = \underset{\text{食塩水の質量}}{500\text{g}}$$

> 「食塩水の質量×濃度＝食塩の質量」の式の形を変えると「食塩の質量÷濃度＝食塩水の質量」

$$\underset{\text{食塩水の質量}}{500\text{g}} - \underset{\text{食塩の質量}}{30\text{g}} = \underset{\text{水の質量}}{470\text{g}}$$

2 トンネルに入ってから出るまでに電車が進んだ距離は「トンネルの長さ＋電車の長さ」。
ここから、トンネルの長さは「電車が進んだ距離－電車の長さ」。

$$\underset{\text{Aトンネルの長さ}}{(14x - 70\text{m})} \times \underset{\text{1.5倍}}{1.5} = \underset{\text{Bトンネルの長さ}}{19.6x - 70\text{m}}$$

$$21x - 105 = 19.6x - 70$$

$$1.4x = 35$$

$$x = \boxed{25} \text{ー電車の速さは25m/秒}$$

> 電車の速さをxm/秒とする。14秒で進んだ距離は14x

電車の速さを、Bトンネルの長さ「19.6x－70」のxに代入。19.6×25－70＝420m

正解	**1** 4	**2** 2

3 面積・体積

●図形の面積や体積の問題。中学校までの知識で解ける問題が多い

例題

1 右の図は、一辺の長さが9cmの正方形ABCDである。

点E、Fはそれぞれ辺AB、CD上にあり、辺AD、辺EF、

辺BCは平行である。また、点Gは、辺AD上にあり、

GD＝DFである。台形GEFDの面積が18cm²のとき、

線分GDの長さは、どれか。

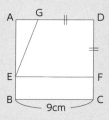

1. 2.0cm　　**2.** 2.5cm　　**3.** 3.0cm　　**4.** 3.2cm　　**5.** 3.5cm　　**6.** 4.2cm

2 1辺が7cmの立方体と、8cmの立方体との、体積の差はどれか。

1. 165cm³　**2.** 166cm³　**3.** 167cm³　**4.** 168cm³　**5.** 169cm³　**6.** 170cm³

---

1 台形の面積は「（上底＋下底）×高さ÷2」。線分GDをxとして方程式を作る。

$$\underset{上底}{(x\text{cm}} + \underset{下底}{9\text{cm})} \times \underset{高さ}{x\text{cm}} \div 2 = \underset{面積}{18\text{cm}^2}$$ ◀ 左辺のかっこを展開。2を右辺に移す

$$x^2 + 9x = 18 \times 2$$ ◀ 右辺の18×2＝36を左辺に移す

$$x^2 + 9x - 36 = 0$$ ◀ 足して9、かけて−36になる数を探す

$$(x + 12)(x - 3) = 0$$ ◀ $(x+12)$なので$x=-12$、$(x-3)$なので$x=3$

$$x = 3, -12$$

線分GDは3.0cm。　　※線分なのでマイナスの値はあり得ない

2 立方体の体積は「縦×横×高さ」。大きいほうから小さいほうを引き算する。

$$\underset{8\text{cmの立方体の体積}}{(8\text{cm} \times 8\text{cm} \times 8\text{cm})} - \underset{7\text{cmの立方体の体積}}{(7\text{cm} \times 7\text{cm} \times 7\text{cm})} = 512 - 343 = \underset{体積の差}{169\text{cm}^3}$$

正解	**1** 3	**2** 5

4 図表の読み取り・増加率

●図表の数値を使った計算や、増加率の計算

例題

1 以下の表は、ある会社のある月の売上高について、C店を基準として、その基準との差を示したものである。C店の売上高は3,817,000円だった。5店の平均売上高はどれか。

	A店	B店	C店	D店	E店
(各店の売上高) － (C店の売上高) 円	97,000	－ 62,000	0	40,000	－ 35,000

1. 3,812,000円　　　2. 3,817,000円　　　3. 3,821,000円

4. 3,825,000円　　　5. 3,829,000円　　　6. 3,832,000円

2 ある生物は3年間で50%、個体数を増やすという。この生物が200体生息しているとき、9年後には何体になるか。

1. 300体　　　2. 450体　　　3. 675体

4. 1013体　　　5. 2278体　　　6. 7689体

1 表の数値の和を求めて5等分すると、「5店の平均売上高と、C店の売上高との差額」。

※5店の実際の売上高を計算するよりも速い。

A店との差　　　B店との差　　　C店との差　　　D店との差　　　E店との差
$(97,000 + (-62,000) + \quad 0 \quad + 40,000 + (-35,000)) \div 5 = 8,000$

5店の平均売上高は、C店の売上高よりも＋8,000円。

C店売上高　　　差額　　　5店の平均売上高
$3,817,000 + 8,000 = 3,825,000$円

2 3年間で50%増えるので3年後には1.5倍。以降も、3年ごとに1.5倍ずつ増える。

3年後　　6年後　　9年後　　9年後の個体数
$200体 \times 1.5 \times 1.5 \times 1.5 = 675$体

正解　　**1** 4　　**2** 3

数理　模擬テスト

1 $46.3 \times 0.5 = 463 \times 50 \times 10^{-x}$ のとき、xの値はどれか。

　　1. 1　　2. 2　　3. 3　　4. 4　　5. 5　　6. 6

2 10進法の200を、3進法で表すとどれか。

　　1. 20201　　2. 21102　　3. 21120　　4. 21201　　5. 20211　　6. 22102

3 50人の中から2人選ぶ方法は何通りあるか。

　　1. 625通り　　　2. 1200通り　　　3. 1225通り

　　4. 1250通り　　　5. 1425通り　　　6. 1500通り

4 1ドル105円のとき、7800円は何ドルか（小数点以下は四捨五入する）。

　　1. 65ドル　　　2. 68ドル　　　3. 71ドル

　　4. 74ドル　　　5. 77ドル　　　6. 81ドル

5 ある正の数xから4を引くと、63をxの3倍で割った数と等しくなる。xの値はどれか。

　　1. 5　　2. 17　　3. 9　　4. 4　　5. 12　　6. 7

6 ある食塩水は、濃度が7％で質量が200gである。この食塩水を2％の濃度にするには、水を何g混ぜればよいか。

　　1. 200g　　2. 300g　　3. 400g　　4. 500g　　5. 600g　　6. 700g

7 ある店では、すべての商品に原価の3割の利益を見込んだ定価をつけている。この店である商品を定価の2割引にして、2860円で売った。この商品の原価はいくらか。

1. 2650円　　　2. 2700円　　　3. 2750円

4. 2800円　　　5. 2850円　　　6. 2900円

縮尺が $\dfrac{1}{2500}$ の地図がある。

8 地図上で、縦4cm、横3cmの長方形の区域は、実際には何m²あるのか。

1. 30m²　　2. 300m²　　3. 600m²　　4. 6000m²　　5. 7500m²　　6. 8000m²

9 10000m²の正方形の区域は、この地図上では1辺が何cmになるか。

1. 0.2cm　　2. 0.4cm　　3. 2cm　　4. 4cm　　5. 20cm　　6. 40cm

10 蛇口をひねると、常に一定の水量が出る水道がある。ある水槽は、この水道を使って水を入れると24分で満水になる。また、満水の状態で栓を抜くと18分で空になる。この水槽が空の状態から、18分水を入れた後、水を止めて栓を抜く。栓を抜いてからどのくらい経過すると、水槽は空になるか。

1. 12分　　　　2. 12分30秒　　3. 13分

4. 13分30秒　　5. 14分　　　　6. 14分30秒

11 リンゴ2個とミカン8個で460円、リンゴ4個とミカン6個で520円のとき、リンゴ1個の値段はいくらか。

1. 40円　　2. 50円　　3. 60円　　4. 70円　　5. 80円　　6. 90円

12 A地点とB地点を結ぶ280mの直線の道がある。A地点に1本目の木を植え、そのあと8mおきに木を植えていくと、B地点まで木は何本必要か。

1. 32本　　2. 33本　　3. 34本　　4. 35本　　5. 36本　　6. 37本

13 ある仕事を60日で仕上げるつもりで28人で取りかかった。しかし、予定期間内に仕上げられないことがわかったため、途中から5人増やしたところ、延べ人数1900人で予定通り60日で仕上げることができた。28人で仕事をしたのは何日間か。ただし、各人の1日あたりの仕事量は同じとする。

1. 15日間　　　2. 16日間　　　3. 17日間

4. 19日間　　　5. 20日間　　　6. 21日間

以下の表は、人口の対前年増加率である。（小数点第2位以下四捨五入）

	A市	B市
2013年	3.7%	8.9%
2014年	4.0%	14.2%
2015年	2.3%	（ア）

14 2014年のA市の人口は74100人であった。2015年のA市の人口はどれか（100人未満は四捨五入すること）。

1. 75100人　　　2. 75400人　　　3. 75800人

4. 76200人　　　5. 77100人　　　6. 78200人

15 B市では、2015年の人口が、2013年の約11%増となった。（ア）はどれか。

1. − 3.6%　　　2. − 2.8%　　　3. − 1.7%

4. 0.9%　　　5. 1.6%　　　6. 2.4%

---

16 線Aと線Bが平行であるとき、xの角度はどれか。

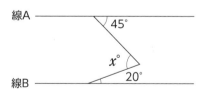

1. 50°　　2. 55°　　3. 60°　　4. 65°　　5. 70°　　6. 75°

17 円柱形のコップで底の円形の半径が4倍になると、コップに入る水の量は何倍か。

1. 4倍　　2. 8倍　　3. 10倍　　4. 12倍　　5. 16倍　　6. 20倍

---

18 A地点からB地点の間を往復するのに、往路は7km/時、復路は14km/時で進んだところ、9時間かかった。A地点からB地点までは何kmあるか。

1. 42km　　2. 28km　　3. 49km　　4. 21km　　5. 35km　　6. 56km

---

19 ある商品の販売価格をa%値上げすると、販売数は0.6a%減少するという。販売価格を8%値上げした場合の売上増の割合は何%か（小数点以下は四捨五入する）。

1. 1%　　2. 2%　　3. 3%　　4. 4%　　5. 5%　　6. 6%

---

20 ある箱に5円玉、10円玉、50円玉、100円玉、500円玉が2枚ずつ計10枚入っている。無作為に2枚だけ取り出すとき、合計金額が150円になる確率はどれだけか。

1. $\dfrac{2}{45}$　　2. $\dfrac{4}{45}$　　3. $\dfrac{2}{25}$　　4. $\dfrac{1}{12}$　　5. $\dfrac{1}{10}$　　6. $\dfrac{2}{5}$

数理　模擬テスト

1 負の指数の問題。左辺と右辺は桁だけが違う数値。桁違いを埋めるために「10^{-x}」をかければよい。

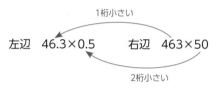

1桁小さい

左辺　46.3×0.5　　右辺　463×50

2桁小さい

●負の指数のおさらい

$10^{-1} = 0.1$　　　$10^{-2} = 0.01$

$10^{-3} = 0.001$　　$10^{-4} = 0.0001 \cdots$

合わせると、左辺のほうが右辺より3桁小さい。「10^{-x}」は、xが1増えるごとに1桁小さい数になる。xの値は3。

正解　3

2 3進法には0、1、2しかなく、2の次は10に桁が繰り上がる。10進法を3進法にするには、3で割り算して余りを書いていく。割られる数が0になるまで続けて、余りを下から順に並べる。10進法の200は、3進法では「21102」。

```
3) 200        余り
3)  66 … 2    ↑
3)  22 … 0
3)   7 … 1    余りを下から
3)   2 … 1    上へと並べると
     0 … 2    21102
```

正解　2

3 組み合わせの公式を使って求める。

50人から2人 ➡ $_{50}C_2 = \dfrac{\overset{25}{50} \times 49}{\underset{1}{2} \times 1} = 1225$通り

50人から　2人を選ぶ

正解　3

4 105円で1ドルと交換。7800円を105円で割れば何ドルかわかる。

7800円 $\div 105$円 $= 74.2 \cdots \fallingdotseq 74$ドル

正解　4

5 設問文から方程式を作って解く。

xから4を引く 63をxの3倍で割る

$$x - 4 = 63 \div 3x$$

$$x - 4 = \frac{63\,{}^{21}}{{}_{1}3x} \quad \longleftarrow \text{両辺に}x\text{をかけ算。21を左辺に移す}$$

$$x^2 - 4x - 21 = 0 \quad \longleftarrow \text{足して}-4\text{、かけて}-21\text{になる数を探す}$$

$$(x + 3)(x - 7) = 0 \quad \longleftarrow (x+3)\text{なので}x=-3\text{、}(x-7)\text{なので}x=7$$

$$x = -3, 7$$

設問からxは正の数なので「7」。選択肢**6**が正解。

正解	6

速解 **方程式の右辺が成り立つ選択肢を探す**

設問文から「$x-4=63\div3x$」。選択肢はいずれも整数。「整数-4」なので左辺は計算すると必ず整数。ここから、右辺の計算結果も整数とわかる。右辺の「$63\div3x$」は簡単な数にすると「$21\div x$」であり、選択肢の中で21が割り切れる数は「7」だけ。

---

6 まず、①「食塩水に含まれる食塩の質量」を求め、②「その食塩で作った2%の食塩水の質量」を求める。最後に、③「②の食塩水から、もとの200gを引く」。

食塩水の質量　濃度　　食塩の質量
① 　200g 　×0.07 = 14g　　質量200gで濃度7%の食塩水に含まれる食塩は14g

食塩の質量　　濃度　　食塩水の質量
② 　14g 　÷0.02 = 700g　　14gの食塩で作った2%の食塩水は700g

2%の食塩水の質量　もとの食塩水の質量　水を何g混ぜればよいか
③ 　700g 　−　　200g 　=　500g

正解	4

2%の食塩水700gを作るには、もとの
食塩水200gに500gの水を混ぜればよい

---

7 原価をx円として方程式を作る。定価は「原価の3割の利益を見込んだ」金額（原価を1とすると1.3倍）なので、$1.3x$。ここから2割引したのが2860円。

定価　　　　割引率　　　売価
$$1.3x\text{円} \times (1 - 0.2) = 2860\text{円}$$

$$1.04x = 2860$$

$$x = \boxed{2750} \;\text{— 原価は2750円}$$

8 $\dfrac{1}{2500}$ の地図の「1cm」は、実寸では「2500cm」。地図上の縦・横を実寸に換算してから、面積を求める。

縦　➡ 4cm × 2500 = 10000cm = 100m

横　➡ 3cm × 2500 = 7500cm = 75m

面積　➡ 100m × 75m = 7500m²

9 正方形だから、縦・横の長さは同じ。面積が10000m²だから

$$10000\text{m}^2 = 100\text{m} \times 100\text{m}$$

すでに前問で、実寸の100mは、地図上で4cmと判明している。計算するまでもなく、1辺は4cm。

10 水槽は24分で満水になるので、1分あたり水槽の $\dfrac{1}{24}$ の量がたまる。水を抜くときは、18分かかるので、1分あたり水槽の $\dfrac{1}{18}$ の量を抜くことになる。

$$\dfrac{1}{24} \times 18\text{分} \div \dfrac{1}{18} = \dfrac{1 \times 18 \times 18}{24 \times 1} = \dfrac{27}{2} = 13.5\text{分} = 13\text{分}30\text{秒}$$

> **別解** 比で解く
>
> 水を入れるのにかかる時間と、空になるのにかかる時間の割合は、常に同じ。よって、空にする時間を x とすると、「24：18 ＝ 18：x」が成り立つ。
>
> 外側どうしをかけ算
>
> $24 : 18 = 18 : x$ ➡ $24x = 18 \times 18$ ➡ $x = 13.5$
>
> 内側どうしをかけ算

11 460円と比べて520円は「リンゴが2個多く、ミカンが2個少なく、60円多い」。

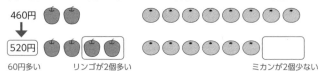

460円

520円
60円多い　　リンゴが2個多い　　　　　　　　　　　　ミカンが2個少ない

ここから、「ミカン2個をリンゴ2個に交換すると、60円増える」。「リンゴ4個とミカ
ン6個で520円」のうち、ミカン6個をリンゴ6個に交換すると仮定して、リンゴ1個
の金額を求める。

520円　　　　　　　　　　　　　　　　　　　　　　2個リンゴに交換するごとに60円増える

交換で増える金額　➡　60円×3＝180円　　┐
　　　　　　　　　　　　　　　　　　　　　　　├　リンゴ1個あたりの金額は
交換後の金額　　　➡　520円＋180円＝700円　│　　700円÷10個＝70円
　　　　　　　　　　　　　　　　　　　　　　　┘
交換後のリンゴ個数　➡　4個＋6個＝10個

正解　4

別解 リンゴ1個をx円、ミカン1個をy円として連立方程式で解く

設問から①と②の方程式を作る。求めるのはリンゴのxなので、連立方程式の加減法でy
を消す。まず、①と②のyの値を同じにする。

$$\begin{cases} 2x+8y=460 \cdots ① \\ 4x+6y=520 \cdots ② \end{cases}$$

左右の式に3をかけ算　　　　　左右の式に4をかけ算

$$\begin{cases} 6x+24y=1380 \cdots ①' \\ 16x+24y=2080 \cdots ②' \end{cases}$$

次に、②'から①'を引き算してyを消し、xを求める。

$$
\begin{array}{r}
16x+24y=2080 \cdots ②' \\
-)\ \ 6x+24y=1380 \cdots ①' \\
\hline
10x=700 \\
x=70
\end{array}
$$

---

12 植える木の本数は、「距離÷間隔＋1」。

はじめの1本目（割り算した時点では数えられていない。最後に1本足す）

A地点　8m　8m　8m　　　　　　　　　8m　B地点

8mおきの1本目

280m÷8m＋1本＝36本

正解　5

13 「人数×日数＝延べ人数」。まず、①「延べ人数1900人から、予定の延べ人数を引いて、増員された5人の働いた分（延べ人数）」を求め、②「①を5人で割って、5人増員の日数」を求める。最後に、③「全体の60日から②を引くと、28人で仕事をした日数」。なお、以下では、実際の人数と、延べ人数の区別がつくように延べ人数は「人日」の単位をつけて表す。

①予定 ➡ 人数 日数 延べ人数
28人 × 60日 ＝ 1680人日

実際 ➡ 1900人日

実際 予定 5人の延べ人数
1900人日 － 1680人日 ＝ 220人日

②5人増員の日数 ➡ 延べ人数 人数 日数
220人日 ÷ 5人 ＝ 44日

③28人だけの日数 ➡ 全体 5人増員 28人だけ
60日 － 44日 ＝ 16日

正解 **2**

14 A市の2015年の対前年増加率は2.3％。よって、2014年のA市の人口に1.023をかけ算すれば、2015年の人口が求められる。

2014年 1 増加率 2015年
74100人 × （1 ＋ 0.023）＝ 75804.3 ≒ 75800人

四捨五入

正解 **3**

15 B市の2013年の人口を「1」とすると、2014年は14.2％増なので「1.142」、2015年は11％増なので「1.11」。これを使って、2014年に対する2015年の割合を求める。

2015年 2014年 2014年に対する2015年の割合
1.11 ÷ 1.142 ＝ 0.9719… ≒ 0.972

2014年を1としたときに、2015年は0.972。引き算で増加率を求める。

2015年 2014年 （ア）の値
0.972 － 1 ＝ － 0.028 ＝ － 2.8％

（ア）の値

正解 **2**

16 平行な2直線では、錯角が等しくなる。錯角というのは、平行な2直線の内側にあって、なおかつ、斜め向かいになっている角どうしのこと。$x°$ の頂点から、以下のように線Aと線Bに平行な補助線Cを引くと、線Aと線Bに対して錯角ができる。ここから、x の角度は、45°の錯角と、20°の錯角を足したものと同じだとわかる。

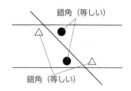

錯角（等しい）
錯角（等しい）

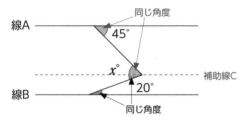

x の角度は

45° + 20° = 65°

正解　4

別解 線Aと線Bに垂直な補助線を引く

以下のように、線Aと線Bに垂直な補助線Cを引いて、三角形に見立てた角度を2ヵ所求め、水平線の180°からそれらの角度を引く方法もある。

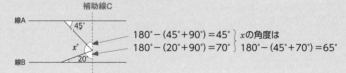

180° − (45° + 90°) = 45°
180° − (20° + 90°) = 70°
x の角度は
180° − (45° + 70°) = 65°

17 円柱形のコップに入る水の量は、円柱の体積の公式「半径×半径×π×高さ」で求められる。もとの半径を r、高さを h とすると、

もとの体積　　　 : $r × r × π × h$ 　　 = 　　$\pi r^2 h$

半径4倍の体積 : $4r × 4r × π × h = 16\pi r^2 h$

底の円形の半径が4倍になると、コップに入る水の量は16倍になる。

正解　5

18 A地点からB地点までの距離を$x$kmとして、「往路の時間＋復路の時間＝往復9時間」の方程式を作る。

往路 ➡ 距離 速さ 時間 $x \div 7 = \dfrac{x}{7}$　　　復路 ➡ 距離 速さ 時間 $x \div 14 = \dfrac{x}{14}$

往路の時間　復路の時間　往復の時間
$$\dfrac{x}{7} \ + \ \dfrac{x}{14} \ = \ 9 \ \longleftarrow \boxed{\text{両辺に14をかける}}$$

$$2x + x \ = \ 126$$
$$3x \ = \ 126$$
$$x \ = \ 42$$

正解 | 1

別解 比を使って往路（または復路）の時間を判明させてから、距離を求める

往路は7km/時、復路は14km/時なので、「往路：復路」の速さは「7：14＝1：2」。このとき、かかる時間の比は反対に「2：1」。よって、往路の時間は、往復9時間のうち $\dfrac{2}{3}$ で、「9時間× $\dfrac{2}{3}$ ＝6時間」。往路の距離は、「7km/時×6時間＝42km」。

19 従来の販売価格と販売数を、それぞれ「1」として、値上げ後の値を求める。

従来の販売価格　値上げ分　値上げ後の販売価格
1　　　＋　0.08　＝1.08

従来の販売数　　減少数　　　値上げ後の販売数
1　　　－　0.006×8　＝0.952

値上げ後の販売価格　値上げ後の販売数　値上げ後の売上
1.08　　　×　　0.952　　＝1.02816

売上増の割合は、1.02816から1を引いた後で単位を％にする。

1.02816－1 ＝ 0.02816 ＝ 2.816％ ≒ 3％

正解 | 3

20 箱から取り出した2枚の合計が150円となるのは、以下の「①または②」の場合。

①「1枚目が50円」かつ「2枚目が100円」

②「1枚目が100円」かつ「2枚目が50円」

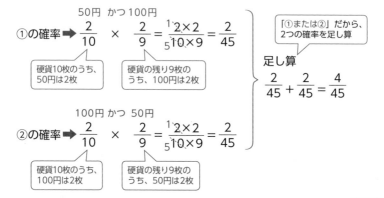

50円 かつ 100円

①の確率 ➡ $\dfrac{2}{10}$ × $\dfrac{2}{9}$ = $\dfrac{\overset{1}{2 \times 2}}{\underset{5}{10 \times 9}}$ = $\dfrac{2}{45}$

硬貨10枚のうち、50円は2枚

硬貨の残り9枚のうち、100円は2枚

「①または②」だから、2つの確率を足し算

足し算

$\dfrac{2}{45} + \dfrac{2}{45} = \dfrac{4}{45}$

100円 かつ 50円

②の確率 ➡ $\dfrac{2}{10}$ × $\dfrac{2}{9}$ = $\dfrac{\overset{1}{2 \times 2}}{\underset{5}{10 \times 9}}$ = $\dfrac{2}{45}$

硬貨10枚のうち、100円は2枚

硬貨の残り9枚のうち、50円は2枚

正解 2

1 方角・暗号

●建物の位置関係から方角を判明させたり、暗号が表す言葉を答える

例題

1 ある駅から、100m北に進むと図書館がある。そこから西に250m行くと市役所があり、市役所の北50mのところには警察署がある。警察署の東100mのところに中学校があるとき、駅から見て中学校はどちらの方角か。

1. 東　　**2.** 西　　**3.** 北東　　**4.** 北西　　**5.** 南東　　**6.** 南西

2 ある暗号で「0815－2001－2005」が「ホタテ」を表すとき、「1115－2015－1809」が表すものはどれか。

1. アサリ　　**2.** コトリ　　**3.** シジミ　　**4.** キリン　　**5.** オウム　　**6.** メダカ

---

1 駅から中学校へ進むときの方角と距離は、以下の通り。

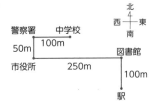

北　　100m＋50m＝150m

西　　250m
　　　　　　　} 250－100＝150m ➡ 西に150m
東　　100m

北と西にそれぞれ150mずつなので、駅から見て中学校は北西。

2 暗号では、繰り返し登場する文字や数字に注目する。暗号のうち「20」が共通で、ホタテはローマ字で表すと「hotate」で「t」が共通している。ここから、数字とローマ字が対応しており「20」は「t」を表す。ホタテの暗号からわかるアルファベットを、設問の暗号に当てはめる。

```
ホ    タ    テ              ト
h  o  t  a  t  e           o  t  o
08 15 － 20 01 － 20 05  ➡  11 15 － 20 15 － 18 09
```

2文字目がトの選択肢は「コトリ」だけ。

正解	**1** 4	**2** 2

2 文字列の規則性・虫食い算

●規則に従って並んでいる文字や、計算過程の空欄を埋める

例題

1 以下のアルファベットは、ある規則に従って並んでいる。途中の空白部分に当てはまるものを答えよ。

H K F I D ＿ B E

1. A　　2. C　　3. E　　4. F　　5. G　　6. H

2 右の□に当てはまる数値はいくつか。

1. 4　　2. 5　　3. 6　　4. 7　　5. 8　　6. 9

```
              3 #
        2□3)9999
            # # #
            1209
            # # # #
              37
```

1 アルファベットは、「3字進んで、5字戻る」の繰り返しで並んでいる。

空白部分に当てはまるのは、「G」。

2 このような、計算式の一部が欠けていて、数字で埋めていく問題を虫食い算という。虫食い算を解くコツは、不明な数字が少ないところから始めること。わかったところから数字で埋めていく。右のように求めていくと、□に当てはまる数字は「9」。

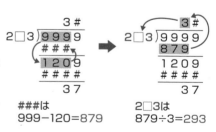

###は
999−120=879

2□3は
879÷3=293

正解	**1** 5	**2** 6

3 二語関係・熟語の成り立ち

● 「二語関係」は最初に示された言葉の関係と同じ関係になる言葉を選ぶ問題
● 「熟語の成り立ち」は漢字2文字で成り立つ熟語について、相互の関係を見分ける問題

例題

1 AとBはある関係を持っている。CとDがAとBと同じ関係を持つようなDはどれか。

A：B　　　C：D

本：書店　　薬：　⎡　？　⎤

1. 本店　　2. 調剤　　3. 薬局　　4. 処方箋　　5. 効能　　6. 薬箱

次の1〜6は、それぞれ異なるルールでまとめられた熟語のグループである。次の熟語がどのグループに属するか答えよ。

2 明暗

1. 高温、軽装、赤銅、薄味　　2. 防炎、被害、捺印、厭世
3. 哀惜、承認、隆起、隠匿　　4. 無知、非業、不満、否定
5. 紅白、真偽、清濁、天地　　6. 円高、日没、県営、神授

3 長身

1. 高温、軽装、赤銅、薄味　　2. 防炎、被害、捺印、厭世
3. 哀惜、承認、隆起、隠匿　　4. 無知、非業、不満、否定
5. 紅白、真偽、清濁、天地　　6. 円高、日没、県営、神授

1 「本：書店」の関係は、「『本』は『書店』で売る」。「薬」について、「本：書店」と同じ関係になる言葉は、「『薬』は『薬局』で売る」となる**3**。

2 選択肢ごとに熟語の関係を見分け、問題の熟語がどれに当てはまるかを答える。「明」と「暗」は反対の意味を持つ漢字どうしの関係。同じ関係の選択肢は**5**。

3 「熟語の成り立ち」では、同じ選択肢で複数の問題が出題される。「長身」は「長」が「身」を修飾する関係。同じ関係の選択肢は**1**。

正解	**1** 3	**2** 5	**3** 1

4 推論

●与えられた条件から、順番を推論する

例題

A・B・C・D・E・Fの6人が400m競争をした。DはEより3秒遅く、BはEより8秒遅く、AはFより3秒遅くゴールした。また、FはCより4秒早く、CはBより6秒早くゴールした。この6人の中で一番早くゴールしたのはだれか。

1. A   2. B   3. C   4. D   5. E   6. F

A〜Fのゴール順を、1目盛り1秒の線分図にする。まずは「DはEより3秒遅く」を書き込み、次に、Eでつながる「BはEより8秒遅く」を書き込む。こうやって、つながるものを順番に書き込んでいくと、以下のようになる。

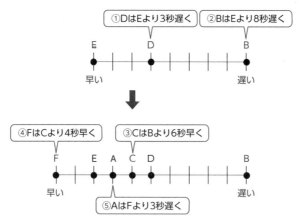

一番早くゴールしたのはF。

| 正解 | 6 |

論理　模擬テスト

1 AとBはある関係を持っている。CとDがAとBと同じ関係を持つようなDはどれか。

A：B　　　C：D

米：田　　野菜：| ？ |

1. 花　　2. 根菜　　3. 畑　　4. 料理　　5. 加工　　6. ビタミン

2 AとBはある関係を持っている。CとDがAとBと同じ関係を持つようなDはどれか。

A：B　　　　C：D

きなこ：大豆　　磁器：| ？ |

1. 釉薬　　2. 陶土　　3. 絵の具　　4. ろくろ　　5. 温度　　6. 炭

3 次の1〜6は、それぞれ異なるルールでまとめられた熟語のグループである。次の熟語がどのグループに属するか答えよ。

歓喜

1. 青空、短文、高熱、白雲　　2. 天変、自転、氷解、私選

3. 無料、不純、否認、未来　　4. 愛好、帰還、離散、収入

5. 硬軟、大小、長短、去就　　6. 就職、観劇、作詞、読書

4 次の1〜6は、それぞれ異なるルールでまとめられた熟語のグループである。次の熟語がどのグループに属するか答えよ。

非売

1. 青空、短文、高熱、白雲　　2. 天変、自転、氷解、私選

3. 無料、不純、否認、未来　　4. 愛好、帰還、離散、収入

5. 硬軟、大小、長短、去就　　6. 就職、観劇、作詞、読書

5 以下の数値は、ある規則に従って並んでいる。途中の空白部分に当てはまるものを答えよ。

3 7 7 11 15 15 19 23 ＿

1. 25 　　2. 23 　　3. 19 　　4. 21 　　5. 29 　　6. 26

---

6 ある市では、銀行・図書館・大学がすべて市役所から等距離にある。銀行は図書館の北西にあり、大学は銀行の南の方角にある。市役所は図書館の西にある。大学は市役所から見てどの方角か。

1. 東 　　2. 西 　　3. 北 　　4. 南 　　5. 北東 　　6. 南東

---

7 ある年の3月の日曜日の日にちを全部足すと80になる。その年の3月1日は何曜日か。

1. 月曜日 　　2. 火曜日 　　3. 水曜日 　　4. 木曜日 　　5. 金曜日 　　6. 土曜日

---

8 以下の□に当てはまる数値はいくらか。

```
      1 2 6 4
  ×     # #
  ─────────
    # # # 8
  2 # # #
  ─────────
  3 □ # # 8
```

1. 2 　　2. 3 　　3. 4 　　4. 5 　　5. 6 　　6. 7

---

9 以下のマスの中に、4から9までの整数を1つずつ入れ、縦、横、斜めの3つの数の和がすべて等しくなるようにする。そのとき、5はどの位置に入るか。

A	1	B
3	C	D
E	F	2

1. A 　　2. B 　　3. C 　　4. D 　　5. E 　　6. F

10 以下のアルファベットは、ある規則に従って並んでいる。途中の空白部分に当てはまるものを答えよ。

B J W C L V D ＿ U E P T

1. M　　2. N　　3. O　　4. P　　5. Q　　6. R

---

11 ある人が、まっすぐな道を歩いていたら、途中で道が3方向に分かれていた。中央の道は、今まで歩いてきた道と一直線であり、その両側の道は、中央の道に対して45°の角度がついていた。その一番右側の道を進んでいくと、T字路になっていたので左折した。その道をさらに進んでいくと、十字路になっていた。ここでも左折して進んだところ、その方角は東だった。すべての道がまっすぐだったとした場合、最初に進んでいた方角は、以下のどれか。

1. 東　　2. 西　　3. 北東　　4. 北西　　5. 南東　　6. 南西

---

12 山田と佐藤は午後3時に会う約束をしていた。山田は自分の時計が5分進んでいると思っていたので、少しゆっくり出発して、午後3時ちょうどに到着したと思っていた。佐藤は自分の時計が2分遅れていると思っていたが、途中で忘れ物を取りに帰ったので12分遅れて到着したと思っていた。実際には、山田の時計は9分遅れていて、佐藤の時計は8分進んでいた。実際にはどちらがどれだけ早く到着していたか。

1. 佐藤のほうが山田より12分早かった　　2. 佐藤のほうが山田より10分早かった

3. 佐藤のほうが山田より8分早かった　　4. 山田のほうが佐藤より16分早かった

5. 山田のほうが佐藤より5分早かった　　6. 山田のほうが佐藤より1分早かった

---

13 おはじきを下のように、1番目は1辺が2個、2番目は1辺が3個、3番目は1辺が4個…となるよう規則的に正三角形に並べていく。40番目の正三角形には何個のおはじきが必要となるか。

1. 60個　　2. 75個　　3. 90個　　4. 105個　　5. 120個　　6. 165個

10人の学生がいる。この中で英語を話せる人は7人、中国語を話せる人は6人、日本語を話せる人は9人いる。いずれの学生も英語、中国語、日本語のいずれか1つは話せるものとする。

14 英語と中国語の両方を話せる人は少なくとも何人いるか。

1. 1人　　2. 2人　　3. 3人　　4. 4人　　5. 5人　　6. 6人

15 英語、中国語、日本語のいずれも話せる人は少なくとも何人いるか。

1. 1人　　2. 2人　　3. 3人　　4. 4人　　5. 5人　　6. 6人

---

16 あるグループのメンバーについて、以下のことがいえるとき、このグループのメンバーについて論理的に正しいものはどれか。

・積極的な人は、大胆である

・活発ではない人は、大胆ではない

・活発ではない人は、社交的ではない

・活発な人は、決断力がある

1. 大胆ではない人は、社交的ではない　　　2. 大胆ではない人は、決断力がない

3. 社交的な人は、積極的である　　　　　　4. 活発ではない人は、積極的ではない

5. 決断力がある人は、積極的である　　　　6. 決断力がある人は、社交的である

---

17 A〜Eのうち4つは同じ整数で、1つだけが異なる整数である。それを表した式の組み合わせを以下の①〜⑤に示したが、その組み合わせはすべて片方が真で、他方が偽である。A〜Eの中で異なる整数はどれか。

①A = C, D = E　　②B = E, A = D　　③A ≠ E, B = C

④A = B, B ≠ E　　⑤B = D, C = E

1. A　　2. B　　3. C　　4. D　　5. E　　6. わからない

18 「雀の涙」を、ある暗号では＜例＞のように表す。＜問題＞の暗号のもとのことわざはどれか。

＜例＞	ス	ズ	メ	ノ	ナ	ミ	ダ
	22	122	16	04	44	36	143
＜問題＞	47	46	30	45	31	41	48

1. 好事魔多し　　2. 知らぬが仏　　3. 時は金なり

4. 急がば回れ　　5. 病は気から　　6. 鶴の一声

A・B・C・D・Eの5人がいて、得意な科目は国語、社会、音楽、数学、体育と異なっている。また、好きな色も赤、黄、青、緑、茶と異なっている。また、以下のことがわかっている。

・Aは体育が得意で、Eは社会も数学も得意ではない

・Bは社会が得意ではなく、黄と茶も好きではない

・Cは赤が好き

・Dは国語が得意だが、緑と青は好きではない

・数学が得意な人は青が好きで、音楽が好きな人は茶が好き

19 社会が得意な人はだれか。

1. A　　2. B　　3. C　　4. D　　5. E　　6. 決められない

20 Aが好きな色は何か。

1. 赤　　2. 黄　　3. 青　　4. 緑　　5. 茶　　6. 決められない

論理　模擬テスト

解説と正解

1 「米：田」の関係は、「『米』は『田』でとれる」。「野菜」について、同じ関係になるのは「畑」。

正解　3

2 「きなこ：大豆」の関係は、「『きなこ』は『大豆』から作られる」。「磁器」について、同じ関係になるのは「陶土」。

正解　2

3 「歓」と「喜」は似た意味を持つ漢字どうしの関係。同じ関係の選択肢は4の「愛好、帰還、離散、収入」。

正解　4

4 「非売」は「非」が「売」を打ち消している。前の漢字が後の漢字を打ち消す関係。同じ関係の選択肢は3の「無料、不純、否認、未来」。

正解　3

5 数列は、「＋4、同じ数、＋4」の繰り返しで並んでいる。

空白部分に当てはまるのは「23」。

正解　2

6 すべての建物が「市役所」を中心に説明されている。「市役所」を中心に他の建物の位置を考える。

> ①ある市では、銀行・図書館・大学がすべて市役所から等距離にある。 ③銀行は図書館の北西にあり、 ④大学は銀行の南の方角にある。 ②市役所は図書館の西にある。

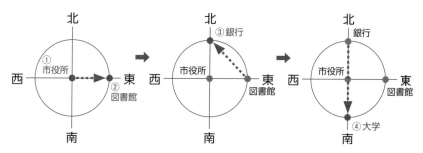

大学は市役所から見て南にある。

正解　**4**

7 仮に3月1日を日曜日とすると、3月の日曜日は「1、8、15、22、29」で、全部足すと75なので5足りない。はじめの日曜日を3月2日にずらすと、「2、9、16、23、30」でちょうど80。3月2日が日曜日なので、前日の3月1日は土曜日。

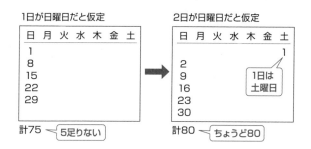

正解　**6**

8 数字が決まりそうなところから埋めていく。

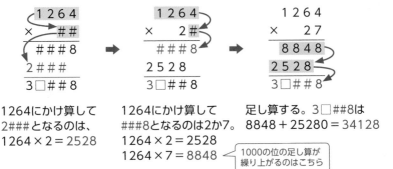

1264にかけ算して
2###となるのは、
1264×2＝2528

1264にかけ算して
###8となるのは2か7。
1264×2＝2528
1264×7＝8848

足し算する。3□##8は
8848＋25280＝34128

> 1000の位の足し算が
> 繰り上がるのはこちら

□に当てはまる数字は「4」。

正解	3

9 「縦横同じ数のマスが並んでいて、マスの数字の和は、縦・横・斜めのいずれも等しい」ものを魔方陣という。縦3マス、横3マスの魔方陣では、中央のマスに、総和の平均値が入る。また、縦・横・斜めのそれぞれの和は「総和÷3」となる。

※1〜3がマスに入っていて、残りは4〜9なので、総和は1〜9までの数字を足した数。

総和 　　　　　　 ➡ 　1＋2＋3＋4＋5＋6＋7＋8＋9＝45

中央のマス 　　　 ➡ 　45÷9＝5

縦・横・斜めの和 ➡ 　45÷3＝15

求める5は、中央のマスなのでCの位置。

なお、すべてのマスを埋めると、右のようになる。

8	1	6
3	5	7
4	9	2

正解	3

10 アルファベットは、以下の3種類の規則の繰り返しで、並んでいる。

＿＿ はB→C→D→E（アルファベット順）

Ⓑ Ⓙ Ⓦ Ⓒ Ⓛ Ⓥ Ⓓ Ⓝ Ⓤ Ⓔ Ⓟ Ⓣ

◯ はJ → L → N → P（1文字おきのアルファベット順）
　　　　 (K) (M) (O)

⋯ はW→V→U→T（アルファベット逆順）

空白部分に当てはまるのは、「N」。

正解	2

11 ある人の進行順に従って道を描き、方角は、最後の道が東になるよう定めると、右図のようになる。最初に進んでいた方角は南西。

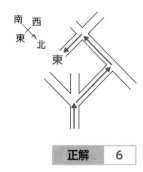

正解　6

12 山田、佐藤の時計から、それぞれの到着時間を考える。

● **山田が到着した時間**

山田は「5分進んだ時計を使って、3時ちょうどに着いた」と思ったので、到着した時点で山田の時計は「3時5分」を指している。実際には、時計は9分遅れなので、正しい時間に直すと「3時5分＋9分＝3時14分」。

● **佐藤が到着した時間**

佐藤は「2分遅れた時計を使って、3時に12分遅れて着いた」と思ったので、佐藤の時計は「3時12分－2分＝3時10分」を指している。実際には時計は8分進んでいるので、正しい時間に直すと「3時10分－8分＝3時2分」。

以上から、山田は「3時14分」、佐藤は「3時2分」に到着。佐藤のほうが山田より12分早かった。

正解　1

13 おはじきの個数を数えると、1番目は3個、2番目は6個、3番目は9個と、3個ずつ増えている。式にすると「n番目×3個」となる。ここから、40番目の正三角形に必要なおはじきは、「40番目×3個＝120個」。

正解　5

14 英語と中国語の話せる人を足して、10人を超えた分が、少なくとも両方を話せる人。

英　　中　　話せる人の延べ人数
7人＋6人＝13人　➡　10人を超える3人が、少なくとも両方を話せる

正解	3

15 前問で、英語と中国語の両方を話せる人は、少なくとも3人と判明している。この3人と日本語を考える。

英中　　日　　話せる人の延べ人数
3人＋9人＝12人　➡　10人を超える2人が、少なくともいずれも話せる

正解	2

別解 前問の答えを使わずに求めるときは
英語、中国語、日本語を話せる人を足して、20人（学生の2倍の人数）を超えた分が、少なくともいずれも話せる人数。

英　　中　　日　　話せる人の延べ人数
7人＋6人＋9人＝22人　➡　20人を超える2人が、少なくともいずれも話せる

16 「命題」の問題。命題は、略記の仕方を覚えると格段に解く速度が上がるので、覚えてほしい。まずは命題を解く上で必要な知識と、略記の仕方から。

●**命題の知識（しっかり暗記）**：命題において成り立つのは、「対偶」と「三段論法」だけ。「裏」や「逆」は成り立たない。

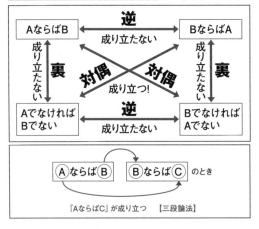

・仮定（～ならば）と結論を、入れ替えたのが「逆」
・（順番は元のまま）仮定と結論を、それぞれ否定したのが「裏」
・仮定と結論を入れ替えた上で、それぞれ否定したのが「対偶」

●命題の略記の仕方

- 「ならば」は「→」で代用。「AならばB」は「A→B」と書く。
- 否定するときは、文字の上に「￣」と書く。「AでなければBでない」は「$\overline{A}→\overline{B}$」と書く。

いよいよ問題を解く。最初に、4つの命題を略記に変え、また対偶も書き出す。

		命題	対偶
・積極的な人は、大胆である	Ⓐ	積→大	$\overline{大}→\overline{積}$
・活発ではない人は、大胆ではない	Ⓑ	$\overline{活}→\overline{大}$	大→活
・活発ではない人は、社交的ではない	Ⓒ	$\overline{活}→\overline{社}$	社→活
・活発な人は、決断力がある	Ⓓ	活→決	$\overline{決}→\overline{活}$

とする

あとは選択肢1〜6の仮定と結論がつながるかどうかを検証する。

✗ 大胆ではない人は、社交的ではない

✗ 大胆ではない人は、決断力がない

$\boxed{\overline{大}→\overline{積}}$　Ⓐの対偶 ➡ 積で始まる命題も対偶もなし。1と2は成り立たない。

✗ 社交的な人は、積極的である

$\boxed{社→活}$　Ⓒの対偶 ➡ $\boxed{活→決}$　Ⓓの命題 ➡ 決で始まる命題も対偶もなし。3は成り立たない。

④ 活発ではない人は、積極的ではない

$\boxed{\overline{活}→\overline{大}}$　Ⓑの命題 ➡ $\boxed{\overline{大}→\overline{積}}$　Ⓐの対偶 ➡ 4は成り立つ。

✗ 決断力がある人は、積極的である

✗ 決断力がある人は、社交的である

決で始まる命題も対偶もなし。5と6は成り立たない。

正解　**4**

17 ①〜⑤には、それぞれ2つ式があり、片方は真（正しい）で、他方は偽（誤り）。真偽を考えやすいのは、2つの式に同じ記号（B）が登場する④。

④A＝B，B≠E

仮に「B≠E」を真とすると、「A＝B」が偽で正しくは「A≠B」。設問から「4つは同じ整数で、1つだけが異なる整数」なので、Bだけ異なる整数となり「A＝C＝D＝E」。この場合、例えば①の「A＝C，D＝E」は両方が真となってしまい不適切。

ここから、「B≠E」は偽で正しくは「B＝E」。もう1つの式「A＝B」は真と決まる。

A＝B＝E

次に「B＝E」が出てくる②を見る。「B＝E」は真なので、「A＝D」が偽で正しくは「A≠D」。ここから、A〜Eの中で異なる整数はDだとわかる。

正解 **4**

18 ＜例＞のカタカナと数字の共通点を探すと、100の位は濁点、10の位はローマ字の母音（a、i、u、e、o）、1の位はローマ字の子音でカサタナ…の行（なし、k、s、t、n…）。

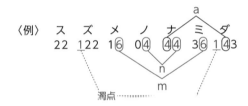

＜問題＞のうち、上記赤字でわかるものを解読すると、以下の通り。

母音（10の位）
a　a　　　a　　　a　a
④7　④6　30　④5　31　④1　④8

子音（1の位）
m

カタカナ
マ

選択肢で当てはまるのは、5の「病は気から（ヤマイ<u>ハキカラ</u>）」。
　　　　　　　　　　　　　a　　a　a

正解 **5**

232

19 設問からわかる5人の得意科目は、右表の通り。

　・Aは体育が得意で、Eは社会も数学も得意ではない

　・Bは社会が得意ではなく、黄と茶も好きではない

　・Dは国語が得意だが、緑と青は好きではない

得意科目は5人とも異なっているので、社会の可能性が

あるのはCだけ。

	科目　○は得意 　　　×は得意ではない
A	○体
B	×社
C	
D	○国
E	×社、×数

正解　3

20 前問の表に、Cの社会と、設問から
B・C・Dの色に関する情報を足
す。

　・Bは社会が得意ではなく、黄
　　と茶も好きではない

　・Cは赤が好き

　・Dは国語が得意だが、緑と青
　　は好きではない

ここに「数学が得意な人は青が好
きで、音楽が好きな人は茶が好
き」を加える。得意科目が判明し
ていないのはBとE。Eは数学は

	科目　○は得意 　　　×は得意ではない	色　○は好き 　　×は好きではない
A	○体	
B	×社	×黄、×茶
C	○社	○赤
D	○国	×緑、×青
E	×社、×数	

	科目　○は得意 　　　×は得意ではない	色　○は好き 　　×は好きではない
A	○体	
B	○数	○青
C	○社	○赤
D	○国	×緑、×青
E	○音	○茶

得意ではないので、得意科目はBが数学でEが音楽。ここから、好きな色はBが青で、
Eが茶。残る色は緑と黄。Dは緑が好きではないので、Aが好きなのは緑（Dは黄）。

正解　4

1 図形の回転・欠けた図形

●図形の回転や、一部が欠けた図形を完成させる問題

例題

1 以下の図形を、左あるいは右に回転させたものはどれか。

1. 　2.　3.　　4.　5.　6.

2 以下の図形に、選択肢の図形を1つ補って、正三角形にしたい。当てはまる図形はどれか。ただし、裏返すことはしない。

1. 　2.　3.　4.　5.　6.

---

1 図形中の6個の長方形は、「灰色→白→黒→灰色→黒→白」の順に並んでいる。当てはまるのは選択肢**4**。

2 図形を正三角形にするために、必要なのは平行四辺形。選択肢**2**と**5**はどちらも同じ形だが、裏返すことなく当てはまるのは**5**。

| 正解 | **1** 4 | **2** 5 |

2 立方体の積み重ね・切り抜き

●積み並べてある立方体の数を数えたり、切り抜いて広げた折り紙の形を考える

例題

1 以下の図形で、積み並べてある立方体の数はいくつか。

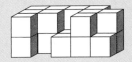

1. 21　　**2. 22**　　**3. 23**　　**4. 24**　　**5. 25**　　**6. 26**

2 折り紙を3つに折りたたんで、黒色の部分の図形を切り抜いたとき、折り紙を広げると切り抜いた部分はどのようになるか。

1.　　**2.**　　**3.**　　**4.**　　**5.**　　**6.**

1 上段、下段に分けて立方体を数える。上段は10個。下段は、立方体の上部が見えているのが3個、見えない（上の段の真下）のが10個で、合わせて13個。合計23個。

10個
13個（10＋3）
計23個

2 3つに折りたたんだうち、設問で見える側を①、隣を②、さらに隣を③とする。切り抜いて広げたときに、③は①とぴったり同じ形に切り抜かれる。②は、①との折り目を対称の軸として、線対称な形に切り抜かれる。切り抜いたあとの折り紙は、選択肢4のようになる。

③
②
①

正解	**1** 3	**2** 4

図形　模擬テスト

---

1 以下の立体は、どんな平面図形を回転させたときにできる回転体か。

| 1. | 2. | 3. | 4. | 5. | 6. |

---

2 以下の図形に、選択肢の図形を1つ補って、正方形にしたい。当てはまる図形はどれか。ただし、裏返すことはしない。

| 1. | 2. | 3. | 4. | 5. | 6. |

3 以下の図形は、1目盛が1cmの方眼紙に描かれている。灰色の部分の面積は何cm²か。

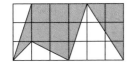

1. 9cm²　　2. 9.5cm²　　3. 10cm²　　4. 10.5cm²　　5. 11cm²　　6. 11.5cm²

---

4 以下の図形を、左あるいは右に回転させたものはどれか。

1.　　　　2.　　　　3.　　　　4.　　　　5.　　　　6.

---

5 サイコロの裏表の目の合計は常に7である。以下のように、アとイの2つのサイコロを並べる。アをB方向に90°、イをC方向に180°回転したとき、上の面の目の数の合計はいくつになるか。

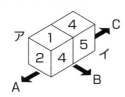

1. 4　　2. 5　　3. 6　　4. 7　　5. 8　　6. 9

6 以下のような立方体ABCDEFGHがある。ABの中点をPとして、点E、点H、点Pの3点を通る平面で切る。切り口はどんな形になるか。

1. 正三角形　　　2. 二等辺三角形　　　3. ひし形

4. 正方形　　　5. 直角三角形　　　6. 長方形

---

7 AとBは、ある関係を持っている。CとDも同じ関係を持つようなDに該当するのはどれか。

A　：　B　　　　C　：　D

 ： 　　　 ： ?

1.　　　2.　　　3.　　　4.　　　5.　　　6.

---

8 以下の5個の図形を貼り合わせたものはどれか。

1.　　　2.　　　3.　　　4.　　　5.　　　6.

9 以下の図形は、ある規則に従って変化して1〜3番目まで配列している。その配列によると4番目の図形はどれか。

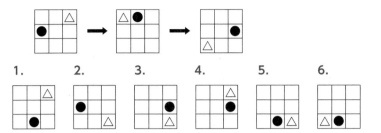

1.   2.   3.   4.   5.   6.

10 折り紙を3つに折りたたんで、黒色の部分の図形を切り抜いたとき、折り紙を広げると切り抜いた部分はどのようになるか。

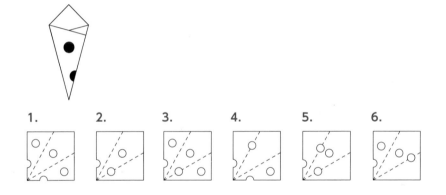

1.   2.   3.   4.   5.   6.

11 以下の図形は、立方体をすき間なく積み並べたものである。立方体の数はいくつか。

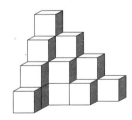

1. 17   2. 18   3. 19   4. 20   5. 21   6. 22

12 以下の図形は、1面の面積が1の立方体を隙間なく積み並べたものである。この図形の表面積はいくらか。

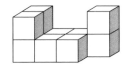

1. 34　　2. 35　　3. 36　　4. 37　　5. 38　　6. 39

13 以下の図形の展開図はどれか。もとの図形と展開図の大きさは関係ないものとする。

1.　　　　2.　　　　3.　　　　4.　　　　5.　　　　6.

図形　模擬テスト

解説と正解

1 長方形を回転させると、円柱になる。設問の立体は、中心がくり抜かれた円柱なので、長方形と回転軸の間に、空間が必要。よって、正解は選択肢**4**の図形。

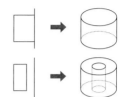

正解 **4**

2 図形には長方形状のくぼみがある。選択肢のうち、くぼみを埋める長方形状の出っぱりがあるのは**1**と**5**。このうち、くぼみの上から、両端までの線が、どちらも一直線なのは**5**。

※1は右下に向かう線が、途中で曲がっている。

正解 **5**

3 灰色よりも白色の部分のほうが、面積が求めやすい形。全体（長方形）の面積から白色の面積を引いて、灰色の面積を求めることにする。

	縦	横	面積
全体（長方形）➡	3cm ×	6cm =	18cm²

	底辺	高さ	面積
左の白い三角形 ➡	1cm ×	3cm ÷ 2 =	1.5cm²
中の白い三角形 ➡	3cm ×	1cm ÷ 2 =	1.5cm²
右の白い三角形 ➡	3cm ×	3cm ÷ 2 =	4.5cm²

合計7.5cm²

全体から白色を引くと、灰色の面積は「18cm² − 7.5cm² = 10.5cm²」。

正解 **4**

4 図形のとがった側に●が1つ、カーブの側に●が2つある。これをヒントに選択肢を探す。当てはまるのは4の図形。

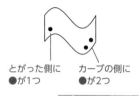

とがった側に　　カーブの側に
　●が1つ　　　　●が2つ

正解　**4**

5 アをB方向に90°回転させると、4の裏の目が上にくる。「サイコロの裏表の目の合計は常に7」なので、4の裏の目は3。イをC方向に180°回転させると4の裏の目が上にくる。こちらも裏の目は3。上の面の目の数の合計は「3＋3＝6」。

正解　**3**

6 切り口は、以下のように長方形になる。

正解　**6**

> **補足　立方体の切り口の考え方**
> 立方体では、まず同じ面にある点どうしが切り口に決まる。残りは、向かい合った面と平行な切り口になる。

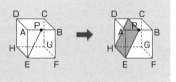

7 Bは「Aと同じ図形」と「右下にAを180度回転した図形」。Dも同様に、「Cと同じ図形」と「右下にCを180度回転した図形」と考えると、正解は選択肢**2**の図形。

A　　：　　B　Aと同じ図形　　　　C　　：　　D　Cと同じ図形

右下にAを180度回転した図形　　　　右下にCを180度回転した図形

正解　**2**

8 5個の図形の内訳は、三角形が2個、台形が3個。選択肢のうち、三角形が2個で台形が3個なのは、**2**と**4**だけ。

2と4で、元の図形と形を比べる。形の違いがわかりやすいのは、三角形。鋭角が鋭い三角形の角度や長さから判断して、正解は**4**の図形。

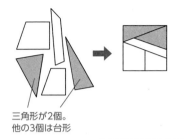

三角形が2個。
他の3個は台形

正解 **4**

> **別解** **細長い台形に注目する**
> 特徴的な図形として細長い台形に注目してもよい。細長い台形は選択肢**2**、**4**、**6**に含まれる。しかし、その中ですべての角が直角でないのは**4**だけ。

9 図形の変化から規則性を読み取って、4番目の図形を考える。1～3番目の図形では、●はマス目の外周を時計回りに2マスずつ、△はマス目の外周を反時計回りに2マスずつ進んでいる。よって、4番目の図形は以下のようになる。

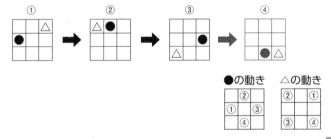

正解 **5**

10 3つに折りたたんだうち、設問で見える側を①、隣を②、さらに隣を③とする。円（右図の黒色）は、①～③まで円のまま切り抜かれる。当てはまる選択肢は1と3。半円（右図の赤色）は、①は半円のまま切り抜かれるが、②と③は折り目をはさむため、円で切り抜かれる。1と3のうち、当てはまるのは**3**。

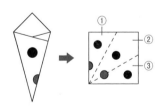

正解 **3**

11 上から順番に、各段の立方体を数える。最上段は1個。次の段は、立方体の上部が見えているのが2個、見えない（上の段の真下）のが1個で、合わせて3個。このように、各段とも「立方体の上部が見えている個数＋1つ上の段の個数」となる。最後に合計を求めると19個。

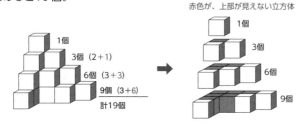

赤色が、上部が見えない立方体

1個
3個
6個
9個

正解　3

別解 垂直に考える

■ 垂直方向に4個
■ 垂直方向に3個
■ 垂直方向に2個
□ 垂直方向に1個

最上段の1個の下には、見えない3個があるので計4個。他の段も同様に考えていく。

$(4×1) + (3×2) + (2×3) + (1×3) = 19$

12 「1面の面積が1」とあるので、表面に見えている面（他の立方体と重なっていない面）の数が表面積と一致する。立方体ごとに、何面が表面に見えているかを数える。

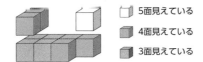

□ 5面見えている
■ 4面見えている
■ 3面見えている

$(5面×1個) + (4面×4個) + (3面×5個) = 36面$

36面が見えているので表面積は36。

正解　3

別解 一方向からいくつの面が見えるかを、数える

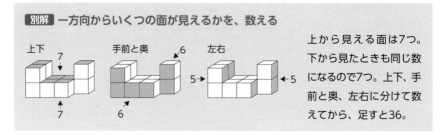

上下　　　手前と奥　　　左右

7　　　　6　　　　5　　5
7　　　　6

上から見える面は7つ。下から見たときも同じ数になるので7つ。上下、手前と奥、左右に分けて数えてから、足すと36。

13 図形には、右半分が灰色に塗られている面がある。その右の面に黒丸がある。これをヒントに展開図を探す。当てはまるのは、選択肢4。

右半分が灰色　　黒丸

正解　4

補足 **3、4、6の判断に迷うときは回転**

展開図で灰色の三角形と黒丸の面が隣り合っていない3、4、6の判断に迷うときは、隣り合うように展開図の面を回転させるとよい。

3

4

6

1 空欄補充・漢字の意味

●慣用句の空欄補充、同じ意味の漢字を選ぶなど語彙に関する問題が出題される
●知識問題。知っていればすぐに答えられる

例題

1 以下の文章の 　　　 の部分に、最も適切なものはどれか。

父の機嫌を 　　　 ようなことを言った。

1. 試す　　2. 下げる　　3. 固める　　4. 図る　　5. 損ねる　　6. ゆがめる

2 以下の言葉の中で、1つだけ「　」内の漢字の意味が違うものはどれか。

「名」

1. 名答　　2. 名目　　3. 名文　　4. 名門　　5. 名言　　6. 名案

---

1 正解は**5**。「損ねる」には「人の気持ち・気分を傷つける」という意味がある。

2 6つの選択肢は、「名」が「なまえ」という意味で使われているものと、「すぐれている、評判が高い」という意味で使われているものに分けられる。1、3、4、5、6は後者で、2は前者。

名答　名文　名門　名言　名案	➡ すぐれている、評判が高いという意味の「名」
名目	➡ なまえという意味の「名」

意味は「実体を表していない、形式だけの名」。

正解	**1** 5	**2** 2

※言葉の定義は『大辞林第三版』（三省堂）から引用しました。

2 並べ換え

●文節を並べ換えて余るものを答えるタイプの問題と、文章を並べ換えて順番を答えるタイプの問題が出る

例題

以下の1〜6を意味が通るように並べ換えたとき、1つだけ余るものはどれか。

1. 重ねているから　　2. 日頃から　　3. とれるでしょう　　4. 必ず賞が

5. 練習を　　6. どうしても

選択肢を並べ換えて1つの文にすると、余りが1つ出る。わかるものから組み合わせを作り、つなげるとよい。

まず、3の「とれるでしょう」につながりそうなのは、4の「必ず賞が」（4→3）。次に、5の「練習を」につながりそうなのは、1の「重ねているから」（5→1）。ここまでわかった組み合わせをつなげる。意味が通るのは5→1→4→3。

[練習を][重ねているから][必ず賞が][とれるでしょう]

残りは2と6。2の「日頃から」は、5の「練習を」の前後どちらに入っても文の意味は通る。6の「どうしても」はどこに入れても意味が通らない。

並び順は1つに決まらないが、どの場合でも6が余る。

【全並び順】
・[2. 日頃から] [5. 練習を] [1. 重ねているから] [4. 必ず賞が] [3. とれるでしょう]
・[5. 練習を] [2. 日頃から] [1. 重ねているから] [4. 必ず賞が] [3. とれるでしょう]
余るものが1つに決まりさえすれば、並び順は複数あっても構わない。

| 正解 | 6 |

言語　模擬テスト

制限時間7分　問題数15問

※実物は制限時間4〜10分、問題数20問

---

1 以下の文章の ☐ の部分に、最も適切なものはどれか。

出席者は、彼の当を ☐ 意見に感心した。

1. 用いた　　2. 突いた　　3. 導いた　　4.絞った　　5. 収めた　　6. 得た

---

2 以下の文章の ☐ の部分に、最も適切なものはどれか。

その彫刻作品は ☐ が込んでいると評判だ。

1. 背　　2. 指　　3. 腕　　4. 肩　　5. 手　　6. 首

---

3 以下の言葉の中で、1つだけ「　」内の漢字の意味が違うものはどれか。

「全」

1. 全編　　2. 全国　　3.全盛　　4. 全体　　5. 全焼　　6. 全景

---

4 以下の言葉の中で、1つだけ「　」内の漢字の意味が違うものはどれか。

「前」

1. 以前　　2. 前歴　　3. 前史　　4. 前途　　5. 食前　　6. 前夜

---

5 以下の言葉の類語、または同意語として最も適切なものはどれか。

傑出

1. 突然　　2. 卓抜　　3. 先見　　4. 博学　　5. 中核　　6. 豊富

---

6 以下の1〜6の四文字熟語の中で、正しいものはどれか。

1. 不和頼同　　2. 普和雷同　　3. 付和来同　　4. 不破雷同　　5. 付和雷同

6. 普和頼同

7 以下の言葉の意味に最も近いものはどれか。

是是非非

1. 公平な立場で判断すること　　2. どんな意見にも反対すること　　3. 前途多難で
も諦めないこと　　4. ばらばらになること　　5. 必ず結果が判明すること
6. どんな意見にも賛成すること

---

8 以下の1〜6を意味が通るように並べ換えたとき、1つだけ余るものはどれか。

1. 気にしない　　2. 穴があくほど　　3. したらしい　　4. 写真を見て
5. 思い出そうと　　6. 写っている人の名前を

---

9 以下の1〜6を意味が通るように並べ換えたとき、1つだけ余るものはどれか。

1. 悪い条件とを　　2. 書き留めた　　3. どのように　　4. 列挙して
5. 良い条件と　　6. 違いを

---

10 以下のa〜fを並べ換えると、意味の通った1つの文章になる。適切に並べたものはど
れか。

a. この考え方に従うだけでは、自分自身の考えを貫けないおそれがある。

b. 例えば、「ゴーイング・マイウェイ」という言葉がある。

c. しかしこの通りの考え方を無理に押し進めようとすれば、人との協調が難しくなる。

d. 結局、どれかに偏ってしまうと、うまくいかないということなのだろう。

e. 人間関係について表した言葉はたくさんある。

f. 逆に「和を以て貴しと為す」という言葉もある。

1. e-b-f-a-c-d　　2. e-b-c-f-a-d　　3. d-e-b-f-a-c　　4. e-b-d-c-f-a
5. b-c-f-a-d-e　　6. b-c-e-d-f-a

以下の文章を読んで問いに答えなさい。

> 職業柄、私は数年に一度は転勤をする。見知らぬ土地へ赴任することは決して嫌ではない。
> 　ア　それが楽しくて今の仕事を選んだと言っても過言ではない。なぜなら、赴任先で、
> 他の土地とははっきりと違う県民性や風俗に触れることができるからだ。かつて私は、こ
> の21世紀という時代に、日本のような先進国で、その土地独特の因習などというものは
> 消滅した、あるいは消滅とまではいかなくてもずいぶんと薄れていると思っていた。核家
> 族化が進み、日本全国で同じテレビ番組が画一的に放映されている時代に、その地域ごと
> に人を特徴づける意味などないと考えていたのである。しかし、祭りや結婚式はいうまで
> もなく、ちょっとした贈り物のやりとりにまで、その地域に固有の、無視できない何か習
> 慣のようなものが存在するのだ。いつも私は赴任先でそのような存在に触れ、感動したり、
> ときには嫌悪感を覚えながら、まだまだ日本には　イ　ことを実感させられるのだ。

11　ア　に当てはまる、最も適切なものはどれか。

1. ただし　　2. むしろ　　3. なぜなら　　4. きわめて　　5. それでも　　6. しかし

12　イ　に当てはまる、最も適切なものはどれか。

1. 祭りや結婚式の習慣が食い違っていることが多い

2. 広い視野で判断できる人間が少ない

3. 時代遅れな習慣が残っている

4. 今まで想像もつかなかったような性格の人がいる

5. 核家族化に抵抗する気概がある

6. 画一的ではない、その地域に固有の特色が残っている

以下の文章を読んで問いに答えなさい。

> 登山を始めるまで、自分がこんなに忍耐の足りない人間だとは思わなかった。知人に勧められて初めて山に登ったとき、頂上ははるかに遠かった。途中で足が思うように動かなくなり、何度も立ち止まって水を飲んだ。「誰かが背負って頂上まで行ってくれたらなあ」と思った。　ア　自分の足で登り続けるよりほかはなく、頂上に着いたときにはへとへとになって岩に座り込んでしまった。初心者向けで、気軽に登れる山だと勧められて出かけてきたのに、こんな屈辱は初めての経験に近かった。しかしそのとき、今までの自分が、ちょっとした困難に出合うとすぐに投げ出してしまい、最後まで全うする努力を怠けていたことに気づいた。水泳やゴルフなど孤独や克己心が試されるスポーツはほかにもあるが、自分はたまたま巡り合ったこの登山で、今までの自分に欠けていたものやこれからの自分に必要なものが、少しわかるようになってきた。

13　　ア　　に当てはまる、最も適切なものはどれか。

1. したがって　　2. だから　　3. もちろん　　4. たとえば　　5. すると

6. ただし

14　下線部「こんな屈辱」について、筆者の心情を表すのに最も近いものはどれか。

1. 不信感　　2. 責任感　　3. 脱力感　　4. 挫折感　　5. 徒労感　　6. 義務感

15　筆者の考えに最も近いものはどれか。

1. 登山などしなければよかった

2. 登山を通じて克己心の大切さを学んだ

3. 自分は水泳やゴルフには向いていない性格だ

4. 登山が苦手だからといって水泳やゴルフが苦手とは限らない

5. 初心者に安易に登山を勧めてはいけない

6. 克己心が試されるスポーツは登山だけだ

言語　模擬テスト

※言葉の定義は『大辞林第三版』（三省堂）から引用しました。

1 「当を〜」に続くのは「得る」。「当を得る」の意味は「道理にかなっている」。

正解　6

2 「彫刻作品」のような、ある物を指して「〜が込んでいる」というとき、適切な表現は「手が込む」。意味は「精巧で、手間がかかっている」。

正解　5

3 選択肢は、「全」が「すべて」という意味で使われている言葉（全編、全国、全体、全焼、全景）と、「欠点やきずがない。あますところがない」という意味で使われている言葉（全盛）に分けられる。

※「全盛」は「最も盛んな状態にあること」という意味。栄華をきわめることを表す言葉。

正解　3

4 選択肢は、「前」が現在、またはある時点よりも前のことを指す言葉（以前、前歴、前史、食前、前夜）と、これから先のことを指す言葉（前途）に分けられる。

※「前史」は「ある重要な歴史的事柄にかかわる、それ以前の歴史」という意味。

正解　4

5 「傑出（けっしゅつ）」は「多くのものの中で飛びぬけてすぐれていること」という意味。最も似た意味の言葉は、「他よりもはるかにすぐれていること」という意味の「卓抜」。

正解　2

6 正しいものは5。「付和雷同（ふわらいどう）」は「自分にしっかりした考えがなく、他人の意見にすぐ同調すること」という意味。

7 「是是非非」は「一定の立場にとらわれず、よいことをよいとして賛成し、悪いことは
悪いとして反対すること」という意味。最も近いものは1。

| 正解 | 1 |

8 「穴があくほど」はじっと見ることの例え。「見て」とある4とつながる（2→4）。また、
3の「したらしい」は、5の「思い出そうと」とつながる（5→3）。

選択肢のうち、文末になりそうなのは「したらしい」。5→3が並び順の4番目と5番
目になる（?→?→?→5→3）。さらに、5の「思い出そうと」から、その前に6の
「写っている人の名前を」が入る（?→?→6→5→3）。空いている1番目と2番目に
2→4を入れると、文の意味が通る。余りは1。

> 【全並び順】[2. 穴があくほど][4. 写真を見て][6. 写っている人の名前を][5. 思い出そ
> うと][3. したらしい]

| 正解 | 1 |

9 1と5は、「悪い条件」「良い条件」で「～と～とを」という対の表現になる（5→1）。
2の「書き留めた」は文末（5番目）にくることがわかるが、その前には4の「列挙し
て」と6の「違いを」のどちらもつながる。そこで、1と5以外の4つの選択肢から、3
つを使って意味が通るように並べ換える。並び順はいくつか考えられるが、5→1の
後ろにつなげて意味が通る文になるのは以下のどちらか。

> [5.良い条件と][1.悪い条件とを] ➡ [4.列挙して][6.違いを][2.書き留めた]
> ➡ [6.違いを][4.列挙して][2.書き留めた]

いずれの場合も、3が余る。

| 正解 | 3 |

10 文頭に「この」「例えば」「しかし」など、前の文を受けているものが複数ある。除外
して先頭を決める。前の文を受けていないのはeだけ。

eで始まるのは1、2、4。どれも2番目はbなので検証不要。3番目は、1はf、2はc、

4はd。このうちdは、bに続けると「例えば」から一足飛びに「結局」と結論に至ってしまい、不自然。f（選択肢1）とc（選択肢2）はbに続けても良さそうなので、この2つで4番目を検証する。

1（e→b→f→a）だと、aの「この考え方」がbとfのどちらを指しているかが不明。

2（e→b→c→f）なら、cの「この通りの考え方」はbの「ゴーイング・マイウェイ」を指し、その後で逆の「和を以て貴しと為す」という言葉を提示することになり、適切。選択肢が1つに絞れたので以降は検証不要。正解は**2**。

> **補足 2のf以降のつながりを検証する**
> 念のため、2のf以降のつながり（f→a→d）を検証すると、aの「この考え方」がfの「和を以て貴しと為す」を指し、最後にdで結論を述べる文になることがわかる。

正解 2

---

11 ― ア ― の前後の文はどちらも「見知らぬ土地へ赴任すること」について述べている。空欄の前は「嫌ではない」、空欄の後ろは「それが楽しくて今の仕事を選んだ」で、後ろの文が前の記述を補強した言い換えの文になっている。適切なのは、「むしろ」。

正解 2

---

12 ― イ ― を含む文の「私は赴任先でそのような存在に触れ」の「そのような存在」は、さらにその前の「その地域に固有の、無視できない何か習慣のようなもの」（8〜9行目）を指している。それに対して筆者が「実感」する内容が空欄に入る。

✗ 祭りや結婚式は地域固有の習慣のようなものの具体例の一部に過ぎない。

✗ 本文では、人が何かを判断することについては述べていない。

✗ 地域に固有の習慣に触れて感動もしているので、「時代遅れ」というマイナスイメージの表現は誤り。

✗ 本文では、個人の性格については述べていない。

✗ 本文では、核家族化についての考えは述べていない。

⑥ 「そのような存在」が指す「その地域に固有の、無視できない何か習慣のようなもの」の言い換え。これが正解。

正解 6

13 空欄を含む文の前の「誰かが背負って頂上まで行ってくれたら」は願望で、実際には「自分の足で登り続け」た。反対の内容なので、空欄には「しかし」などの逆接の言葉が入ることが推測できるが、選択肢にない。消去法で当てはまるものを探す。順接（1、2、5）、補足（6）の接続語は意味が通らないので除外。4は空欄の後ろが前の例えになっていないので当てはまらない。残りの3の「もちろん」を入れると、実現しそうにない願望が当然実現しなかったという意味合いの文になり、適切。

正解　3

14 下線部「こんな」が指しているのは、長文の前半で述べられている登山経験のこと。

・頂上ははるかに遠かった（2行目）

・足が思うように動かなくなり、何度も立ち止まって水を飲んだ（2〜3行目）

・へとへとになって岩に座り込んでしまった（4〜5行目）

下線部を含む文では「初心者向けで、気軽に登れる山だと勧められて出かけてきたのに」とある。筆者は初めての登山で予想を裏切る苦労をし、頂上には着いたものの、「屈辱」を感じた。選択肢のうち、最も適切なのは「挫折感」。

※「屈辱」は、「面目を失い恥ずかしい思いをすること」という意味。

正解　4

15 選択肢の内容が本文にあるかどうかを見る。筆者の考えに最も近いものが正解。

✘　筆者は初めての登山で苦労したが、山に登ったことを後悔している記述はない。

②　本文の後半で、克己心を試される登山経験を通じて、筆者は自分に足りないものに気づいたと述べている。克己心の大切さを学んだといえる。

✘　筆者の性格が、水泳やゴルフに向いているかどうかについては述べていない。

✘　本文では、そのことについて述べていない。

✘　筆者は勧められて山に登ったが、他人に勧めることの是非については述べていない。

✘　筆者は克己心が試されるスポーツとして、ほかに水泳やゴルフを挙げている。

正解　2

1 空欄補充・言い換え

●単語の空欄補充、言い換えなど英語の基本的な知識を問う問題
●知っていればすぐに答えられる

例題

1 （　　）に当てはまる、最も適切なものはどれか。

Ken is my father's brother. In short, he is my (　　).

1. aunt　　2. grandson　　3. descendant　　4. nephew　　5. uncle

6. first cousin

2 2つの英文がほぼ同じ意味を表すために、（　　）に当てはまる、最も適切なものはどれか。

・Catherine stood up at once.

・Catherine (　　).

1. ran on her feet　　2. jumped to her feet　　3. flew with her foot

4. jumped to her foot　　5. ran on her foot　　6. flew with her feet

---

1 空欄補充の問題。「in short」は「要するに」という意味。空欄に入るのは**5**の「uncle（おじ）」。文の意味は「ケンは私の父の兄弟だ。要するに、おじだ」。

2 言い換えの問題。1つ目の文の意味は「キャサリンはすぐに立ち上がった」。2つ目の文の空欄に入って同じ意味になる言葉は、**2**の「jumped to her feet（さっと立ち上がった）」。

正解	**1** 5	**2** 2

2 文章読解

●会話文の空欄補充や、長文読解などが出題される
●会話文、長文とも、文章量が多いものはあまり出ない

例題

以下の文章を読んで問題に答えなさい。

A：Do you have the time?

B：（ア）

A：Really? I must go now, or I will be in trouble.

B：Then,（イ）the subway.

A：Is the subway faster than the bus?

B：Yes, it is.

1 （ア）に当てはまる、最も適切なものはどれか。

　　1. I don't know.　　2. It's 10:45.　　3. I don't intend to help you.

　　4. Don't ask me.　　5. Yes, about a few minutes.　　6. No, I don't.

2 （イ）に当てはまる、最も適切なものはどれか。

　　1. take　　2. avoid　　3. call　　4. set　　5. put　　6. release

1 （ア）の前のAの「Do you have the time?」は時間を尋ねる表現。（ア）に入るのは2の「It's 10:45.（10時45分です）」。

2 （イ）を含む文の意味は「それなら、地下鉄に（ ）」。1の「take（乗る）」が入って「それなら、地下鉄に乗るといいですよ」という意味になる。

正解	**1** 2	**2** 1

補足 会話の日本語訳は次の通り。A：今、何時ですか？　B：10時45分です　A：本当に？　すぐに行かなければ、困ったことになる　A：それなら、地下鉄に乗るといいですよ　B：地下鉄はバスより速いですか？　A：はい、速いです

英語　模擬テスト

1 （　　）に当てはまる、最も適切なものはどれか。

It has been snowing （　） all day.

1. up and down　　2. bright and dark　　3. big and small　　4. on and off

5. far and close　　6. long and short

2 （　　）に当てはまる、最も適切なものはどれか。

I bought 15 books.　Mary bought 45 books.　My purchase was only （　）
of Mary's.

1. one of the three　　2. trio　　3. one third　　4. three times

5. the third one　　6. one in three

3 （　　）に当てはまる、最も適切なものはどれか。

Please go on ahead.　I will （　） you later.

1. caught up with　　2. catch down in　　3. catch up with

4. catch down on　　5. caught down to　　6. caught up to

4 2つの英文がほぼ同じ意味を表すために、（　　）に当てはまる、最も適切なものはど
れか。

・I could not understand how to use it.

・I could not （　） how to use it.

1. get out　　2. figure out　　3. stand up　　4. make up　　5. give in

6. take place

5 2つの英文がほぼ同じ意味を表すために、（　）に当てはまる、最も適切なものはどれか。

・I don't agree with your plan.

・I am (　) your plan.

1. for　　**2.** on　　**3.** not　　**4.** about　　**5.** against　　**6.** support

6 2つの英文がほぼ同じ意味を表すために、（　）に当てはまる、最も適切なものはどれか。

・He got used to the new surroundings at once.

・He got used to the new surroundings (　).

1. finally　　**2.** at last　　**3.** the first time　　**4.** a moment away

5. after all　　**6.** right away

7 2つの英文がほぼ同じ意味を表すために、（　）に当てはまる、最も適切なものはどれか。

・The picnic was canceled because of the heavy rain.

・The picnic was called (　) because of the heavy rain.

1. off　　**2.** with　　**3.** on　　**4.** under　　**5.** away　　**6.** over

8 2つの英文がほぼ同じ意味を表すために、（　）に当てはまる、最も適切なものはどれか。

・You should not say these things.

・You (　) these things.

1. had not better say　　**2.** had better not to say　　**3.** had better say

4. had better not say　　**5.** had not better to say　　**6.** had better to say

9 次の英文の下線部の意味を、最もよく表している語句はどれか。

Emily <u>takes after</u> her grandmother.

1. resembles　　**2.** looks up to　　**3.** likes　　**4.** connects with

5. admires　　**6.** follows

10 次の英文の下線部の意味を、最もよく表している語句はどれか。

I will <u>make up my mind</u> to do it.

1. want　　2. exercise　　3. pretend　　4. decide　　5. plan　　6. vary

---

以下の文章を読んで問題に答えなさい。

A : It's very cold today. I am sure it's one of （ア） of the year.
B : I think so too. I （イ） brought my knit cap today. But I don't know where
　　it is.
A : I have an extra one in my bag. Do you want to （ウ） it?
B : Yes, （エ）.

11 （ア）に当てはまる、最も適切なものはどれか。
1. the most cold days　　2. the very cold day　　3. the most coldest days
4. the coldest days　　　5. the colder day　　　6. the cool day

12 （イ）に当てはまる、最も適切なものはどれか。
1. would have　　2. could have　　3. may have　　4. had to
5. must have　　　6. should have

13 （ウ）に当てはまる、最も適切なものはどれか。
1. sold　　2. fit　　3. make　　4. rent　　5. borrow　　6. made

14 （エ）に当てはまる、最も適切なものはどれか。
1. it is up to you　　2. it is very kind of you　　3. may you be happy
4. take care of yourself　　5. mind your own business
6. you are welcome

以下の文章を読んで問題に答えなさい。

Dear Masaki,
Tomorrow morning, please come to South Station (ア) 9:30 a.m. I will be waiting at the ticket gate. Make sure you don't leave home without your train ticket. Please don't (イ) to contact me if you are going to be late. The train is scheduled to leave for North Station at 10:00 a.m. Today I'm going to work at the office all day. If you have any questions, feel free to call me.

Jimmy

15 (ア) に、「〜までに」に相当する言葉を選んで入れなさい。

1. by　　2. just　　3. since　　4. for　　5. until　　6. of

16 (イ) に当てはまる、最も適切なものはどれか。

1. check　　2. bother　　3. think　　4. break　　5. remember　　6. fail

17 上の文章の内容に当てはまる、最も適切なものはどれか。

1. Masaki can't leave home until Jimmy contacts him.

2. Jimmy has to call Masaki from his office today.

3. Jimmy doesn't want Masaki to forget his train ticket.

4. Masaki doesn't want to get on the train.

5. Jimmy doesn't know where to meet Masaki tomorrow.

6. Masaki has to be at North Station by 9:30 a.m. tomorrow.

以下の文章を読んで問題に答えなさい。

> I have planned to take a vacation from next week. I am going back to my hometown to attend my sister's wedding ceremony. My sister is younger than （ア） five years. I would like to buy a pressure cooker or a coffee maker as a wedding gift, but I have not decided which one to buy yet. Two years have passed since I saw my family the last time. My elder brother who is a high school teacher in Nagoya is planning to join us. I （イ） them.

18 （ア）に当てはまる、最も適切なものはどれか。

1. I am　　2. me to　　3. me by　　4. mine with　　5. mine by　　6. me in

19 （イ）に最も適切なものになるように、下のア〜キの語句を正しい順番に並べ替えたものはどれか。

ア seen　イ to　ウ am　エ see　オ looking　カ forward　キ seeing

1. ウ−オ−カ−イ−イ−キ　　　2. ウ−オ−イ−カ−キ　　　3. ウ−カ−オ−イ−エ

4. カ−オ−イ−エ　　　　　5. ウ−オ−カ−イ−ア　　　6. ウ−オ−イ−カ−ア

20 上の文章の内容に当てはまる、最も適切なものはどれか。

1. I live in my hometown.

2. My elder brother is too busy to attend my sister's wedding ceremony.

3. I have not decided whether to attend my sister's wedding ceremony yet.

4. I saw my family at my elder brother's wedding ceremony.

5. I see my sister every other month.

6. I have not bought a gift for my sister yet.

英語　模擬テスト

解説と正解

1 空欄に入るのは、「on and off（断続的に）」。文の意味は「1日中雪が降ったりやんだりしていた」。

正解　4

2 空欄に入るのは、「one third（3分の1）」。文の意味は「私は本を15冊買った。メアリーは45冊買った。私の購入冊数はメアリーの3分の1しかなかった」。

正解　3

3 空欄に入るのは「catch up with（追いつく）」。文の意味は、「先に行ってください。後から追いつきます」。

正解　3

4 1つ目の文の意味は「私はそれの使い方がわからなかった」。2つ目の文の空欄に入って同じ意味になる言葉は、「figure out（理解する、把握する）」。

正解　2

5 1つ目の文の意味は「私はあなたの計画に不賛成だ」。2つ目の文の空欄に入って同じ意味になる言葉は、「against（～に反対して）」。

正解　5

6 1つ目の文の意味は「彼は新しい環境にすぐに慣れた」。2つ目の文の空欄に入って同じ意味になる言葉は「right away（すぐに、さっさと）」。

正解　6

7 1つ目の文の意味は「ピクニックは大雨のため中止になった」。2つ目の文の空欄に入って同じ意味になる言葉は、「off」。「call off」は「中止する、取りやめる」という意味。

正解 **1**

8 1つ目の文の意味は「あなたはこうしたことを言うべきではない」。2つ目の文の空欄に入って同じ意味になる言葉は「had better not say（言わない方がよい）」。had better ＋動詞の原形は「〜した方がよい」という意味。

否定の文はhad better not＋動詞の原形となる。

正解 **4**

9 下線部「takes after」の意味は「〜に似ている」。文の意味は「エミリーは祖母に似ている」。最も似た意味になる言葉は「resembles（〜と似ている）」。

正解 **1**

10 下線部「make up my mind」（＝make up one's mind）の意味は「決心する、決める」。文の意味は「それをすることに決めるつもりだ」。最も似た意味になる言葉は「decide（決定する、決心する）」。

正解 **4**

11 （ア）〜（エ）に正解を入れた本文と訳は以下の通り。

> A： It's very cold today. I am sure it's one of (the coldest days) of the year.
> 今日はとても寒い。今年で最も寒い日の1つに違いありません。
> B： I think so too. I (may have) brought my knit cap today. But I don't know where it is.
> 私もそう思います。今日は毛糸の帽子を持ってきたかもしれないんですが。
> でも、どこにあるかわからないのです。
> A： I have an extra one in my bag. Do you want to (borrow) it?
> かばんの中に予備の帽子があります。借りたいですか？
> B： Yes, (it is very kind of you).
> はい、ご親切にありがとうございます。

（ア）に入るのは、「the coldest days」。「最も寒い日の1つ」は、複数ある「最も寒

い日」の1つのこと。「one of」の後には最上級「the coldest」が入る。

正解 4

12 帽子が見当たらないことから、Bは自分が本当に帽子を持ってきたかどうか自信がないことがわかる。ここから、（イ）に入るのは、「may have」。may have＋過去分詞で「したかもしれない」「だったかもしれない」という意味になる。

正解 3

13 （ウ）に入るのは、「borrow」。4の「rent」はお金を払って借りるときの表現。

正解 5

14 （エ）に入るのは、「it is very kind of you」。「ご親切にありがとうございます」「これは恐縮です」などの意を表すときの慣用表現。

正解 2

15 （ア）（イ）に正解を入れた本文と訳は以下の通り。

Dear Masaki,
Tomorrow morning, please come to South Station (by) 9:30 a.m. I will be waiting at the ticket gate. Make sure you don't leave home without your train ticket. Please don't (fail) to contact me if you are going to be late. The train is scheduled to leave for North Station at 10:00 a.m. Today I'm going to work at the office all day. If you have any questions, feel free to call me.

Jimmy

マサキさんへ
明日の朝、午前9時30分までに南駅に来てください。私は改札で待っています。家を出るときに、列車の切符を忘れないようにしてください。もしも遅れるときは、必ず連絡をしてください。列車は午前10時に北駅に向けて出発します。今日は私は終日オフィスで仕事をするつもりです。何か質問があれば遠慮なく電話してください。

ジミーより

（ア）に入るのは、「by」。この場合の「by」は、「南駅に来る」という動作が完了するまでの期限を表す。

正解 1

16 （イ）に入るのは、「fail」。「fail to〜」は「〜しそこなう」という意味で、notがついて「not fail to〜（必ず〜する）」という慣用句になる。

正解　**6**

17 選択肢と本文を見比べて正誤を判断する。正解は「Jimmy doesn't want Masaki to forget his train ticket.（ジミーはマサキに列車の切符を忘れてほしくない）」。

正解　**3**

18 （ア）（イ）に正解を入れた本文と訳は以下の通り。

> I have planned to take a vacation from next week. I am going back to my hometown to attend my sister's wedding ceremony. My sister is younger than （me by） five years. I would like to buy a pressure cooker or a coffee maker as a wedding gift, but I have not decided which one to buy yet. Two years have passed since I saw my family the last time. My elder brother who is a high school teacher in Nagoya is planning to join us. I （am looking forward to seeing） them.
>
> 私は来週から休暇を取る予定だ。故郷に戻って妹の結婚式に出席するつもりだ。妹は私より5歳年下。結婚のお祝い品に圧力鍋かコーヒーメーカーを買いたいのだが、どちらにするかまだ決めかねている。最後に家族に会ってから2年が経っている。名古屋で高校教師をしている兄も参加する計画を立てている。彼らに会うのが楽しみだ。

（ア）に入るのは、「me by」。代名詞（目的格）の「me」に差分を表す「by」がつく。

正解　**3**

19 （イ）に入るのは、1の「ウーオーカーイーキ」。look forward to ＋動名詞で「〜することを楽しみに待つ」という意味になる。

正解　**1**

20 選択肢と本文を見比べて正誤を判断する。正解は「I have not bought a gift for my sister yet.（私はまだ妹へのお祝い品を買っていない）」。

正解　**6**

CUBIC
性格テストの概要

■○ 4つの側面から受検者の適性を診断

CUBICの性格テストは、社会性、性格、意欲・欲求、関心領域の4つの側面から受検者の適性を診断しています。社会性では職場で必要な社会性を、性格ではどんな性格特徴があるかを、意欲・欲求ではどんな欲求が強いかを、関心領域ではどんな分野への関心が強いかを診断します。

■○ テストは3部構成

CUBICの性格テストは3部構成で、全部で123問です。第1部と第3部は質問文に答える形式で、社会性、性格、意欲・欲求に関する質問が出ます。第2部は単語から連想することを答える形式で、関心領域に関する質問が出ます。

	問題数	制限時間
第1部	75問	30分〜制限時間なし
第2部	32問	
第3部	16問	

※企業によっては第1部と第3部のみが実施されることもあります。
※このほか、CUBICには「モチベーション測定」もあります。

■○ 性格テスト　第1部

第1部は、1つの質問文に対してどの程度当てはまるかを、4段階から選びます。例えば、「大勢でなにかをする場合、自分が率先して行うタイプだ。」という質問が出ます。この質問文で調べているのは社会性のうちの「指導性」です。例えば「非常にそうだ」と答えると、指導性が高いことになります。

■ 第1部のＷeb画面

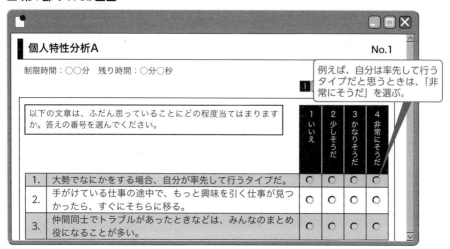

🔘 性格テスト　第2部

第2部は、単語からふだん連想することに近いものを選びます。例えば、「新聞」という単語が出ます。選んだものが「広告、テレビ欄。」なら「日常周辺」分野、「新技術や新発見の記事。」なら「客観・科学」分野、「政治動向、経済活動。」なら「社会・経済」分野への関心が高いことになります。

■ 第2部のＷcb画面

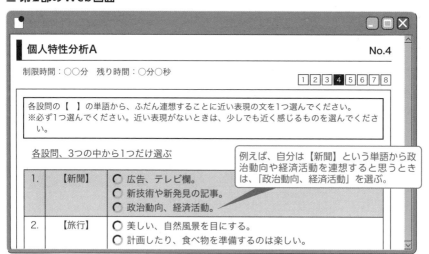

● 性格テスト　第3部

　第3部は、1つの質問文に対してどの程度当てはまるかを、5段階から選びます。例えば、「何ごとに対しても、責任感が強いほうですか。」という質問が出ます。この質問文で調べているのは社会性のうちの「責任感」で、例えば「非常にそうだ」と答えると、責任感が強いことになります。

■ 第3部のWeb画面

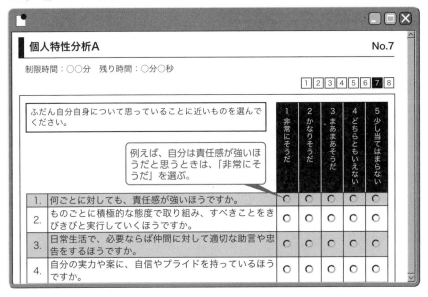

CUBIC
性格テストの攻略法

◖⬤◗ CUBICの「社会性」はどの職場でも必要なもの

　一般的に考えて、職場での社会性は高いに越したことはありません。例えば、円滑な人間関係を築くことができたり、責任感を持って仕事をこなす人のほうが、そうでない人よりも職場において望ましいのは明らかです。

　CUBICの社会性は、職場で必要な社会性の9尺度に、社会性の発揮を妨げるモラトリアム傾向を加えたものです。**どの企業でも、社会性の9尺度は高く、モラトリアム傾向は低いことが望ましいといえます。**

◖⬤◗ 企業研究で、企業が求める人物像をつかんでおこう

　CUBICの社会性がどの職場でも必要なものであるのに対し、**性格、意欲・欲求、関心領域は、企業や職種によって何が望ましいのかが異なる**ものとされています。関心領域を例にすると、例えば美術品を扱うような仕事であれば、芸術的なことに関心がある人が望ましいでしょう。

　このように企業や職種によって何が望ましいのかが異なる場合、**対策としては、事前の企業研究で、企業が求める人物像をつかんでおくことと、CUBICの尺度を頭に入れておくことです。**

CUBIC
性格テストの【尺度一覧】

　社会性、性格、意欲・欲求、関心領域の4つの側面から受検者の適性が診断されます。以下の項目について強い傾向が現れたときは尺度が高くなり、逆の場合は尺度が低くなります。

	尺度	測定内容
社会性	積極性	仕事や人間関係において積極的か
	協調性	仲間との作業や話し合いを円滑に進めるか
	責任感	自分の引き受けたことに責任を持つか
	自己信頼性	自分を把握し、自信ある行動を取るか
	指導性	職場で適切に指示を出す指導力があるか
	共感性	さまざまな考えの仲間と円滑に意思の疎通ができるか
	感情安定性	困難な仕事でも、安定した感情で処理するか
	従順性	仕事における指示や命令を常に素直に受け入れるか
	自主性	仕事上やるべきことを自発的に実行するか
	モラトリアム傾向	生き方や仕事について自信がなく、悩んでいるか
性格	内閉性	人との関わりよりも、一人で過ごすことを好むか
	客観性	思慮深い思考をし、冷静で客観的な発言をするか
	身体性	活発に行動するか
	気分性	感情豊かで、気分の浮き沈みがあるか
	持続性	几帳面で粘り強く、物事をこつこつと行うか
	規則性	決まりに対して従順で、常識的か
	競争性	勝ち気で負けず嫌いか
	自尊心	自尊心が高く、賞賛されることを好むか
	慎重性	慎重で、見通しをもって取り組むか
	気弱さ	他人に遠慮し、自分を抑えるか

意欲・欲求	達成欲求	高い目標に向かって努力し、達成したいという気持ち
	親和欲求	仲間とうまくやっていきたいという気持ち
	求知欲求	知的好奇心が強く、新しいことに挑戦したいという気持ち
	顕示欲求	活躍して、認められたいという気持ち
	秩序欲求	きちんと物事を整理・処理したいという気持ち
	物質的欲望	金銭や物を得たいという気持ち
	危機耐性	困難な状況でもあわてず、辛抱強くやり抜きたいという気持ち
	自律欲求	他人からの制約なしに、自分の規範で行動したいという気持ち
	支配欲求	人の上に立ち、良い方向へ導きたいという気持ち
	勤労意欲	仕事を生きがいととらえ、仕事で自己実現をしたいという気持ち
関心領域	日常周辺	生活知識や俗世間的な分野への関心
	客観・科学	科学などの客観的・分析的な分野への関心
	社会・経済	社会情勢、経済動向などの分野への関心
	心理・情緒	心理や情緒などの分野への関心
	審美・芸術	芸術的なことや美的な分野への関心

（SPIノートの会調べ）

第5部

TAP

■ 採用テスト作成会社 ■
日本文化科学社

TAPとは？

◗ ペーパーテストで実績のある「TAP」のWebテスト版

TAP（タップ）は、日本文化科学社製のテストです。能力テストと性格テストが出題されます。もともとペーパーテストで長く使われてきた実績のあるテストですが、近年、Webテストでも実施されるようになりました。

※ 2021年から、TAPを専用の会場（テストセンター）に出向いてパソコンで受ける方式が登場しています。

◗ 3科目の能力テスト＋性格テストの組み合わせ

TAPの能力テストは3科目です。オプション検査として英語テストなどがあります。

科目名		問題数	制限時間	詳しい対策
能力	言語	27問	10分	P.303
	数理	21問	15分	P.277
	論理	25問	20分	P.292
性格	性格	120問	15分	P.311

◗ どんな問題が出題されるのか

言語（国語に相当）では、四字熟語や同音異義語など、言葉の意味に関する問題や、文章を論理的に読解する問題が出題されます。

数理（数学に相当）では、学校で習った数学の知識が試される問題が、広い範囲から出題されます。論理では、与えられた条件に当てはまるかどうかを推論する問題が出題されます。

能力テストは、中高までの学習内容が広く問われるテストといえます。

性格テストでは、受検者の仕事における性格傾向を、職務バイタリティ、対人的側面、行動的側面の3つから調べています。

■ TAPの画面

文字サイズのボタン
画面内の文字の大きさが
切り替わる

残り時間
その科目の残り時間が表
示される

設問番号のボタン
クリックした番号の設問
に切り替わる

受検を終了する
テストを終了して回答を
送信する

前の問題へ/次の問題へ
前後の問題に切り替わる

■ TAPの動作環境

OS・ブラウザ	Windows 7〜 　・Microsoft Edge　・Chrome最新版 MacOS 10.9〜 　・Safari最新版　　・Chrome最新版 iOS 　・Safari最新版　　・Chrome最新版 Android OS 　・Chrome最新版
ブラウザ設定	JavaScript、Cookieはオン（ON）に設定
回線	2Mbps以上の安定した環境

※ 動作環境は、受検年度や企業によって変わることがあります。動作環境は、実際の受検時に必ずご確認く
ださい。

TAPの攻略法

◑ 時間配分を意識する

TAPも、CUBICと同様に、1問あたりに使える時間が短めです。どの科目でも、時間配分を考えることが大事です。

受検中、画面には受検中の科目の問題数と残り時間が常に表示されます。残り時間を確認しながら、テストに取り組みましょう。

◑ どんな問題が出るのか知っておく

本書では、言語、数理、論理について、特徴的な問題の分野別解説と、模擬テストを掲載します。どんな問題が出題されるのか、どのように解くのかを経験しておきましょう。

言語では、言葉の意味を知らなければ答えられない問題が出題されます。再現問題の中に知らない言葉があれば、意味を覚えておきましょう。

数理では、どちらかというと、数学から遠ざかっている人にとっては、難しく感じるような問題が多く出題されます。再現問題を解きながら、忘れてしまった知識を思い出していきましょう。

論理では、選択肢をうまく使って、当てはまらない条件を除いていくことがポイントです。

◑ 効率のよい画面操作を

TAPは、画面の設問番号のボタンや「前の問題へ」「次の問題へ」ボタンで問題を行き来することができます。設問を飛ばしたり、あとから戻ってやり直したりすることができるので、これらの機能はぜひ覚えておきましょう。

1 おうぎ形・三角形

●おうぎ形の弧の長さや、三角形の面積や角度を求める問題

例題

1 半径12、中心角150°のおうぎ形の弧の長さを求めよ。

　　ア　24π　　イ　10π　　ウ　5√3　　エ　10√3　　オ　5π

2 以下の図の三角形の面積を求めよ。

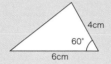

　　ア　12cm²　　イ　12√3 cm²　　ウ　6√3 cm²　　エ　6cm²　　オ　6√2 cm²

---

1 おうぎ形の弧の長さは「半径 × 2π × $\dfrac{中心角の角度}{360°}$」で求められる。

$$12 \times 2\pi \times \frac{150}{360} = \frac{\overset{1}{\cancel{12}} \times 2\pi \times \overset{5}{\cancel{150}}}{\underset{1}{\cancel{30}} \ \underset{}{\cancel{360}}} = 10\pi$$

2 以下のように、三角形の底辺に垂直の補助線を引くと、補助線より右側の三角形は、辺の比が「1：2：√3」の直角三角形となる。

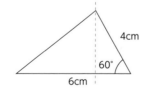

辺の比を使って、三角形の高さ（比が√3の辺のcm）を求める。

　　4cm ÷ 2 × √3 ＝ 2√3 cm

あとは、三角形の面積の公式「底辺 × 高さ ÷ 2」を使う。

　　6cm × 2√3 cm ÷ 2 ＝ 6√3 cm²

正解	**1** イ	**2** ウ

2 整数の推測・平方根

●与えられた条件から整数を推測する問題や、平方根の計算

例題

1 1の位が3である2桁の自然数（正の整数）の、10の位と1の位を入れかえると、もとの数字より36小さくなる。もとの数はいくつか。

ア　53　　イ　83　　ウ　73　　エ　43　　オ　63

2 $\sqrt{\dfrac{26n}{7}}$ が2桁の自然数（正の整数）となる最小のnを求めよ。

ア　1274　　イ　52　　ウ　7　　エ　26　　オ　182

---

1 1の位が3である2桁の自然数を、仮に「□3」と表す。36を引くと「3□」。

$$□3 - 36 = 3□$$

1の位は、3から6を引くと□なので、□は7。先ほどの式に当てはめると

$$73 - 36 = 37$$

もとの数は73。

2 nに入るのは、分母をはらったうえで、平方根の根号（$\sqrt{}$）を取り除くことができる数。分母をはらうには7をかけ算すればいい。分子の26の根号を取り除くには26をかけ算すればいい。よって、「7×26」をかけ算した数がnに入る。

$$7 \times 26 = 182$$

※「26」は素因数分解（26を2や3などの素数だけのかけ算に）すると、「2×13」なので、26より小さい数をかけ算しても根号を取り除くことができない。

> **参考** n＝182のとき、$\sqrt{\dfrac{26n}{7}}$ はいくつになるか
>
> $$\sqrt{\frac{26 \times 182}{7}} = \sqrt{\frac{26 \times 26 \times \overset{1}{\cancel{7}}}{\underset{1}{\cancel{7}}}} = \sqrt{26^2} = 26$$

正解	**1** ウ	**2** オ

数理　模擬テスト

---

1 A、B、Cの3人に100冊のノートを配った。AはBより17冊少なく、CはAより4冊少なくもらった。このときCがもらったノートは何冊か。

　　ア　29冊　　イ　17冊　　ウ　25冊　　エ　23冊　　オ　27冊

---

2 以下の問いに答えよ。

$\dfrac{\sqrt{10}+3}{\sqrt{10}-3}$ の分母を有理化せよ。

　　ア　$\dfrac{1}{13}$　　イ　$6\sqrt{10}+19$　　ウ　19　　エ　$\dfrac{19-6\sqrt{10}}{25}$　　オ　$\dfrac{3}{13}$

---

3 内角の和が2160°の多角形は何角形か。

　　ア　10角形　　イ　8角形　　ウ　14角形　　エ　16角形　　オ　12角形

---

4 2個のサイコロを同時に投げて、出た目の数の和が9になる確率はどれか。

　　ア　$\dfrac{1}{6}$　　イ　$\dfrac{1}{3}$　　ウ　$\dfrac{1}{36}$　　エ　$\dfrac{1}{12}$　　オ　$\dfrac{1}{9}$

---

5 以下の図は今月のカレンダーである。今日の数字に、来週の同じ曜日の数字と、昨日の数字を加えると60になる。今日は何曜日か。

日	月	火	水	木	金	土
			1	2	3	4
5	6	7	8	9	10	11
12	13	14	15	16	17	18
19	20	21	22	23	24	25
26	27	28	29	30		

　　ア　金曜日　　イ　水曜日　　ウ　土曜日　　エ　月曜日　　オ　日曜日

6 以下の表のように、賞金と本数が定められている50本のくじがある。このとき、賞金の期待値を求めよ。

	賞金	本数
1等	1000円	4本
2等	500円	6本
3等	200円	15本
はずれ	0円	25本
計		50本

ア　80円　　イ　200円　　ウ　300円　　エ　600円　　オ　100円

---

7 以下の図の平行四辺形ABCDにおいて、DE：EC＝3：2のとき、BP：PDを求めよ。

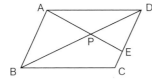

ア　1：1　　イ　3：2　　ウ　4：3　　エ　5：3　　オ　6：5

---

8 以下の問いに答えよ。

二次方程式$8x^2 + 8x - 6 = 0$の解のうち大きいほうを求めよ。

ア　$\dfrac{1}{2}$　　イ　$\dfrac{3}{2}$　　ウ　$-\dfrac{1}{2}$　　エ　$\dfrac{1}{8}$　　オ　$-\dfrac{3}{2}$

---

9 8％の食塩水と16％の食塩水がある。この2種類の食塩水を混ぜ合わせて、10％の食塩水600gを作るとき、16％の食塩水を何g混ぜればよいか。

ア　50g　　イ　250g　　ウ　200g　　エ　150g　　オ　100g

---

10 以下の問いに答えよ。

不等式$\dfrac{x-5}{2} - \dfrac{x-2}{3} > -1$を解け。

ア　$x < 5$　　イ　$x > -1$　　ウ　$x > 5$　　エ　$x > 6$　　オ　$x > -5$

11 2進法の1001を、10進法で表すと、どのような数字になるか。

　ア　3　　イ　5　　ウ　7　　エ　9　　オ　11

12 以下の図のような道がある。AからCD間を通ってBまで行くときの最短経路は何通りあるか。

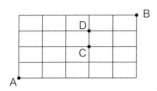

　ア　10通り　　イ　30通り　　ウ　24通り　　エ　40通り　　オ　48通り

13 水槽に給水管AとBがついている。Aだけで水槽をいっぱいにするには6時間かかり、Bだけだと9時間かかる。A、Bの両方から水を入れると、どのくらいでいっぱいになるか。

　ア　3時間10分　　イ　7時間　　　　ウ　3時間20分

　エ　3時間45分　　オ　3時間36分

14 以下の問いに答えよ。

　θ が鋭角で$\cos \theta = \dfrac{4}{5}$ のとき、$\tan \theta$ の値はいくらか。

　ア　$\dfrac{5}{3}$　　イ　$\dfrac{3}{4}$　　ウ　$\dfrac{4}{5}$　　エ　$\dfrac{4}{3}$　　オ　$\dfrac{5}{4}$

15 対角線が35本引ける多角形は何角形か。

　ア　10　　イ　7　　ウ　9　　エ　19　　オ　13

16 5個の数字0、1、2、3、4から、異なる3個の数字を使って3桁の整数を作るとき、偶数はいくつできるか。

　ア　12個　　イ　24個　　ウ　27個　　エ　30個　　オ　36個

17 底面の円の半径が4、母線の長さが6の円すいの表面積はどれか。

ア　24π　　イ　96π　　ウ　48π　　エ　32π　　オ　40π

数理　模擬テスト

解説と正解

---

1 A、B、Cがもらった冊数の差は、右図の通り。A
とBが、それぞれCよりも多い分を、全体から
引いて、3等分すればCの冊数がわかる。

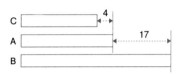

　　全体　　　CよりAが多い　　CよりBが多い　　　3等分　　　　Cの冊数
（100冊－　　　4冊　　－（17冊＋4冊））　÷　3　＝75÷3＝　25

正解　　ウ

---

2 分母に根号（√）を含まない形にすることを、「分母の有理化」という。
分母の「$\sqrt{10}-3$」は、「$\sqrt{10}+3$」をかけ算すると有理化できる。

$$\frac{\sqrt{10}+3}{\sqrt{10}-3}$$

◀ 分子と分母に$\sqrt{10}+3$をかけ算

$$=\frac{(\sqrt{10}+3)^2}{(\sqrt{10}-3)(\sqrt{10}+3)}$$

◀ それぞれ展開。分子は $(a+b)^2=a^2+2ab+b^2$ で展開。
　分母は $(a-b)(a+b)=a^2-b^2$ で展開

$$=\frac{(\sqrt{10})^2+6\sqrt{10}+3^2}{(\sqrt{10})^2-3^2}$$

◀ $(\sqrt{10})^2=10$。他の2乗も計算

$$=\frac{10+6\sqrt{10}+9}{10-9}$$

◀ 整数部分をさらに計算

$$=\frac{19+6\sqrt{10}}{1}$$

◀ 分母の1をはらう。式は整数より√を先にする

$$=6\sqrt{10}+19$$

正解　　イ

3 n角形の内角の和を求める式は「180°×(n−2)」。これに内角の和2160°を当てはめて、nの値を求める。

$$180 × (n − 2) = 2160$$
$$n − 2 = 2160 ÷ 180$$
$$n − 2 = 12$$
$$n = 14$$

内角の和が2160°の多角形は、14角形。

正解 ウ

4 確率の公式「Aの確率＝$\dfrac{Aはいくつ}{全部でいくつ}$」を使って考える。サイコロの目は「1〜6」。

Aはいくつ ➡ サイコロの目の和が9になるのは、以下の場合。

1個目	2個目
3	6
4	5
5	4
6	3

4通り

$$\dfrac{\overset{1}{\cancel{4}}}{\underset{9}{36}} = \dfrac{1}{9}$$

全部でいくつ ➡ サイコロ2個の目の組み合わせ　6×6＝36通り

正解 オ

5 今日をx日とすると、来週の同じ曜日は7日後なので「$x+7$」日、昨日は1日前なので「$x−1$」日。これを使って、3つの和が60となる方程式を作る。

今日　来週の同じ曜日　　昨日
$$x + \quad (x+7) \quad + (x−1) = 60$$
$$3x + 6 = 60$$
$$3x = 54$$
$$x = 18$$

図のカレンダーから18日は、土曜日。

正解 ウ

6 賞金の期待値を求めるには、1等〜はずれまで、それぞれの「賞金額×出る確率」を求めて足す。

1等賞金　1等確率　　2等賞金　2等確率　　3等賞金　3等確率　はずれ賞金　はずれ確率

$$\left(1000円\times\frac{4}{50}\right)+\left(500円\times\frac{6}{50}\right)+\left(200円\times\frac{15}{50}\right)+\left(0円\times\frac{25}{50}\right)$$

$$=\frac{\overset{20}{\cancel{1000}}\times4}{\cancel{50}}+\frac{\overset{10}{\cancel{500}}\times6}{\cancel{50}}+\frac{\overset{4}{\cancel{200}}\times15}{\cancel{50}}+0$$

$$=80+60+60+0$$

$$=200円$$

正解	イ

> **別解** 「賞金の総額÷本数の合計」を計算してもよい
>
> 賞金の期待値とは、くじ1本あたりの賞金の平均額のこと。賞金の総額を求めて、本数の合計で割り算してもよい。1等〜はずれまでの賞金総額は
>
> 　　（1000円×4本）＋（500円×6本）＋（200円×15本）＋（0円×25本）＝10000円
>
> これを本数の合計50本で割り算する。
>
> 　　10000円÷50本＝200円

7 相似な図形（同じ図形を拡大、縮小したもの）である三角形ABPと、三角形DEPに注目する。相似な図形では、対応する辺の比はすべて等しくなる。

問題文から、「DE：EC＝3：2」なので、ABは「3＋2＝5」。

※平行四辺形では平行する辺の長さが等しい。

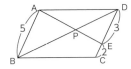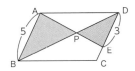

三角形ABPと三角形DEPは
すべての辺の比が5：3

ここから、「AB：DE」は「5：3」だとわかる。相似な図形では、対応する辺はすべて等しいので、「BP：PD」も同じく「5：3」になる。

正解	エ

8 二次方程式の解の公式を使って解く。

> **●二次方程式の解の公式**
>
> $ax^2 + bx + c = 0$の解は、$x = \dfrac{-b \pm \sqrt{b^2 - 4ac}}{2a}$

$x = \dfrac{-b \pm \sqrt{b^2 - 4ac}}{2a}$　　◀ $a = 8$、$b = 8$、$c = -6$を当てはめる

$x = \dfrac{-8 \pm \sqrt{8^2 - (4 \times 8 \times -6)}}{2 \times 8}$　　◀ それぞれ計算する

$x = \dfrac{-8 \pm \sqrt{256}}{16}$　　◀ $\sqrt{256} = \sqrt{16^2} = 16$

$x = \dfrac{-8 \pm 16}{16}$

xの解は $\dfrac{-8 + 16}{16}$、または $\dfrac{-8 - 16}{16}$。2つの解をそれぞれ計算すると

$x = \dfrac{-8 + 16}{16} = \dfrac{\overset{1}{8}}{\underset{2}{16}} = \dfrac{1}{2}$

$x = \dfrac{-8 - 16}{16} = \dfrac{\overset{3}{-24}}{\underset{2}{16}} = -\dfrac{3}{2}$

$\left.\right\}$ $x = \dfrac{1}{2}, -\dfrac{3}{2}$

解のうち、大きいほうは「$\dfrac{1}{2}$」。

正解	ア

別解 因数分解

因数分解で解いてもかまわない。ただし、因数を決めるのに手間取るようなら、解の公式を使うほうが速いだろう。

$8x^2 + 8x - 6 = 0$

$2(4x^2 + 4x - 3) = 0$

$2(2x - 1)(2x + 3) = 0$

よって、「$2x - 1 = 0$」または「$2x + 3 = 0$」。2つの解をそれぞれ計算すると
「$x = \dfrac{1}{2}, -\dfrac{3}{2}$」。

9 まず、①「10%の食塩水600gに含まれる食塩の質量」を求め、②16%の食塩水を x gとして、「16%の食塩水に含まれる食塩の質量＋8%の食塩水に含まれる食塩の質量＝①の食塩の質量」の方程式を作る。

食塩水の質量　　濃度　　食塩の質量
① 600g　×　0.1 ＝　60g

16%食塩水の食塩　　8%食塩水の食塩　　①の食塩の質量
② 0.16x　＋　0.08×(600−x)　＝　60

$$0.16x - 0.08x = 60 - 48$$
$$0.08x = 12$$
$$x = 150$$

16%の食塩水は150g混ぜればよい。

正解　エ

10 まず、分母の2と3の最小公倍数の6を両辺にかけ算して、分母をはらう。その後でかっこを展開する。

$$\frac{x-5}{2} - \frac{x-2}{3} > -1 \quad \longleftarrow 両辺に6をかけ算$$

$$\frac{\overset{3}{6}(x-5)}{\underset{1}{2}} - \frac{\overset{2}{6}(x-2)}{\underset{1}{3}} > -6 \quad \longleftarrow 約分して分母をはらう$$

$$(3x-15) - (2x-4) > -6 \quad \longleftarrow かっこを展開する$$

$$3x-15-2x+4 > -6 \quad \longleftarrow 左辺を計算$$

$$x-11 > -6 \quad \longleftarrow 数値を右辺に移す$$

$$x > 5$$

正解　ウ

11 n進法を10進法に直すときは、以下の公式を使う。

$$\left(\begin{matrix}1の位\\の数字\end{matrix} \times 1\right) + \left(\begin{matrix}10の位\\の数字\end{matrix} \times n\right) + \left(\begin{matrix}100の位\\の数字\end{matrix} \times n^2\right) + \left(\begin{matrix}1000の位\\の数字\end{matrix} \times n^3\right) \cdots$$

この問題は2進数なので、「n＝2」。

$$(1 \times 1) + (0 \times 2) + (0 \times 2^2) + (1 \times 2^3) = 1 + 0 + 0 + 8 = 9$$

正解　エ

12 経路を、「AからC」「CからD」「DからB」の3つに分けて考える。

●AからCの最短経路

マス目状の道をAからCまで最短距離で進むとき、通る道は、
上に2マス、右に3マス。そのうち上に進む道の組み合わせ
が決まれば、右の道は自動的に決まる。つまり、全部で5マ
ス進む道の中から、上2マス分の道を選ぶ組み合わせを求め
ればよい。組み合わせの公式を使って計算する。

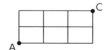

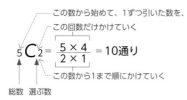

●CからDの最短経路

1通り。

D ●
|
C ●

●DからBの最短経路

上へ1マス、右へ2マス。全部で3マス進む道の中から、上1マス
分の道を選ぶ組み合わせは、3通り。

AからCまで10通り、CからDまで1通り、DからBまで3通り。それぞれをかけ算
して「10×1×3＝30通り」。

正解	イ

13 給水管Aは6時間で水槽がいっぱいになるので、1時間につき水槽の$\frac{1}{6}$。同様に考え
ると、Bは1時間につき$\frac{1}{9}$。水槽を1として、A、B両方使うので

水槽　　A　　B　　　　　　　　　　　　　　　　　　かかる時間

$$1 \div \left(\frac{1}{6} + \frac{1}{9}\right) = 1 \div \left(\frac{3}{18} + \frac{2}{18}\right) = \frac{1 \times 18}{5} = \frac{18}{5} = 3\frac{3}{5} \text{時間} = 3時間36分$$

正解	オ

14 三平方の定理と三角比を使って解く

● **三平方の定理**

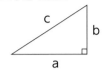

直角三角形の辺の長さは

$$a^2 + b^2 = c^2$$

● **三角比**

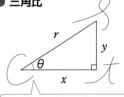

sin、cos、tanの頭文字、s、c、tの筆記体を書く順序に合わせて覚える。
書き順が先の辺が分母で後の辺が分子。

θ が鋭角である直角三角形において

$$\sin\theta = \frac{y}{r}$$

$$\cos\theta = \frac{x}{r}$$

$$\tan\theta = \frac{y}{x}$$

三角比から、$\cos\theta = \dfrac{4}{5}$ は右のような直角三角形。

残りの1辺は三平方の定理で求める。

$$4^2 + b^2 = 5^2$$
$$b^2 = 9$$
$$b = 3$$

よって、$\tan\theta$ は $\dfrac{3}{4}$。

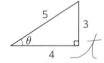

正解　　イ

別解 「$1 + \tan^2\theta = \dfrac{1}{\cos^2\theta}$」を使って解く

$$1 + \tan^2\theta = 1 \div \left(\frac{4}{5}\right)^2$$
$$\tan^2\theta = \frac{25}{16} - 1$$
$$\tan^2\theta = \frac{9}{16}$$
$$\tan^2\theta = \frac{3^2}{4^2}$$
$$\tan\theta = \frac{3}{4}$$

15 n角形の対角線の本数を求める式は「(n－3)×n÷2」。これに、対角線35本を当てはめて、nの値を求める。

$$(n-3) \times n \div 2 = 35 \quad \Longleftarrow \text{左辺のかっこを展開。÷2を右辺に移す}$$

$$n^2 - 3n = 35 \times 2 \quad \Longleftarrow \text{35×2＝70を左辺に移す}$$

$$n^2 - 3n - 70 = 0 \quad \Longleftarrow \text{足して－3、かけて－70になる数を探す}$$

$$(n+7)(n-10) = 0 \quad \Longleftarrow \text{(n＋7)なのでn＝－7、(n－10)なのでn＝10}$$

$$n = -7, 10$$

設問からnは正の数なので「10」。

正解　**ア**

16 0、1、2、3、4のうち、異なる3個の数字を使って3桁の整数を作る。偶数になるのは、1の位が0、2、4のいずれかのとき。それぞれの場合に分けて、何通りの偶数が作れるか考える。

●末尾が0の場合

100の位は、1～4の4通り。10の位は、100の位に使った数の残りの3通り。

100の位 かつ 10の位　　何通り作れるか
4通り × 3通り＝12通り

●末尾が2の場合

100の位は、0と2以外の3通り。10の位は、100の位に使った数の残り、または0の3通り。

100の位 かつ 10の位　　何通り作れるか
3通り × 3通り＝9通り

●末尾が4の場合

考え方は末尾が2の場合と同じ。100の位は、0と4以外の3通り。10の位は、100の位に使った数の残り、または0の3通り。

100の位 かつ 10の位　　何通り作れるか
3通り × 3通り＝9通り

それぞれの組み合わせを足し算して「12＋9＋9＝30通り」。偶数は30個できる。

正解　**エ**

17 この問題の円すいを展開図にすると、右図のようになる。円すいの表面積は「**底面積＋側面積**」で求める。底面積は「**半径×半径×円周率**」で求める。円周率はπで表す。

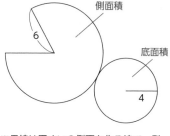

※母線は円すいの側面を作る線で、側面の扇形の半径と長さが一致

半径 半径 円周率 底面積
4 × 4 × π ＝16π

側面積は「母線×母線×円周率× $\frac{中心角}{360}$ 」で求める。まず、中心角を「360× $\frac{底面の半径}{母線}$ 」で求めるところから始める。

中心角 ➡ $360 \times \frac{4}{6} = \frac{\overset{60}{360 \times 4}}{\underset{1}{6}} = 240$

側面積 ➡ $6 \times 6 \times \pi \times \frac{240}{360} = \frac{\overset{1}{6} \times 6 \times \overset{4}{240}}{\underset{1}{\underset{60}{360}}}\pi = 24\pi$

よって、円すいの表面積は

底面積 側面積 円すいの表面積
16π＋24π＝40π

正解	オ

速解 側面積は「母線×底面の半径×円周率」でも求められる

側面積を「母線×底面の半径×円周率」で求めると「6×4×π＝24π」。底面積は上記で求めたように「4×4×π＝16π」。円すいの表面積は「24π＋16π＝40π」。

※「側面積＝母線×母線×円周率× $\frac{中心角}{360}$ 」に、「中心角＝360× $\frac{底面の半径}{母線}$ 」を代入して、約分すると「側面積＝母線×底面の半径×円周率」の式が求められる。

1 推論

●与えられた条件から、内訳などを推論する

例題

ある大学の文学部では、2年生に進級するときに英文学科、日本文学科、史学科のいずれかを選択する。今、7人の学生（北村、桜井、矢野、片山、宮田、渡辺、清水）の学科選択について考える。ただし、

・矢野と清水は同じ学科を選択する

・北村と片山は同じ学科を選択しない

・桜井は史学科を選択する

・少なくとも2人は英文学科を選択する

・少なくとも3人は日本文学科を選択する

渡辺が史学科を選択するとき、可能なのはどれか。

ア　北村が史学科を選択する 　　イ　片山が史学科を選択する

ウ　矢野が英文学科を選択する 　エ　清水が日本文学科を選択する

オ　宮田が日本文学科を選択する

設問から、桜井と渡辺の史学科が判明している。残りの5人は、条件から、2人が英文学科で、3人が日本文学科と決まる。「北村と片山は同じ学科を選択しない」ので、英文学科と日本文学科に分かれる。ここから、同じ学科を選択する矢野と清水は日本文学科と決まる。

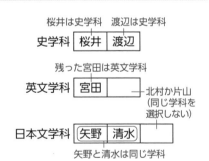

桜井は史学科　　渡辺は史学科

史学科 | 桜井 | 渡辺 |

残った宮田は英文学科

英文学科 | 宮田 | | ─ 北村か片山
　　　　　　　　　　　　（同じ学科を選択しない）

日本文学科 | 矢野 | 清水 | |
　　　　　矢野と清水は同じ学科

正解　エ

論理　模擬テスト

次の文を読み、以下の問いに答えよ。

サイコロの1から6までの目を金、銀、紫、茶、緑、黒で塗ることにした。ただし、

・茶の目は緑の目より数が小さい

・金の目は銀の目より数が小さい

・1の目は黒で塗らない

・紫の目と金の目は連続する数である

1 1から6までの色の順番として与えられた条件を満たすのは、次のうちどれか。

　　ア　金、銀、黒、茶、緑、紫　　　　イ　茶、黒、緑、銀、紫、金

　　ウ　緑、金、紫、銀、茶、黒　　　　エ　茶、紫、金、緑、黒、銀

　　オ　黒、紫、金、銀、茶、緑

2 黒の目のほうが銀の目より大きいとき、必ず正しいといえるのはどれか。

　　ア　銀の目は茶の目より小さい　　　イ　銀の目は紫の目より小さい

　　ウ　黒の目は紫の目より大きい　　　エ　黒の目は緑の目より大きい

　　オ　黒の目は茶の目より大きい

3 金の目と緑の目が連続する数のとき、必ず正しいといえるのはどれか。

　　ア　銀の目は5である　　　イ　金の目は4である　　　ウ　緑の目は3である

　　エ　黒の目は2である　　　オ　茶の目は1である

次の文を読み、以下の問いに答えよ。

中身の見えない5つの箱があり、それぞれ1番から5番の番号がついている。5つの箱のうち2つには、当たりを意味する青い玉が入っている。残りの3つの箱にも何かが入っているが、何が入っているかはわからない。今、あなたは箱の中の当たりの玉を見つけるために、AさんとBさんに次のような指示を出すことができる。

・Aさんには、箱の中を見てもらったうえで、箱の中に入っているものの色を教えてもらうことができる。ただし、当たりの玉以外にも青いものが入っている可能性もあり、その時にもAさんは「青い」とだけ答える。

・Bさんには、箱の中を見てもらったうえで、箱の中に当たりの玉が入っているかどうかを教えてもらうことができる。つまり、青い玉のときには、Bさんは「当たり」と答え、それ以外なら「はずれ」と答える。ただし、Bさんが見ることができる箱は1つだけとする。

4 Bさんに2番の箱を見てもらう場合に、確実にわかることは次のうちどれか。

ア　2番の箱の中に「青いもの」が入っているかどうか

イ　2番の箱の中に「青くない玉」が入っているかどうか

ウ　2番の箱の中に何が入っているか

エ　2番の箱の中に「青い玉」が入っているかどうか

オ　2番の箱は「青くない玉」が入っている箱のうっちの1つであること

5 Aさんが1・2番の箱を見て、どちらも「白い」と答えた場合に、確実にわかることは次のうちどれか。

ア 「青い玉」が入っている2つの箱がどれであるかわかる

イ 「白い玉」が入っている2つの箱がどれであるかわかる

ウ 「青い玉」が入った2つの箱を特定するためには、3〜5番のすべての箱をAさんに見てもらわなければならない

エ 3〜5番のいずれかの箱をさらにAさんに見てもらうと、「青い玉」が入った2つの箱がどれであるかわかる

オ 3〜5番のいずれかの箱をさらにAさんに見てもらうと、「青い玉」が入った2つの箱がどれであるかわかる場合もあるし、わからない場合もある

6 新たにCさんにも指示を出せるようになったとする。Cさんには、箱の中を見てもらったうえで、箱の中に入っているものの色以外の情報を教えてもらう。例えば、「青い玉」であれば「玉」と答え、「白い手袋」であれば「手袋」と答える。

以下は、AさんとCさんにすべての箱の中を見てもらった答えである。

箱の番号＼人	1	2	3	4	5
Aさん	赤い	青い	白い	青い	青い
Cさん	玉	手袋	玉	玉	帽子

ところが、Aさん、またはCさんのどちらかが、1つの箱についてだけウソをついているという。Aさん、Cさんともにウソをついているとは考えられない箱はどれか。

ア 1　イ 2　ウ 3　エ 4　オ 5

次の文を読み、以下の問いに答えよ。

ある通りには1番地から6番地まで、新築の住宅が6軒並んでいる。これら6軒の家に、6世帯の家族（藤村、相沢、小宮、内田、立川、山下）が入居する。ただし、

・内田家は山下家より大きな数の番地に入居する

・立川家は藤村家より大きな数の番地に入居する

・山下家と相沢家は隣どうしに入居する

・6番地に小宮家は入居しない

7 1番地から6番地まで入居する順番として、上記の条件を満たすものは次のうちどれか。

　ア　山下家、相沢家、内田家、藤村家、立川家、小宮家

　イ　藤村家、内田家、相沢家、山下家、小宮家、立川家

　ウ　小宮家、相沢家、山下家、立川家、内田家、藤村家

　エ　藤村家、小宮家、山下家、立川家、相沢家、内田家

　オ　小宮家、藤村家、相沢家、山下家、立川家、内田家

8 相沢家が小宮家より小さな番地に入居するとき、必ず正しいといえるのはどれか。

　ア　小宮家は山下家より大きな番地に入居する

　イ　小宮家は内田家より小さな番地に入居する

　ウ　内田家は藤村家より大きな番地に入居する

　エ　内田家は立川家より小さな番地に入居する

　オ　山下家は藤村家より小さな番地に入居する

9 立川家が山下家より大きな番地に入居するとき、必ず正しいといえるのはどれか。

　ア　立川家は内田家より小さな番地に入居する

　イ　立川家は相沢家より大きな番地に入居する

　ウ　立川家は小宮家より大きな番地に入居する

　エ　藤村家は山下家より大きな番地に入居する

　オ　藤村家は小宮家より小さな番地に入居する

10 内田家が藤村家より小さな番地に入居するとき、立川家が入居し得る番地は次のうちどれか。

　　ア　2番地　　イ　3番地　　ウ　4番地　　エ　5番地　　オ　6番地

次の文を読み、以下の問いに答えよ。

A班（佐藤、山田、小林、谷口）、B班（中村、田原）、C班（高橋、大島、川上）の9人がある旅館に宿泊する。部屋は3人部屋が3つである。ただし、

・1つの班の人が全員同じ部屋に泊まることはない

・高橋と田原は同じ部屋には泊まらない

・山田は中村と川上のどちらかと同じ部屋に泊まる（3人同じ部屋でもかまわない）

11 高橋が泊まる部屋にB、C班からは誰も泊まらないとき、高橋と同じ部屋に泊まることのできる組み合わせは次のうちどれか。

　　ア　佐藤、山田　　　イ　山田、小林　　　ウ　佐藤、田原

　　エ　小林、谷口　　　オ　山田、谷口

12 大島と高橋が同じ部屋に泊まるとき、残りの部屋に泊まる組み合わせとして適当なものは次のうちどれか。

　　ア　谷口、中村、佐藤；山田、小林、川上

　　イ　田原、佐藤、小林；中村、山田、谷口

　　ウ　山田、田原、川上；中村、谷口、佐藤

　　エ　山田、川上、谷口；小林、中村、田原

　　オ　中村、川上、谷口；田原、山田、佐藤

13 次の組み合わせのうち、山田と同じ部屋に泊まれないのはどれか。

　　ア　小林、川上　　　イ　中村、高橋　　　ウ　川上、谷口

　　エ　中村、川上　　　オ　田原、中村

論理　模擬テスト

1 4つの条件に当てはまらない選択肢を除いていく。

~~ア~~　条件では、紫の目と金の目は連続する数だが、アでは当てはまらない。

~~イ~~　条件では、金の目は銀の目より数が小さいが、イでは当てはまらない。

~~ウ~~　条件では、茶の目は緑の目より数が小さいが、ウでは当てはまらない。

~~オ~~　条件では、1の目は黒で塗らないが、オでは当てはまらない。

残った選択肢は、エの「茶、紫、金、緑、黒、銀」だけ。これが正解。

正解	エ

2 色の順番について、最初に与えられた4つの条件をまとめると、以下の通り。

・茶の目は緑の目より数が小さい　　　　茶＜緑

・金の目は銀の目より数が小さい　　　┐金
・紫の目と金の目は連続する数である　┘・＜銀
　　　　　　　　　　　　　　　　　　　紫

・1の目は黒で塗らない　　　　　　　1≠黒

これに、「黒の目のほうが銀の目より大きい」を加える
と右のようになる。確実に当てはまる（必ず正しい）の
は、ウの「黒の目は紫の目より大きい」。

※他の選択肢のうち、ア・エ・オは茶または緑の目の位置によっ
て正しい場合と誤りの場合がある。イは常に誤り。

正解	ウ

3 前問でまとめた「最初に与えられた4つの条件」に、「金の目と緑の目が連続する数」の条件を加えると、以下のようになる。

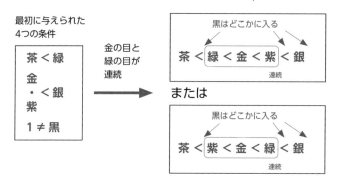

必ず正しいのは、オの「茶の目は1である」。

※他の選択肢はいずれも、紫、緑、黒の位置によって、正しい場合と誤りの場合がある。

正解	オ

4 Bさんは、青い玉のときには「当たり」、それ以外なら「はずれ」と答える。確実にわかるのは、2番の箱の中に「青い玉」が入っているかどうか。当てはまるのはエ。

※残りの選択肢は、少なくともBさんが「はずれ」と答えたときには、わからない（「はずれ」のときには、「赤い玉」「青い手袋」など、さまざまな可能性があり得る）。

正解	エ

5 Aさんが答えるのは色だけ。1・2番が「白い」という答えから、青い玉が入っている可能性があるのは3〜5番。これを踏まえて、ア〜オのうち確実にわかるものはどれか考える。

~~ア~~　青い玉の可能性があるのは3〜5番。2つがどれかは決まらない。

~~イ~~　1・2番には白いものが入っているが、玉かどうかはわからない。

~~ウ~~・~~エ~~　3〜5番のうち、「青い玉」以外の箱に入っているものが、青以外ならわかるが、青（例えば青い手袋）ならわからない。

㋒　3〜5番のうち、「青い玉」以外の箱に入っているものが、青以外ならわかるが、青ならわからない。よって、「わかる場合もあるし、わからない場合もある」。

正解	オ

6 表のうち「青い玉」は4だけ。ウソの訂正が入るのは1ヵ所だけなので、4が「青い玉」なのは確実で、もう1つの「青い玉」はウソの訂正で決まる（1・2・3・5のいずれか）。よって、Aさん、Cさんともウソをついているとは考えられない箱は「4」。

正解	エ

7 設問の条件に当てはまらない選択肢を除いていく。

ア̶ 条件では、6番地に小宮家は入居しないが、アでは当てはまらない。

イ̶ 条件では、内田家は山下家より大きな数の番地だが、イでは当てはまらない。

ウ̶ 条件では、立川家は藤村家より大きな数の番地だが、ウでは当てはまらない。

エ̶ 条件では、山下家と相沢家は隣どうしだが、エでは当てはまらない。

残った選択肢は、オの「小宮家、藤村家、相沢家、山下家、立川家、内田家」だけ。これが正解。

正解	オ

8 「山下家と相沢家は隣どうしに入居」なので、相沢家が小宮家より小さな番地のときは、山下家も小宮家よりも小さな番地。これを、言いかえたアの「小宮家は山下家より大きな番地に入居する」が正解。

正解	ア

9 考え方は前問と同じ。「山下家と相沢家は隣どうしに入居」なので、立川家が山下家より大きな番地のときは、立川家は相沢家より大きな番地。当てはまるのはイ。

正解	イ

10 入居する順番について、最初に与えられた4つの条件をまとめると、以下の通り。

- ・内田家は山下家よりも大きな数の番地 ⎫ 山
- ・山下家と相沢家は隣どうし   ⎬ ・＜内
                              ⎭ 相
- ・立川家は藤村家よりも大きな数の番地   藤＜立
- ・6番地に小宮家は入居しない   6≠小

これに、「内田家が藤村家より小さな番地」を加えると
右のようになる。立川が入居し得る番地は「6番地」。

| 正解 | オ |

11 「高橋が泊まる部屋にB、C班からは誰も泊まらない」ので、高橋の同室はA班（佐藤、山田、小林、谷口）の人だけ。

選択肢を見ると、ウの田原以外はA班なので、もう少し条件を絞る。「山田は中村と川上のどちらかと同じ部屋に泊まる（3人同じ部屋でもかまわない）」とあり、山田はA班、中村はB班、川上はC班。

A 山田	A 山田	A 山田
B 中村	C 川上	B 中村
?	?	C 川上

（または）

高橋と同じ部屋は、A班の人だけなので、山田と同室はあり得ないことがわかる。山田が入っている選択肢を除くと、残りはウとエ。このうち、ウの田原はB班なので除くと、残った選択肢はエの「小林、谷口」だけ。これが正解。

| 正解 | エ |

12 設問の条件に当てはまらない選択肢を除いていく。

✗ 条件では、高橋と田原は同じ部屋には泊まらないが、アでは当てはまらない（アにいない田原は、高橋と同室ということになる）。

✗ 条件では、1つの班の人が全員同じ部屋に泊まることはないが、イでは当てはまらない（イにいない川上は、大島と高橋と同室ということになるが、その場合、C班全員が同室）。

✗ 条件では、1つの班の人が全員同じ部屋に泊まることはないが、エでは当てはまらない（B班の全員である中村と田原が同室）。

✗ 条件では、山田は中村と川上のどちらかと同じ部屋だが、オでは当てはまらない（山田と同室なのは田原と佐藤であり、中村も川上も同室ではない）。

残った選択肢は、ウの「山田、田原、川上；中村、谷口、佐藤」だけ。これが正解。

正解　ウ

13 選択肢のうち、オの「田原、中村」はどちらもB班。「1つの班の人が全員同じ部屋に泊まることはない」ので、B班の全員である田原と中村が同室はあり得ない。山田と同じ部屋に泊まれないのはオ。

正解　オ

TAP 言語

1 二語関係・同音異義語

- ●二語関係は、言葉どうしの関係を問う問題。四字熟語なども出る
- ●同音異義語は設問で示されている言葉と同じ漢字のものを選ぶ

例題

1 太字で示された二語の関係を考え、その下の語句が同じ関係になるように（ ）に語を入れるとき、適切なものはどれか。

温故：知新

因果：（ ）

ア 対応　イ 報知　ウ 応報　エ 議論　オ 原因

2 以下の文の下線部と同じ表記で使われているものはどれか。

人を<u>かい</u>してお願いをする

　ア 関係者が一堂に<u>かい</u>する　　　イ 風流を<u>かい</u>さない人

　ウ 今までにない困難に<u>かい</u>する　エ 意に<u>かい</u>する

　オ 書かれた通りに<u>かい</u>する

---

1 「温故」と「知新」は組み合わせて「温故知新」という四字熟語になる。同様に、「因果」と組み合わせて四字熟語になるのは、「応報」。

※「温故知新」は「昔の事を調べて、そこから新しい知識や見解を得ること」という意味。また、「因果応報」は仏教に由来する言葉で、意味は「前世における行為の結果として現在における幸不幸があり、現世における行為の結果として来世における幸不幸が生じること」。

2 問題の「かい」に当てはまる言葉は「介」。同じ表記で使われているものはエ。

※「介する」には、「交渉・依頼などで、人や物を仲立ちとする」という意味と、「意に介する」の形で使う「心にかける、気にする」という意味がある。
※ア、ウの「かい」は「会」、イ、オの「かい」は「解」。

| 正解 | **1** ウ | **2** エ |

※言葉の定義は『大辞林第三版』（三省堂）から引用しました。

2 文章の論理的な読解

●文章を読んで、選択肢の正誤を判断する

例題

以下の文が正しいことを述べているとして、問いに答えなさい。

> 世界にはまだまだ発展途上国が多く存在する。そうした国で医学を学ぶ学生は、日本やアメリカなどの先進国と比べると、基本的な技術しか教わることができない環境下にある。彼らが最先端の治療方法や新しい設備を利用できる機会は、先進国の医学生よりも少ない。国際的に比較すると、発展途上国の医学生は不利な立場に置かれているケースが多いのが事実だ。

上の記述から確実に導き出される結論として、最も適切なものはどれか。

ア　発展途上国の医療にとって最も難しい課題は、衛生面での管理だ。

イ　進歩した設備や技術を利用できるかどうかの違いが、国際的な比較において医学訓練の質の差をもたらしている。　　**ウ**　日本は、発展途上国での医師の養成のために資金を出したり協力したりするべきだ。　　**エ**　日本の医師を見れば、日本の医大における教育システムが優れていることがすぐわかる。　　**オ**　日本では外国人留学生の受け入れ規模が小さすぎる懸念がある。

本文で述べられていることだけから、確実に導き出されるものが正解。書かれていないことを、自分の常識などで判断しないこと。

ア　発展途上国での衛生面の管理については述べられていない。

イ　「先進国と比べると、基本的な技術しか教わることができない」「最先端の治療方法や新しい設備を利用できる機会は、先進国の医学生よりも少ない」ことから、発展途上国の医学生が不利な立場に置かれている、と述べられている。

ウ　発展途上国の医師の養成について他国がどう関わるべきかについては述べられていない。

エ　日本の医大における教育システムについては述べられていない。

オ　外国人留学生については述べられていない。

正解　**イ**

言語　模擬テスト

制限時間4分　問題数10問

※実物は制限時間10分、問題数27問

---

1 太字で示された二語の関係を考え、その下の語句が同じ関係になるように（　）に語を入れるとき、適切なものはどれか。

二月：如月

八月：（　）

ア　葉月　　イ　睦月　　ウ　文月　　エ　長月　　オ　霜月

---

2 太字で示された二語の関係を考え、その下の語句が同じ関係になるように（　）に語を入れるとき、適切なものはどれか。

どなる：ささやく

みくびる：（　）

ア　見限る　　イ　買いかぶる　　ウ　見放す　　エ　恩に着る　　オ　見逃す

---

3 太字で示された二語の関係を考え、下の組み合わせが上と同じ関係になるように（　）に語を入れるとき、適切なものはどれか。

行く：うかがう

（　）：（　）

ア　書く：お書きになる　　イ　食べる：召し上がる　　ウ　言う：おっしゃる

エ　する：なさる　　オ　見る：拝見する

4 太字で示された二語の関係を考え、下の組み合わせが上と同じ関係になるように（ ）に語を入れるとき、適切なものはどれか。

一石二鳥：虻蜂取らず

（ ）：（ ）

ア　逃がした魚は大きい：腐っても鯛　　イ　馬の耳に念仏：猫に小判　　ウ　蛙の子は蛙：鳶が鷹を生む　　エ　犬の遠吠え：泣き面に蜂　　オ　二階から目薬：猿も木から落ちる

---

5 以下の文の下線部と同じ表記で使われているものはどれか。

しじ政党を調査する

ア　書の大家にしじして学ぶ　　イ　調理の方法をしじする　　ウ　その点についてはしじがなかった　　エ　しじをあばく　　オ　全員のしじを取り付けることに成功した

---

6 以下の文の下線部と同じ表記で使われているものはどれか。

こう暑くてはかなわない

ア　がんばってもかなう相手ではない　　イ　条件にかなう会社　　ウ　念願がかなった　　エ　かなわぬ夢　　オ　理想にかなった人

---

7 以下の文の下線部と同じ表記で使われているものはどれか。

しこう錯誤を重ねて完成した

ア　コンピュータのしこう回路　　イ　法令がしこうされる　　ウ　上昇しこうが強い人　　エ　ソフトウェアのしこう版を公開する　　オ　酒などのしこう品

---

8 以下の文の下線部と同じ表記で使われているものはどれか。

人員の確保につとめる

ア　定年までつとめ上げる　　イ　議長をつとめる　　ウ　朝夕につとめる

エ　相手役をつとめる　　オ　泣くまいとつとめる

9 以下の文が正しいことを述べているとして、問いに答えなさい。

> ブドウの栽培時に太鼓の音を流すと、流さずに栽培したときと比べて味の良いブドウが収穫できることがわかっている。また、スイカの栽培時にクラシック音楽を流すと大きなスイカが収穫できることもわかっている。

上の記述から確実に導き出される結論として、最も適切なものはどれか。

ア　よい音楽は動物にも植物にもよい影響を与える。

イ　大きなスイカを収穫するには太鼓の音を流せばよい。

ウ　ブドウは音の大きさに反応し、スイカはメロディーに反応する。

エ　人間が心地よいと感じる音楽は、植物にとっても心地よい音楽だ。

オ　音楽が植物に影響を与えることがある。

10 以下の文が正しいことを述べているとして、問いに答えなさい。

> ビルやマンション、学校などの窓ガラスに、赤い逆三角形のシールが貼ってあることがある。これは消防隊が進入しやすいように他よりも壊しやすくなっている窓を示すものである。ある地域では、中学校の2階より上のすべての教室にはこのような窓を設置することが義務づけられているという。

この地域の中学校について、上の記述から導き出される結論として、最も適切なものはどれか。

ア　3階の教室には、このような窓がないものがある。

イ　2階建ての中学校の1階には、このような窓はない。

ウ　4階の教室には、このような窓がある。

エ　このような窓があれば、2階より上の教室である。

オ　3階にある、教室として使われていない部屋には、このような窓はない。

言語 模擬テスト

解説と正解

※言葉の定義は『大辞林第三版』（三省堂）から引用しました。

1 「如月」は「陰暦2月の異名」。左右の関係は、月と、対応する陰暦の異名。問題の「八月」の異名は「葉月」。

> **補足 その他の選択肢の意味**
> イの「睦月」は1月、ウの「文月」は7月、エの「長月」は9月、オの「霜月」は11月の異名。

正解	ア

2 「どなる」は大声で言うこと、「ささやく」は小声で言うこと。左右の関係は、対立する関係。問題の「みくびる」は「たいしたことはないとあまく見る」という意味で、対立する関係になるのはイの「買いかぶる」。「買いかぶる（買い被る）」は、「人を実際以上に高く評価する」という意味。

正解	イ

3 「うかがう（伺う）」は「行く」の謙譲語。左右の関係は、右の言葉が左の言葉の謙譲語になる関係。同じ関係の選択肢は、オの「見る：拝見する」。

正解	オ

4 「一石二鳥」は「一つの事をして二つの利益を得ること」という意味。「虻蜂取らず」は「同時にいくつかのものをねらって、結局何も得られないことのたとえ」。左右の関係は、対立する関係。同じ関係の選択肢は、ウの「蛙の子は蛙：鳶が鷹を生む」。

> **補足 「蛙の子は蛙」「鳶が鷹を生む」の意味**
> 「蛙の子は蛙」は「子供はたいてい親に似るものだ」という意味。また、「鳶が鷹を生む」は「平凡な親が優秀な子供を生むたとえ」。

5 問題の「しじ」に当てはまる言葉は「支持」。同じ表記で「しじ」が使われている選択肢は、オの「全員の<u>しじ</u>を取り付けることに成功した」。

> **補足** その他の選択肢の表記
> アの「しじ」は「師事」、イ、ウの「しじ」は「指示」、エの「しじ」は「私事」。

6 問題の「かな」に当てはまる言葉は「敵」。「敵わない」は「……に対抗できない」という意味。同じ表記で「かな」が使われている選択肢は、アの「がんばっても<u>かな</u>う相手ではない」。

> **補足** その他の選択肢の表記
> イ、オの「かな」は「適」、ウ、エの「かな」は「叶」。

7 問題の「しこう」に当てはまる言葉は「試行」。「試みにやってみること」という意味。同じ表記で「しこう」が使われている選択肢は、エの「ソフトウェアの<u>しこう</u>版を公開する」。

> **補足** その他の選択肢の表記
> アの「しこう」は「思考」、イの「しこう」は「施行」、ウの「しこう」は「志向」、オの「しこう」は「嗜好」。

8 問題の「つと」に当てはまる言葉は「努」。同じ表記で「つと」が使われている選択肢は、オの「泣くまいと<u>つと</u>める」。

> **補足** その他の選択肢の表記
> ア、ウの「つと」は「勤」、イ、エの「つと」は「務」。なお、ウの「勤める」は「仏道にはげむ」という意味。

正解　**オ**

9 本文で述べられていることだけから確実に導き出されるものが正解。

ア 本文では「よい音楽」については述べられていない。また、音楽が動物に与える影響についても述べられていない。

イ 大きなスイカが収穫できるのはクラシック音楽を流したとき。

ウ 本文では、音の大きさやメロディーに反応したとは述べられていない。

エ 本文では、植物が音楽に心地よさを感じるかどうかは述べられていない。

㋔ 太鼓の音やクラシック音楽を流したときとそうでないときとで、収穫するブドウやスイカに違いが出ることから、音楽が植物に影響を与えることがあるといえる。

正解　**オ**

10 本文で述べられていることから確実に導き出されるものが正解。

本文と選択肢の「このような窓」とは、赤い逆三角形のシールが貼ってある窓のこと。このような窓を設置する義務があるのは、中学校の「2階より上」にある、「教室」。また、述べているのは設置義務だけなので、義務づけられたところ以外へも設置されている可能性があることに注意する。

ア 3階の教室は設置義務に当てはまる。不適切。

イ 1階にも設置されている可能性がある。

㋑ 4階の教室は設置義務に当てはまる。このような窓がある。

エ 2階より上の、教室以外の場所にも設置されている可能性がある。

オ 3階にある、教室として使われていない部屋にも設置されている可能性がある。

正解　**ウ**

TAP
性格テストの概要

◾️◯ 3つの側面から受検者の適性を診断

TAPの性格テストは、仕事における性格傾向を職務バイタリティ、対人的側面、行動的側面の3つの側面から調べています。

職務バイタリティでは達成意欲、忍耐力など、対人的側面では協調性、指導性など、行動的側面では几帳面、熟慮などの程度を診断します。

◾️◯ TAPの性格テストは、前後半に分かれて出題

TAPの性格テストは、前半と後半で構成されます。全部で120問の質問に15分で回答します。

	問題数	制限時間
前半	64問	15分
後半	56問	

◾️◯ 性格テスト　前半

前半は、質問文に対してa・b・cのいずれかを選ぶ形式です。例えば、「何ごとも最後までやり通す。」という質問が出ます。この質問文で調べているのは「達成意欲」で、例えば「a」と答えると、達成意欲が高いことになります。

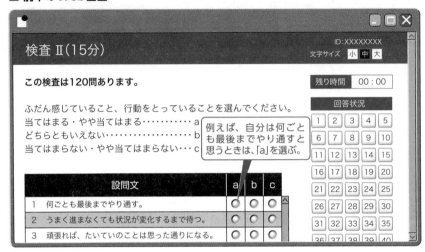

● 性格テスト　後半

　後半は、相反する2つの文章のいずれかを選ぶ形式です。例えば、「リーダーの役割をやったことがあまりない」「リーダーの役割をやったことがかなりある」という質問が出ます。この質問で調べているのは「指導性」で、「やったことがかなりある」と答えると指導性が高いことになります。

■ 後半のWeb画面

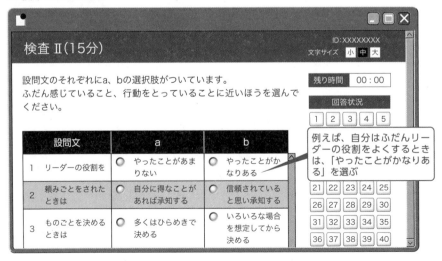

TAP
性格テストの攻略法

■● バイタリティは高いほうが望ましい

　バイタリティは活力のことですが、TAPの場合は単なる活力ではありません。TAPの職務バイタリティは、組織や集団にとけこむ適応力や、目標を達成しようとする意欲などのことです。いずれも職務遂行の上で大事なものだといえます。

　TAPの職務バイタリティは、これらの職務遂行上、欠かせないバイタリティを4尺度で示したものです。**どの企業でも、職務バイタリティの4尺度は高いほうが望ましいといえます。**

■● 人との接し方や行動の仕方で何が望ましいかは企業により異なる

　TAPの職務バイタリティがどの企業でも必要なものであるのに対し、**対人的側面と行動的側面は、企業や職種によって何が望ましいのかが異なる**ものとされています。例えば、対人的側面には「協調性」が含まれますが、協調性がどの程度重視されるかは、仕事により異なります。

　チームで働くことが多い仕事であれば、高い協調性が求められるでしょう。逆に、単独での行動や判断が多い仕事であれば、協調性よりも、他人を頼らずに行動・判断できることが重視されることもあるでしょう。

　このように企業や職種によって何が望ましいのかが異なる場合、**対策としては、事前の企業研究で、企業が求める人物像をつかんでおくことと、TAPの尺度を頭に入れておくことです。**

TAP
性格テストの【尺度一覧】

職務バイタリティ、対人的側面、行動的側面の3つの側面から、受検者の仕事における性格傾向が診断されます。以下の項目について強い傾向が現れたときは尺度が高くなり、逆の場合は尺度が低くなります。

	尺度	測定内容
職務バイタリティ	達成意欲	目標を達成しようとする意欲があるか
	積極性	自ら積極的に物事を行う行動力があるか
	組織適応力	組織や集団にとけこむ適応力があるか
	忍耐力	困難があっても、物事をやり遂げる忍耐力があるか
対人的側面	指導性	指導的な行動をするほうか、人の言うことに従うほうか
	協調性	他人と協力するほうか、個人主義で他人を頼らないほうか
	外向性	人とのつきあいを積極的にするほうか、消極的なほうか
行動的側面	几帳面	まじめで几帳面なほうか、おおらかで時としてルーズなほうか
	熟慮	よく考えてから行動するほうか、楽観的にとらえすぐ行動するほうか
	現実	現実主義で客観的なほうか、理想主義で感情豊かなほうか

（SPIノートの会調べ）

第6部

TAL

■ 採用テスト作成会社 ■
人総研

TALとは？

■● 主に精神の安定性を測定するテスト

TAL_{タル}は、人総研製のWebテストです。性格テストのみが出題されます。**精神の安定性を主として測定し、あわせて仕事に必要な資質があるかも測定しています。**

TALは2つの検査形式から成り立っています。前半が「質問回答形式」、後半が「図形貼付形式」です。

■● 「シールを使って絵を作るテスト」がある

TALの最大の特徴が、**後半の「図形貼付形式」テストです。**これは与えられたタイトルに基づいて図形シールを貼りつけて絵を作成するというテストです。

これまで、多くの学生が応募する企業の初期選考で実施される性格テストといえば、質問に答える形式のものがほとんどで、絵を描かせる形式のテストはあまりありませんでした。このため、TALを受検した就活生の間では、「絵を作成するテストが出て、驚いた」「どんな絵にすればよいのかがまったくわからない」と困惑の声が上がっています。

■● 卵を選ばせる質問がある

前半の「質問回答形式」テストでは、日常の生活でどう行動するかを答える質問などが出題されます。絵を作成する形式に比べれば、常識の範囲で答えられるように見えます。しかし、中にはさまざまな種類・形状の卵から、手に持ってよいのはどれかを選ぶといった、変わった質問が混ざっています。

■● 奇抜さに惑わされないこと

前半・後半で共通しているのは、「どう答えたらよいか、まったく予想がつかない」ということです。これは、TALが主として精神の安定性を測定するテストだからです。

精神の安定性に関することをストレートな表現で質問すれば、多くの人が回答を操作するでしょう。志望企業に少しでも良い印象を与えようとするのは当然のことです。

TALはこうした回答の操作をなるべくさせないように工夫したテストなのです。卵を選ぶ質問、絵を作成するテストのどちらにも、望ましい回答が存在します。**テストの形式や質問の奇抜さに惑わされずに、質問の意図を見抜くことが大事です。**

●○ TALは前後半に分かれて出題

前半は質問に回答する形式、後半は絵を作成する形式です。

	問題数	制限時間
質問回答形式	36問	30分 ※実施の目安は15分
図形貼付形式	1問	15分 ※実施の目安は5分

●○ TALの動作環境

OS・ブラウザ	Windows 10/11 ・Edge ・Chrome ・FireFox Mac OS 10.12以降 ・Safari ・Chrome iOS 11以降 ・標準ブラウザ Android 8以降 ・標準ブラウザ
その他	タッチパネルPCでは動作しないブラウザがあるので、マウスを用意すること

※ 動作環境は、受検年度や企業によって変わることがあります。動作環境は、実際の受検時に必ずご確認ください。

■◗ TAL 前半【質問回答形式】

質問回答形式では、「精神の安定性」と「仕事に必要な資質」があるかどうかを調べています。

■ TAL　前半【質問回答形式】のWeb画面

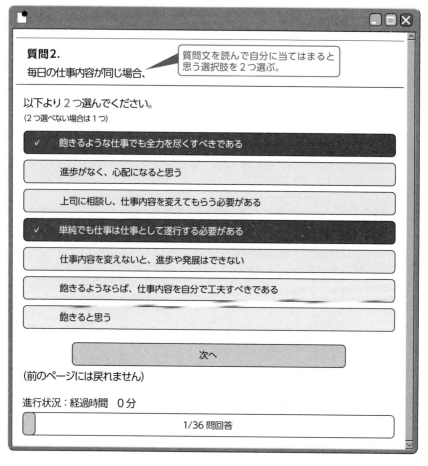

質問2.
毎日の仕事内容が同じ場合、

> 質問文を読んで自分に当てはまると思う選択肢を2つ選ぶ。

以下より2つ選んでください。
(2つ選べない場合は1つ)

- ✓ 飽きるような仕事でも全力を尽くすべきである
- 進歩がなく、心配になると思う
- 上司に相談し、仕事内容を変えてもらう必要がある
- ✓ 単純でも仕事は仕事として遂行する必要がある
- 仕事内容を変えないと、進歩や発展はできない
- 飽きるようならば、仕事内容を自分で工夫すべきである
- 飽きると思う

次へ

(前のページには戻れません)

進行状況：経過時間　0分

1/36問回答

◗ TAL 後半【図形貼付形式】

図形貼付形式では「精神の安定性」を調べています。

■ TAL　後半【図形貼付形式】のWeb画面

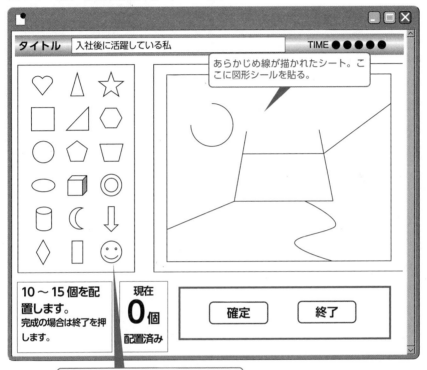

TALの攻略法
① 質問回答形式

■○ 理想の人物像をイメージする！

TALでは、「精神的に安定している人物」「仕事に必要な資質を持っている人物」の理想像が設定されています。

具体的には、以下のような人物です。

① ストレスに強く、常に自分を律し、誘惑に負けず、不祥事を起こさない人物

② 安易に転職をせず、どんな仕事でも与えられたら一生懸命に取り組む人物

③ 上司の指示がなくても、周囲とコミュニケーションを取り、自分で物事を判断して対処する人物

■○ 質問の意図をできるだけ推測する！

質問の中には、「自分の手にもってもよいものはどれですか」という質問で、「産みたての生卵」「殻つきのゆで卵」「輪切りにしたゆで卵」などの選択肢から回答を選ぶものもあります。理想の人物像をイメージしただけでは、質問に答えることは難しいでしょう。このような質問が出たら、可能な限り、連想をしてみましょう。例えば、「卵」は「生命」に結びつけて「産みたての生卵」を選択するのが望ましい答えです。生命と向き合う強さを持っているとして、非うつ傾向が高いと判断されます。なお、このタイプの問題はそれほど多く出題されないので、過度な心配はいりません。

TALの攻略法
② 図形貼付形式

● 精神的な安定性を測定

　図形貼付形式では、テーマに沿った絵を描くことができるかという点から「精神の安定性」を測っています。「精神の安定性」という点から重視されるのが「特異性」と「絵画性」です。

「特異性」とは、多くの人が同じような考えや行動をとるときに、一人だけ違う考えや行動をとることをいいます。特異性のある絵を描くと、精神的に不安定だと判断されます。特異性は「ない」ほうが望ましいのです。

　反対に、あるほうが望ましいのが「絵画性」です。絵画性の高い絵を描くと、精神的に安定していると判断されます。

　これらの点を踏まえて、絵を作成しましょう。具体的には、以下の「図形配置のヒント」を参考にしましょう。

● 図形配置のヒント

　与えられるタイトルで最も多いのが、自分を描くことです。例えば、「入社後に活躍している私」「私の仕事」といったものです。ここでは自分を描くときの図形配置のヒントを中心に説明します。

※以下の例は、絵を描かせる心理テスト「ワルテッグ描画テスト」「人物画テスト」の評価法に基づき、SPIノートの会が独自に割り出したものです。

① **顔の図形シールを使う**

　自分を描くときは、顔の図形シールを使うことが望ましいといえます。仕事中の顔の配置なので、顔の図形シールは中央より上で、回転していない方が望ましいでしょう。

　顔の図形シールが下や隅にあったり、90度や180度に回転していると、寝ている姿、逆立ちをしている姿になり、仕事の姿としては特異だと判断されます。

② **人物は大きく描く**

人物を大きく描くと、精神的な安定性が高いと評価されます。極端に小さい人物を描くと、自分を「依存的な人間・小さく無意味な人間」と認識していると解釈され、精神的な安定性が低いと評価されます。

③ **人物をより絵画的に描く**

人物に衣服をつけたり、物を持たせたり、他者も描いたりすると、より絵画的な絵とみなされ、評価が高くなります。

④ **図形シールを多く使う**

図形シールを15個フルに使うと、より絵画的な表現と評価されます。

⑤ **シートにある線をすべて使う**

シートにある線をすべて使って絵を完成させると、「現実をきちんと把握し、対処する人物である」として、精神的な安定性が高いと評価されます。

TAL【尺度と質問例】

　精神の安定性を主として測定し、あわせて仕事に必要な資質があるかも測定します。

　以下の尺度は、いずれも高いほどプラス評価になります。（＋）のついた選択肢を選択すると、その尺度は高くなります。また、（－）のついた選択肢を選択すると、その尺度は低くなります。

	尺度	測定内容	質問例と選択肢
精神的な安定性	ストレス耐性	ストレスに強く、ストレスを上手に解消する傾向を測定。	・何かで競って負けたとき、どんな気持ちになりますか。 （＋）逆に意欲が出る （－）心が傷つく
	非うつ傾向	うつになりにくい傾向を測定。	・自分の手に持ってもよいものはどれですか。 （＋）産みたての生卵 （＋）うずらの卵 （－）模型の卵
	非自傷傾向	自傷行為をしない傾向を測定。	・すべてが嫌になったことがありますか。 （＋）自分ではないが、他人の話は聞いたことがある （－）ときどきそうなる （－）いなくなれと誰かが言っている
	非暴力傾向	嫌なことがあっても暴力的にならない傾向を測定。	・自分はどんな人だと思いますか。 （＋）あまり怒らない人だ （－）怒りやすい人だ
	非不祥事傾向	常に自分を律し、誘惑に負けず、ずる賢い行動や軽率な対応をせず、不祥事を起こさない傾向を測定。	・物や金銭をとられた人がいたら、どう思いますか。 （＋）警察に届けるべきだ （－）とられた人がよくない

仕事に必要な資質	転換力	異動などで、職場環境や業務内容が変わってもすぐに順応する傾向を測定。	・仕事内容が変わった場合は、 （＋）まったく問題ない。どんな仕事でも対応できる （－）自分に合わなければ、転職をして合う仕事を見つける
	積極性	上司や他人の指示・命令を受けなくても、自己の判断で業務を遂行する傾向を測定。	・嘘をつかれたら、どうしますか。 （＋）嘘をつくのはよくないと注意する （－）上司と相談する
	人間力	何事に対しても、疑問を持ち、深く考えて判断をする傾向を測定。善悪の判断やこだわりをもって対応する。	・自動販売機にお金を入れても、商品が出ず、お金も戻らなかったら、どうしますか。 （＋）連絡先に電話してクレームを言う （－）自動販売機をけとばす
	行動力	考えていることを実行し、すみやかに物事に対応する傾向を測定。	・あなたの思考（考えながら）と行動の関係は、 （＋）考えながら行動できる （－）考えながら行動できない
	コミュニケーション能力	周囲との対話の必要性を認識し、対話によって物事を解決しようとする傾向を測定。	・相手にとって良いことだとわかっているときは、 （＋）一応確認をしたほうがよい （－）相手には知らせないでするほうがよい
	指導性	相手の気持ちを理解し、相手の些細な変化を確認しながら、必要に応じてほめたり、しかったりする傾向を測定。	・人を指導したり、教える場合、 （＋）ほめるだけでなく、ときにはしかることも必要である （－）しかることはよくない、ほめて指導するほうがよい
	協調性	ひとりよがりにならず、意見・利害が対立する場合でも、他人と協力して物事を遂行する傾向を測定。	・周囲の人との関係では、 （＋）お互いの利害を調整すべきである （－）言うべきことを言い、不利益をこうむらないようにすべきだ

	責任感	自己の言動に責任を持ち、失敗しても他人に責任を押しつけない傾向を測定。	・責任感のある仕事とは、どのようなものですか。 （＋）仕事の責任を持つことである （－）責任ある仕事をすることである
	持久性	単純作業でも、勝手に作業の手順などを変えたりせずに、飽きることなく継続する傾向を測定。	・毎日の仕事内容が同じ場合、 （＋）飽きるような仕事でも全力を尽くすべきである （＋）単純でも仕事は仕事として遂行する必要がある （－）飽きるようならば、仕事内容を自分で工夫すべきである （－）飽きると思う
	向上心	現状よりもさらに優れた仕事ぶりを目指す傾向を測定。 ※あくまで現在の仕事に対する向上心のこと。転職を好む傾向のことではない。	・他人がうらやましいのは、 （＋）うらやましいなら、頑張って自分がそのようになればよい （－）当然で、あたりまえのことだと思う

※ 非うつ傾向、非自傷傾向、非暴力傾向、非不祥事傾向は、実際の受検者の証言をもとにSPIノートの会が割り出した尺度と測定内容です。それ以外の尺度と測定内容は、人総研のWebサイトを参考に作成しています。

第7部

「自宅受検型Webテスト」
能力画面と
実施企業一覧

・・

有力自宅受検型 Web テスト 「能力テスト」画面を完全再現！

受検後に便利！
問題画面からテストを
見分ける！

■受検が終わったあとで、Webテストの種類が何かを確認しておこう！

■解けない問題があったときは、次回に備えて対策本で対策しよう！

※各画面は全体のイメージをつかむためのもので、問題の解答は掲載していません。

「玉手箱」の計数問題

※詳細は、『これが本当のWebテストだ！①』（講談社）を参照

●図表の読み取り　29問15分/40問35分

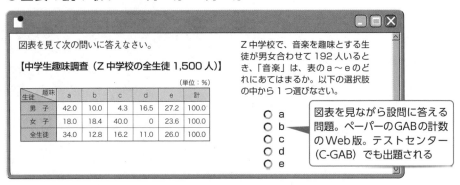

図表を見て次の問いに答えなさい。

【中学生趣味調査（Z 中学校の全生徒 1,500 人）】

（単位：%）

生徒＼趣味	a	b	c	d	e	計
男 子	42.0	10.0	4.3	16.5	27.2	100.0
女 子	18.0	18.4	40.0	0	23.6	100.0
全生徒	34.0	12.8	16.2	11.0	26.0	100.0

Ｚ中学校で、音楽を趣味とする生徒が男女合わせて 192 人いるとき、「音楽」は、表の a ～ e のどれにあてはまるか。以下の選択肢の中から１つ選びなさい。

- ○ a
- ○ b
- ○ c
- ○ d
- ○ e

図表を見ながら設問に答える問題。ペーパーのGABの計数のWeb版。テストセンター（C-GAB）でも出題される

●四則逆算　50問9分

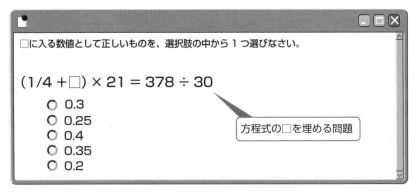

□に入る数値として正しいものを、選択肢の中から１つ選びなさい。

$$(1/4 + \square) \times 21 = 378 \div 30$$

- ○ 0.3
- ○ 0.25
- ○ 0.4
- ○ 0.35
- ○ 0.2

方程式の□を埋める問題

● 表の空欄の推測　20問20分/35問35分

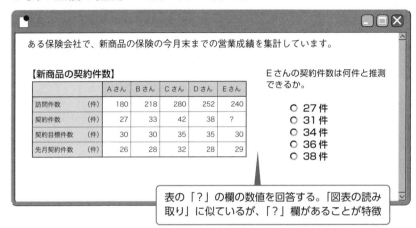

ある保険会社で、新商品の保険の今月末までの営業成績を集計しています。

【新商品の契約件数】

		Aさん	Bさん	Cさん	Dさん	Eさん
訪問件数	（件）	180	218	280	252	240
契約件数	（件）	27	33	42	38	？
契約目標件数	（件）	30	30	35	35	30
先月契約件数	（件）	26	28	32	28	29

Eさんの契約件数は何件と推測できるか。

- ○ 27 件
- ○ 31 件
- ○ 34 件
- ○ 36 件
- ○ 38 件

表の「？」の欄の数値を回答する。「図表の読み取り」に似ているが、「？」欄があることが特徴

「玉手箱」の言語問題

※詳細は、『これが本当のWebテストだ！①』（講談社）を参照

● 論理的読解（GAB形式の言語）　32問15分（8長文）/52問25分（13長文）

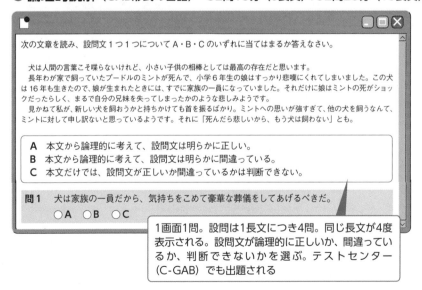

次の文章を読み、設問文1つ1つについてA・B・Cのいずれに当てはまるか答えなさい。

　犬は人間の言葉こそ喋らないけれど、小さい子供の相棒としては最高の存在だと思います。
　長年わが家で飼っていたプードルのミントが死んで、小学6年生の娘はすっかり悲嘆にくれてしまいました。この犬は16年も生きたので、娘が生まれたときには、すでに家族の一員になっていました。それだけに娘はミントの死がショックだったらしく、まるで自分の兄妹を失ってしまったかのような悲しみようです。
　見かねて私が、新しい犬を飼おうかと持ちかけても首を振るばかり。ミントへの思いが強すぎて、他の犬を飼うなんて、ミントに対して申し訳ないと思っているようです。それに「死んだら悲しいから、もう犬は飼わない」とも。

A　本文から論理的に考えて、設問文は明らかに正しい。
B　本文から論理的に考えて、設問文は明らかに間違っている。
C　本文だけでは、設問文が正しいか間違っているかは判断できない。

問1　犬は家族の一員だから、気持ちをこめて豪華な葬儀をしてあげるべきだ。
　　　○A　○B　○C

1画面1問。設問は1長文につき4問。同じ長文が4度表示される。設問文が論理的に正しいか、間違っているか、判断できないかを選ぶ。テストセンター（C-GAB）でも出題される

● 趣旨判定（IMAGES形式の言語） 32問10分（8長文）

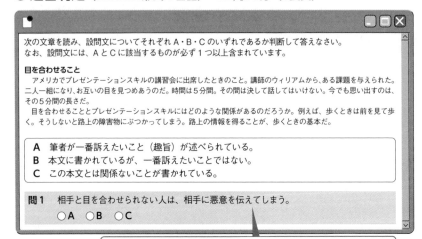

次の文章を読み、設問文についてそれぞれ A・B・C のいずれであるか判断して答えなさい。
なお、設問文には、A と C に該当するものが必ず 1 つ以上含まれています。

目を合わせること
　アメリカでプレゼンテーションスキルの講習会に出席したときのこと。講師のウィリアムから、ある課題を与えられた。二人一組になり、お互いの目を見つめあうのだ。時間は 5 分間。その間は決して話してはいけない。今でも思い出すのは、その 5 分間の長さだ。
　目を合わせることとプレゼンテーションスキルにはどのような関係があるのだろうか。例えば、歩くときは前を見て歩く。そうしないと路上の障害物にぶつかってしまう。路上の情報を得ることが、歩くときの基本だ。

A　筆者が一番訴えたいこと（趣旨）が述べられている。
B　本文に書かれているが、一番訴えたいことではない。
C　この本文とは関係ないことが書かれている。

問 1　相手と目を合わせられない人は、相手に悪意を伝えてしまう。
　　○A　○B　○C

1画面4問。設問文が筆者の一番訴えたいこと（趣旨）か、趣旨ではないか、本文には関係ないことかを選ぶ

● 趣旨把握 10問12分（10長文）

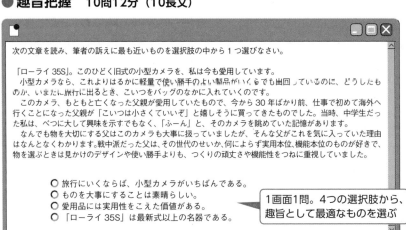

次の文章を読み、筆者の訴えに最も近いものを選択肢の中から 1 つ選びなさい。

　「ローライ 35S」。このひどく旧式の小型カメラを、私は今も愛用しています。
　小型カメラなら、これよりはるかに軽量で使い勝手のよい製品がいくらでも出回っているのに、どうしたものか、いまだに旅行に出るとき、こいつをバッグのなかに入れていくのです。
　このカメラ、もともと亡くなった父親が愛用していたもので、今から 30 年ばかり前、仕事で初めて海外へ行くことになった父親が「こいつは小さくていいぞ」と嬉しそうに買ってきたものでした。当時、中学生だった私は、べつに大して興味を示すでもなく、「ふーん」と、そのカメラを眺めていた記憶があります。
　なんでも物を大切にする父はこのカメラも大事に扱っていましたが、そんな父がこれを気に入っていた理由はなんとなくわかります。戦中派だった父は、その世代のせいか、何によらず実用本位、機能本位のものが好きで、物を選ぶときは見かけのデザインや使い勝手よりも、つくりの頑丈さや機能性をつねに重視していました。

○ 旅行にいくならば、小型カメラがいちばんである。
○ ものを大事にすることは素晴らしい。
○ 愛用品には実用性をこえた価値がある。
○ 「ローライ 35S」は最新式以上の名器である。

1画面1問。4つの選択肢から、趣旨として最適なものを選ぶ

「玉手箱」の英語問題

※詳細は、『これが本当のWebテストだ！①』（講談社）を参照

● 長文読解（IMAGES形式の英語）　24問10分（8長文）

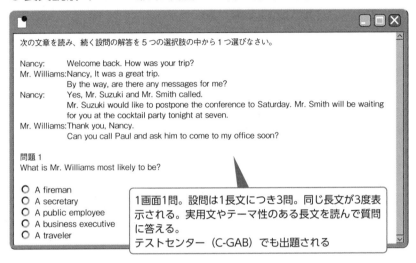

次の文章を読み、続く設問の解答を5つの選択肢の中から1つ選びなさい。

Nancy:　　　　Welcome back. How was your trip?
Mr. Williams: Nancy, It was a great trip.
　　　　　　　By the way, are there any messages for me?
Nancy:　　　　Yes, Mr. Suzuki and Mr. Smith called.
　　　　　　　Mr. Suzuki would like to postpone the conference to Saturday. Mr. Smith will be waiting for you at the cocktail party tonight at seven.
Mr. Williams: Thank you, Nancy.
　　　　　　　Can you call Paul and ask him to come to my office soon?

問題 1
What is Mr. Williams most likely to be?

○ A fireman
○ A secretary
○ A public employee
○ A business executive
○ A traveler

1画面1問。設問は1長文につき3問。同じ長文が3度表示される。実用文やテーマ性のある長文を読んで質問に答える。
テストセンター（C-GAB）でも出題される

● 論理的読解（GAB形式の英語）　24問10分（8長文）

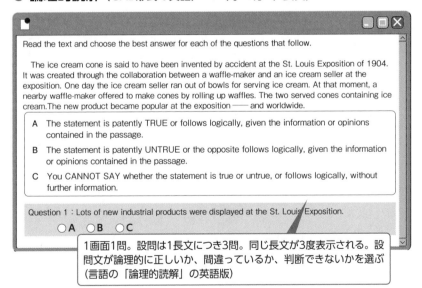

Read the text and choose the best answer for each of the questions that follow.

　The ice cream cone is said to have been invented by accident at the St. Louis Exposition of 1904. It was created through the collaboration between a waffle-maker and an ice cream seller at the exposition. One day the ice cream seller ran out of bowls for serving ice cream. At that moment, a nearby waffle-maker offered to make cones by rolling up waffles. The two served cones containing ice cream. The new product became popular at the exposition —— and worldwide.

A　The statement is patently TRUE or follows logically, given the information or opinions contained in the passage.

B　The statement is patently UNTRUE or the opposite follows logically, given the information or opinions contained in the passage.

C　You CANNOT SAY whether the statement is true or untrue, or follows logically, without further information.

Question 1 : Lots of new industrial products were displayed at the St. Louis Exposition.
　　　　○A　○B　○C

1画面1問。設問は1長文につき3問。同じ長文が3度表示される。設問文が論理的に正しいか、間違っているか、判断できないかを選ぶ（言語の「論理的読解」の英語版）

「Web-CAB」

※詳細は、『これが本当のCAB・GABだ！』（講談社）を参照

● 四則逆算 → 玉手箱の四則逆算と同じ

● 法則性　30問12分

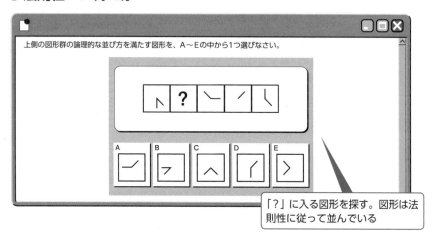

「?」に入る図形を探す。図形は法則性に従って並んでいる

● 命令表　36問15分

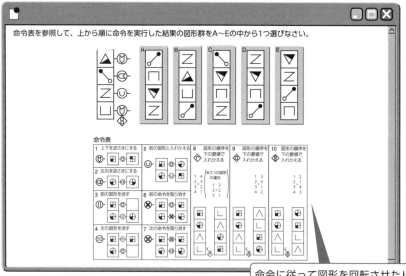

命令に従って図形を回転させたり入れ替えたりし、その結果、どのような図形の並びになるかを答える

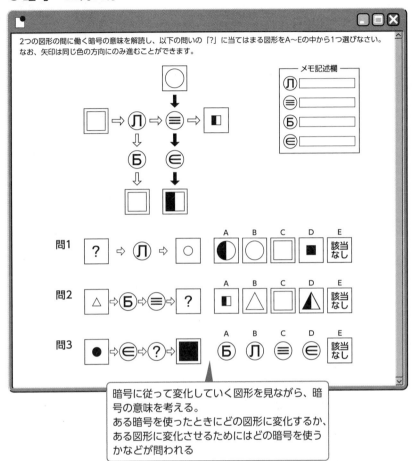

問1　暗号に従って変化していく図形を見ながら、暗号の意味を考える。
ある暗号を使ったときにどの図形に変化するか、ある図形に変化させるためにはどの暗号を使うかなどが問われる

TG-WEB

※詳細は、『これが本当のWebテストだ！②』（講談社）を参照

● 計数（標準型）　9問18分

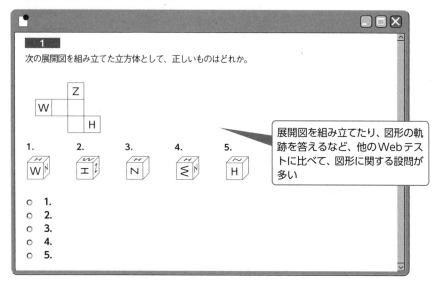

1

次の展開図を組み立てた立方体として、正しいものはどれか。

展開図を組み立てたり、図形の軌跡を答えるなど、他のWebテストに比べて、図形に関する設問が多い

1.
2.
3.
4.
5.

- ○ 1.
- ○ 2.
- ○ 3.
- ○ 4.
- ○ 5.

● 計数（時短型）　36問8分

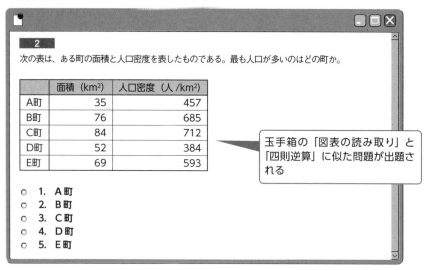

2

次の表は、ある町の面積と人口密度を表したものである。最も人口が多いのはどの町か。

	面積（km²）	人口密度（人/km²）
A町	35	457
B町	76	685
C町	84	712
D町	52	384
E町	69	593

玉手箱の「図表の読み取り」と「四則逆算」に似た問題が出題される

- ○ 1. A町
- ○ 2. B町
- ○ 3. C町
- ○ 4. D町
- ○ 5. E町

● 言語（標準型）　12問12分

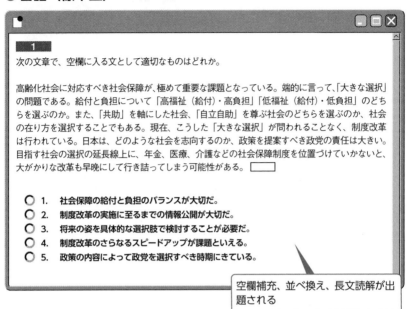

```
1
```

次の文章で、空欄に入る文として適切なものはどれか。

高齢化社会に対応すべき社会保障が、極めて重要な課題となっている。端的に言って、「大きな選択」の問題である。給付と負担について「高福祉（給付）・高負担」「低福祉（給付）・低負担」のどちらを選ぶのか。また、「共助」を軸にした社会、「自立自助」を尊ぶ社会のどちらを選ぶのか、社会の在り方を選択することでもある。現在、こうした「大きな選択」が問われることなく、制度改革は行われている。日本は、どのような社会を志向するのか、政策を提案すべき政党の責任は大きい。目指す社会の選択の延長線上に、年金、医療、介護などの社会保障制度を位置づけていかないと、大がかりな改革も早晩にして行き詰ってしまう可能性がある。＿＿＿＿

- ○ 1.　社会保障の給付と負担のバランスが大切だ。
- ○ 2.　制度改革の実施に至るまでの情報公開が大切だ。
- ○ 3.　将来の姿を具体的な選択肢で検討することが必要だ。
- ○ 4.　制度改革のさらなるスピードアップが課題といえる。
- ○ 5.　政策の内容によって政党を選択すべき時期にきている。

空欄補充、並べ換え、長文読解が出題される

● 言語（時短型）　34問7分

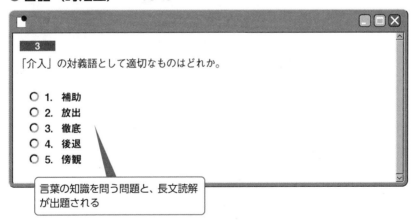

```
3
```

「介入」の対義語として適切なものはどれか。

- ○ 1.　補助
- ○ 2.　放出
- ○ 3.　徹底
- ○ 4.　後退
- ○ 5.　傍観

言葉の知識を問う問題と、長文読解が出題される

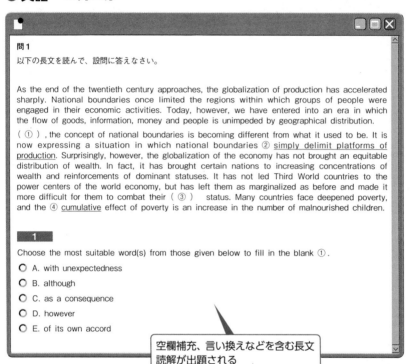

問1

以下の長文を読んで、設問に答えなさい。

As the end of the twentieth century approaches, the globalization of production has accelerated sharply. National boundaries once limited the regions within which groups of people were engaged in their economic activities. Today, however, we have entered into an era in which the flow of goods, information, money and people is unimpeded by geographical distribution.

(①), the concept of national boundaries is becoming different from what it used to be. It is now expressing a situation in which national boundaries ② <u>simply delimit platforms of production</u>. Surprisingly, however, the globalization of the economy has not brought an equitable distribution of wealth. In fact, it has brought certain nations to increasing concentrations of wealth and reinforcements of dominant statuses. It has not led Third World countries to the power centers of the world economy, but has left them as marginalized as before and made it more difficult for them to combat their (③)　status. Many countries face deepened poverty, and the ④ <u>cumulative</u> effect of poverty is an increase in the number of malnourished children.

1

Choose the most suitable word(s) from those given below to fill in the blank ① .

○ A. with unexpectedness

○ B. although

○ C. as a consequence

○ D. however

○ E. of its own accord

空欄補充、言い換えなどを含む長文
読解が出題される

WEB テスティング

● 非言語 (P.36)

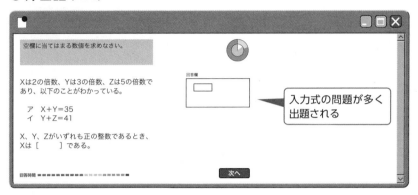

空欄に当てはまる数値を求めなさい。

Xは2の倍数、Yは3の倍数、Zは5の倍数であり、以下のことがわかっている。

　ア　X+Y=35
　イ　Y+Z=41

X、Y、Zがいずれも正の整数であるとき、
Xは [　　　] である。

入力式の問題が多く
出題される

回答時間 ▬▬▬▬▬▬▬▬▬▬▬▬▬▬▬▬

次へ

● 言語 (P.136)

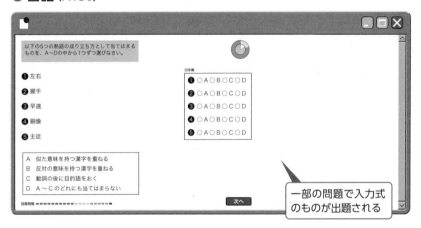

以下の5つの熟語の成り立ち方として当てはまる
ものを、A〜Dの中から1つずつ選びなさい。

❶ 左右
❷ 握手
❸ 早速
❹ 銅像
❺ 主従

　A　似た意味を持つ漢字を重ねる
　B　反対の意味を持つ漢字を重ねる
　C　動詞の後に目的語をおく
　D　A〜Cのどれにも当てはまらない

一部の問題で入力式
のものが出題される

次へ

CUBIC

● **言語**　20問4〜10分 (P.246)

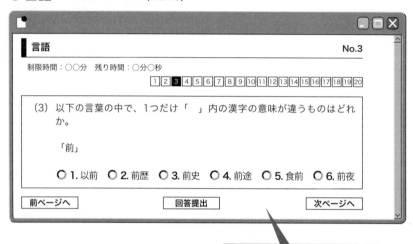

言語　No.3

制限時間：○○分　残り時間：○分○秒

1 2 **3** 4 5 6 7 8 9 10 11 12 13 14 15 16 17 18 19 20

（3）以下の言葉の中で、1つだけ「　」内の漢字の意味が違うものはどれか。

「前」

○ 1. 以前　○ 2. 前歴　○ 3. 前史　○ 4. 前途　○ 5. 食前　○ 6. 前夜

前ページへ　　回答提出　　次ページへ

中学校や高校までに習った内容が、広く浅く出題される

● **数理**　20問15〜40分 (P.201)

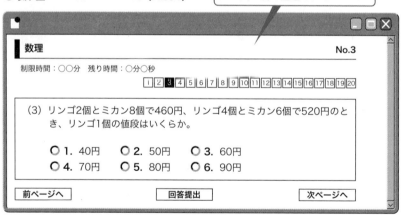

数理　No.3

制限時間：○○分　残り時間：○分○秒

1 2 **3** 4 5 6 7 8 9 10 11 12 13 14 15 16 17 18 19 20

（3）リンゴ2個とミカン8個で460円、リンゴ4個とミカン6個で520円のとき、リンゴ1個の値段はいくらか。

○ 1. 40円　○ 2. 50円　○ 3. 60円
○ 4. 70円　○ 5. 80円　○ 6. 90円

前ページへ　　回答提出　　次ページへ

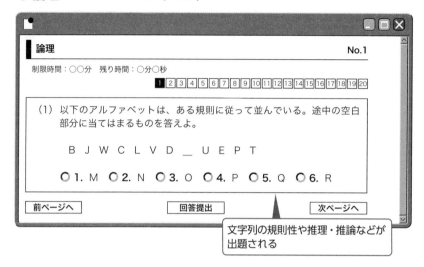

● 論理　20問15〜40分 (P.217)

論理　No.1

制限時間：○○分　残り時間：○分○秒

１ 2 3 4 5 6 7 8 9 10 11 12 13 14 15 16 17 18 19 20

（1）以下のアルファベットは、ある規則に従って並んでいる。途中の空白部分に当てはまるものを答えよ。

　　B　J　W　C　L　V　D　＿　U　E　P　T

　　○ 1. M　○ 2. N　○ 3. O　○ 4. P　○ 5. Q　○ 6. R

前ページへ　　　　　回答提出　　　　　次ページへ

文字列の規則性や推理・推論などが出題される

● 図形　20問5〜15分 (P.234)

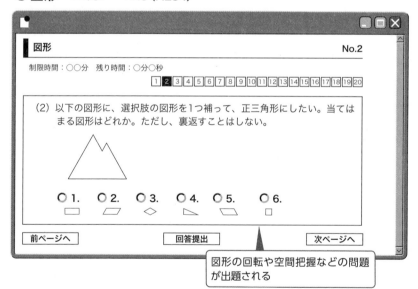

図形　No.2

制限時間：○○分　残り時間：○分○秒

1 ２ 3 4 5 6 7 8 9 10 11 12 13 14 15 16 17 18 19 20

（2）以下の図形に、選択肢の図形を1つ補って、正三角形にしたい。当てはまる図形はどれか。ただし、裏返すことはしない。

　　○ 1.　　○ 2.　　○ 3.　　○ 4.　　○ 5.　　○ 6.

前ページへ　　　　　回答提出　　　　　次ページへ

図形の回転や空間把握などの問題が出題される

● 英語　20問10〜15分 (P.256)

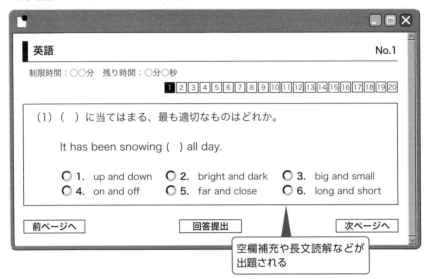

空欄補充や長文読解などが
出題される

TAP

● 言語　27問10分 (P.303)

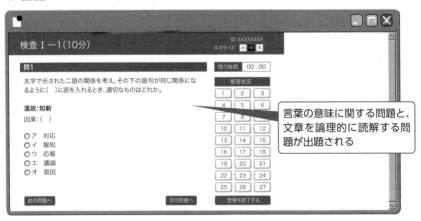

言葉の意味に関する問題と、
文章を論理的に読解する問
題が出題される

● 数理　21問15分 (P.277)

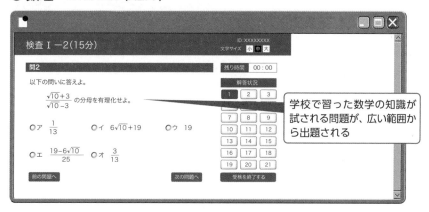

検査Ⅰ－2(15分)
ID:XXXXXXXX
文字サイズ 小 中 大

問2

残り時間 00：00

以下の問いに答えよ。

$\dfrac{\sqrt{10}+3}{\sqrt{10}-3}$ の分母を有理化せよ。

○ ア　$\dfrac{1}{13}$　　　○ イ　$6\sqrt{10}+19$　　　○ ウ　19

○ エ　$\dfrac{19-6\sqrt{10}}{25}$　○ オ　$\dfrac{3}{13}$

前の問題へ　　　　　　　　次の問題へ　　　受検を終了する

学校で習った数学の知識が試される問題が、広い範囲から出題される

● 論理　25問20分 (P.292)

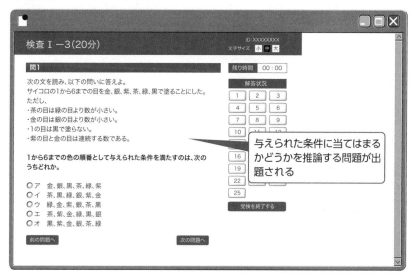

検査Ⅰ－3(20分)
ID:XXXXXXXX
文字サイズ 小 中 大

問1

残り時間 00：00

次の文を読み、以下の問いに答えよ。
サイコロの1から6までの目を金、銀、紫、茶、緑、黒で塗ることにした。
ただし、
・茶の目は緑の目より数が小さい。
・金の目は銀の目より数が小さい。
・1の目は黒で塗らない。
・紫の目と金の目は連続する数である。

1から6までの色の順番として与えられた条件を満たすのは、次のうちどれか。

○ ア　金、銀、黒、茶、緑、紫
○ イ　茶、黒、緑、銀、紫、金
○ ウ　緑、金、紫、銀、茶、黒
○ エ　茶、紫、金、緑、黒、銀
○ オ　黒、紫、金、銀、茶、緑

前の問題へ　　　　　　　　次の問題へ

与えられた条件に当てはまるかどうかを推論する問題が出題される

特報 **一部企業でテストをコロナ禍の前に戻す動き。オンライン監視テストは実施が続く**

2020年以降、新型コロナウイルス感染症の影響で、テストセンターやペーパーテストから自宅受検型Webテストに変更する動きがありました。2023年に入り、社会が徐々に以前に戻ろうとする中で、一部の企業では2019年までの実施方式に戻す動きが見られるようになっています。

●2025年度の夏インターンでは玉手箱が最多。一部の企業でSPIのテストセンターへの回帰も

2025年度の夏インターンシップで最も多かったのは、昨年度と同じ玉手箱、次にSPIのWEBテスティングです。昨年度と異なるのは、SPIのテストセンター実施企業が、やや増えたことです。これまでテストセンターからWEBテスティングなどに変更していた企業の一部で、元に戻す動きがあったことや、テストセンターの自宅受検が可能になったことなどが理由と考えられます。

※2025年度から、一定の条件を満たしたインターンシップに限り、企業が参加学生の情報を本選考で使用できるようになりました（本選考開始日以降）。これもテストセンター増加の一因と考えられます。

●2024年度の本選考や2025年度の夏インターンでも、オンライン監視テストの実施が続く
主なオンライン監視テスト（2023年10月現在）

テスト名	方式	説明
SPI	テストセンター （2022年10月開始）	予約時に会場受検か自宅受検かを選べる。自宅で受検するときは、パソコンのWebカメラなどを通じ、監督者が受検を監視する ※どの企業でも自宅受検を選べる
C-GAB	テストセンター	予約時に会場受検か自宅受検かを選べる。自宅で受検するときは、パソコンのWebカメラなどを通じ、監督者が受検を監視する ※自宅受検を選べるようにするかどうかは企業により異なる
TG-WEB	自宅受検	「TG-WEB eye」というテストで、AIが受検を監視する
SCOA	テストセンター （2022年6月開始）	「SCOA cross」というテストで、受検者が予約時に会場受検か自宅受検かを選べる。自宅で受検するときは、パソコンのWebカメラなどを通じ、監督者が受検を監視する。出題されるテストは「SCOA-A」 ※従来のSCOAのテストセンター（会場受検のみ）も引き続き実施

※SPIのWEBテスティングにはオンライン監視のオプションがありましたが、2023年10月現在では、なくなっています。

●実施する時期によって方式を使い分ける企業も。同系列のものを一通り対策しておこう

採用活動のオンライン化が進んでいます。採用テストの主流はWebテストやテストセンターで、今後もその傾向が続くでしょう。企業の中には、春頃はオンライン説明会後にWebテストやテストセンター、夏頃の会社での説明会ではペーパーテストというように、時期によって実施する方式を使い分けるところもあります。同系列の方式・テストを一通り対策しておくと万全です。

	同系列の方式・テスト		
	自宅受検型Webテスト	テストセンター	ペーパーテスト
SPI	WEBテスティング	テストセンター	ペーパーテスト
SHL社のテスト	玉手箱・Web-CAB	C-GAB・C-CAB	CAB・GAB・IMAGES
ヒューマネージ社のテスト	TG-WEB	ヒューマネージ社のテストセンター	i9

※SCOAにもテストセンター、ペーパーテストがありますが、内容は同じです。
※C-CABは、テストセンターに出向いてWeb-CABの能力テストを受けるテストです。C-GABと同じ会場で実施されます。

過去5年間に、Webテストを実施した企業の一部を紹介します。

◎ 原則として、「自宅受検型Webテスト」の実施企業を掲載していますが、インターンシップと本選考のいずれかでテストセンターも実施している場合は、その旨を記載しています。
◎ 表中のテストに加えて、他のWebテスト、テストセンター、ペーパーテストを実施している企業もあります。
◎ 企業名は五十音順です。職種が明らかな場合は【　】内に示しました。いずれも調査当時のものです。
◎ ①〜②はテストの使用順です。「一次選考」「二次選考」ではありません。

企業名	インターンシップでのWebテスト	本選考でのWebテスト
アイシン		SPIのWEBテスティング
あおぞら銀行		玉手箱
アクセンチュア	玉手箱	玉手箱
旭化成	玉手箱·Web-CAB	玉手箱·Web-CAB
アサヒビール	玉手箱	玉手箱
足利銀行		玉手箱
味の素	玉手箱	玉手箱
アステラス製薬	SPIのWEBテスティング	SPIのWEBテスティング
アドバンテスト	TG-WEB·TAL	TG-WEB·TAL
阿波銀行		SPIのWEBテスティング·TAL
イオンフィナンシャルサービス		SPIのWEBテスティング
池田泉州銀行		TG-WEB
一条工務店	SPIのWEBテスティング	SPIのWEBテスティング
インテックソリューションパワー		Web-CAB
ウエルシア薬局		玉手箱
AGC	SPIのWEBテスティング	SPIのテストセンター
エーザイ	SPIのWEBテスティング	SPIのWEBテスティング
SMBC日興証券	玉手箱	玉手箱
SCSK	TG-WEB	TG-WEB
NEC	玉手箱	SPIのテストセンター
NEC航空宇宙システム	Web-CAB	Web-CAB·SPIのテストセンター
NECネッツエスアイ		SPIのWEBテスティング·TG-WEB
NTTコムウェア	SPIのWEBテスティング·TAL	SPIのWEBテスティング·TAL
NTTデータ	SPIのWEBテスティング·TAL	SPIのWEBテスティング·TAL
NTTファイナンス	玉手箱	玉手箱
NTTファシリティーズグループ		玉手箱·TAL
ENEOS	玉手箱	玉手箱
オイレス工業		玉手箱
大塚商会		玉手箱
オービック	TG-WEB	Web-CAB

企業名	インターンシップでのWebテスト	本選考での Web テスト
岡三証券	玉手箱	玉手箱
オカムラ		TG-WEB
岡谷鋼機	玉手箱	玉手箱
沖電気工業		玉手箱
オムロン	玉手箱	玉手箱
オリックス	玉手箱	玉手箱
オリンパス	SPIのWEBテスティング	SPIのWEBテスティング
花王		TG-WEB
カプコン		【総合職】CUBIC 【プログラマー】Web-CAB
川崎重工業	SPIのWEBテスティング	SPIのWEBテスティング
関西エアポート	玉手箱	玉手箱
関西みらい銀行	玉手箱	玉手箱·TAL
関東電気保安協会		SPIのWEBテスティング
キヤノン	【技術系】TG-WEB	【技術系】SPIのテストセンター 【事務系】TG-WEB
キヤノンマーケティングジャパン	TG-WEB	SPIのテストセンター
九州電力	SPIのWEBテスティング	SPIのWEBテスティング
キユーピー	SPIのWEBテスティング	SPIのWEBテスティング
京都中央信用金庫		玉手箱
杏林製薬	玉手箱	玉手箱
協和キリン	TG-WEB	【MR職】TG-WEB 【コーポレートスタッフ職】SPIのテストセンター
きらやか銀行		玉手箱
キリンホールディングス	TG-WEB	TG-WEB
クラレ	SPIのWEBテスティング	SPIのWEBテスティング
京王電鉄		SPIのWEBテスティング
KDDI	玉手箱	玉手箱
京浜急行電鉄	SPIのWEBテスティング	SPIのWEBテスティング
神戸製鋼所		TG-WEB
コーセー		玉手箱
国際協力機構		TG-WEB·玉手箱
コクヨ	SPIのWEBテスティング	SPIのWEBテスティング
コスモエネルギーホールディングス	SPIのWEBテスティング	SPIのWEBテスティング
コニカミノルタ	SPIのWEBテスティング	SPIのWEBテスティング
コメリ		SPIのWEBテスティング
五洋建設		玉手箱
サーラエナジー		TG-WEB

企業名	インターンシップでのWebテスト	本選考での Web テスト
サッポロビール		SPIのWEBテスティング
サントリーホールディングス		玉手箱
CBC		玉手箱
JX金属	玉手箱	玉手箱
JSOL	SPIのWEBテスティング	SPIのWEBテスティング
ジェイテクト	玉手箱	玉手箱
滋賀銀行		玉手箱
シグマクシス	TG-WEB	TG-WEB
資生堂	TG-WEB	TG-WEB
シティグループ証券	玉手箱	玉手箱
島津製作所	SPIのWEBテスティング	SPIのWEBテスティング
シャープ		玉手箱
JALUX	玉手箱	玉手箱
商船三井	玉手箱	C-GAB
昭和産業		SPIのWEBテスティング
ジョンソン・エンド・ジョンソン	TG-WEB	TG-WEB
スクウェア・エニックス		SPIのWEBテスティング
スズキ		玉手箱
鈴与商事		SPIのWEBテスティング
スタッフサービス・ホールディングス	SPIのWEBテスティング	SPIのWEBテスティング
スタンレー電気	SPIのWEBテスティング	SPIのWEBテスティング
SUBARU	SPIのWEBテスティング	SPIのWEBテスティング
住友化学	SPIのWEBテスティング	SPIのWEBテスティング
住友セメントシステム開発		【営業職】SPIのWEBテスティング 【開発職】SPIのWEBテスティング・Web-CAB
住友電装	SPIのWEBテスティング	SPIのWEBテスティング
住友不動産	玉手箱	玉手箱
住友林業	玉手箱	玉手箱
セイコーエプソン	SPIのWEBテスティング	SPIのWEBテスティング
セイコーホールディングス		TG-WEB
西武鉄道		玉手箱
積水化学工業	TG-WEB	TG-WEB
積水ハウス	玉手箱	玉手箱
積水メディカル		SPIのWEBテスティング
セコム		SPIのWEBテスティング またはSPIのテストセンター・TAL
全国共済農業協同組合連合会	玉手箱	玉手箱

企業名	インターンシップでのWebテスト	本選考での Web テスト
セントラルスポーツ		TG-WEB
そごう・西武	TG-WEB	TG-WEB
損害保険ジャパン	SPIのWEBテスティング	SPIのテストセンター
第一生命保険	【基幹職】SPIのWEBテスティング	【基幹職】SPIのWEBテスティング
大王製紙		CUBIC
第四北越銀行		SPIのWEBテスティング
大同特殊鋼		SPIのWEBテスティング
大日本印刷	TG-WEB	TG-WEB
大鵬薬品工業	玉手箱	玉手箱
大和ハウス工業		玉手箱
田辺三菱製薬	SPIのWEBテスティング	SPIのWEBテスティング
千葉興業銀行		CUBIC
中央労働金庫		玉手箱
中京テレビ放送	玉手箱	玉手箱
中部電力	SPIのWEBテスティング	SPIのテストセンター
千代田化工建設	玉手箱	玉手箱
筑波銀行		TAP
DMG森精機	SPIのWEBテスティング	SPIのWEBテスティング
TDK		玉手箱
TBSテレビ		玉手箱
帝人	SPIのWEBテスティング	SPIのWEBテスティング
テーブルマーク	玉手箱	玉手箱
テレビ朝日		TG-WEB
デロイト トーマツ コンサルティング	TG-WEB	TG-WEB
デンソー	SPIのWEBテスティング	SPIのWEBテスティング
東海テレビ放送		玉手箱
東急	玉手箱・Web-CAB	玉手箱・Web-CAB
東急不動産		TG-WEB
東京海上日動火災保険	玉手箱	玉手箱
東京ガスiネット	Web-CAB	Web-CAB
東京建物	玉手箱	玉手箱
東芝		SPIのWEBテスティング
東芝テック	玉手箱	玉手箱
東洋製罐	SPIのWEBテスティング	SPIのWEBテスティング
東レ		①SPIのWEBテスティング ②SPIのテストセンター
TOTO	TG-WEB	TG-WEB

企業名	インターンシップでのWebテスト	本選考での Web テスト
トーハン		SPIのWEBテスティング
都市再生機構		SPIのWEBテスティング
栃木銀行		玉手箱
鳥取銀行		TAP
豊田合成	CUBIC	CUBIC
トヨタ自動車		SPIのWEBテスティング
豊通マシナリー		玉手箱
中日本高速道路	玉手箱	玉手箱
ニコン	玉手箱	玉手箱
西日本電信電話	玉手箱	玉手箱
日亜化学工業		SPIのWEBテスティング
日産自動車	玉手箱	玉手箱
日産車体		TAP
ニッセイ情報テクノロジー	SPIのWEBテスティング	①SPIのテストセンター ②Web-CAB
日鉄エンジニアリング	SPIのWEBテスティング	SPIのWEBテスティング
日鉄テックスエンジ		SPIのWEBテスティング
ニップン		玉手箱
ニデック(旧日本電産)	玉手箱	玉手箱
ニフコ		TAP
日本工営		TG-WEB
日本精工	CUBIC	CUBIC
日本政策金融公庫	TG-WEB	TG-WEB
日本製鉄	SPIのWEBテスティング	SPIのWEBテスティング
日本総研情報サービス	玉手箱	玉手箱
日本タタ・コンサルタンシー・サービシズ	TG-WEB	TG-WEB
日本たばこ産業		TG-WEB
日本通運		玉手箱
日本テレビ放送網		TG-WEB
日本取引所グループ		TG-WEBまたは ヒューマネージ社のテストセンター
日本郵政グループ	SPIのWEBテスティング	SPIのテストセンター・TAL
日本ロレアル	CUBIC	CUBIC
任天堂		玉手箱
農林中央金庫	SPIのWEBテスティング	SPIのテストセンター
野村證券	SPIのWEBテスティング・TAL	SPIのWEBテスティング・TAL
野村不動産	SPIのWEBテスティング	SPIのテストセンター
博報堂	玉手箱	玉手箱

企業名	インターンシップでのWebテスト	本選考でのWebテスト
八十二銀行		TAP
パナソニック	SPIのWEBテスティング	SPIのテストセンター
阪和興業	玉手箱	玉手箱
PwCコンサルティング	玉手箱	TG-WEB
東日本電信電話	玉手箱	玉手箱
日立グローバルライフソリューションズ	玉手箱	玉手箱
日立製作所	玉手箱	玉手箱
日立ソリューションズ・クリエイト		Web-CAB
日野自動車	SPIのWEBテスティング	SPIのテストセンター
百五銀行		玉手箱
ファーストリテイリング	SPIのWEBテスティング	SPIのWEBテスティング
ファイザー	玉手箱	玉手箱
ファミリーマート	SPIのWEBテスティング	SPIのWEBテスティング
富士ソフト		SPIのWEBテスティング
富士通	玉手箱・Web-CAB	玉手箱・Web-CAB
富士通総研		玉手箱・Web-CAB
富士フイルム	SPIのWEBテスティング	eF-1G・SPIのテストセンター
富士フイルムビジネスエキスパート	TG-WEB	SPIのWEBテスティング
フューチャーアーキテクト	玉手箱・Web-CAB	玉手箱・Web-CAB
北陸銀行		玉手箱
北陸電気工事		TAP
北海道電力		玉手箱
丸全昭和運輸		SPIのWEBテスティング
みずほ銀行	玉手箱・TAL	玉手箱・TAL
みずほ証券	玉手箱・TAL	玉手箱・TAL
みちのく銀行		SPIのWEBテスティング
三井住友海上火災保険	SPIのWEBテスティング	SPIのテストセンター
三井住友銀行	玉手箱	玉手箱
三井不動産商業マネジメント		玉手箱
三越伊勢丹グループ	玉手箱	玉手箱
三菱地所		TG-WEB
三菱自動車工業	CUBIC	CUBIC
三菱重工業	SPIのWEBテスティング	SPIのテストセンター
三菱電機	TG-WEB	TG-WEB・SPIのWEBテスティング
三菱電機エンジニアリング		SPIのWEBテスティング
三菱マテリアル		CUBIC

企業名	インターンシップでのWebテスト	本選考でのWebテスト
三菱UFJ銀行	TG-WEB・TAL	TG-WEB・TAL
三菱UFJ国際投信		TAP
三菱UFJ信託銀行		玉手箱
三菱UFJニコス		SPIのWEBテスティング
三菱UFJモルガン・スタンレー証券	玉手箱・TAL	玉手箱・TAL
ミリアルリゾートホテルズ		玉手箱
武蔵野銀行		SPIのWEBテスティング
村田製作所	SPIのWEBテスティング	SPIのテストセンター
明治安田生命保険	TG-WEB	【法人総合営業職（地域型）】TG-WEB 【総合職】TAL
明電舎		CUBIC
メビックス	SPIのWEBテスティング	SPIのWEBテスティング
森永乳業	玉手箱	玉手箱
ヤクルト本社		玉手箱
安川電機	玉手箱	玉手箱
ヤマザキビスケット		TG-WEB
ヤマハ		SPIのWEBテスティング
ヤンマー		玉手箱
ユー・エス・ジェイ	TG-WEB	TG-WEB
ユニ・チャーム	玉手箱	玉手箱
横浜銀行		玉手箱
リコージャパン		SPIのWEBテスティング
りそな銀行	TAL	玉手箱・TAL
良品計画	玉手箱	玉手箱
ルネサス エレクトロニクス		SPIのWEBテスティング
ルミネ		玉手箱
ローソン	玉手箱	玉手箱
ローランド ディー.ジー.		SPIのWEBテスティング
WOWOW		CUBIC

【編著者紹介】

SPIノートの会 1997年に結成された就職問題・採用テストを研究するグループ。2002年春に、『この業界・企業でこの「採用テスト」が使われている！』（洋泉社）を刊行し、就職界に衝撃を与える。その後、『これが本当のSPI3だ！』をはじめ、『これが本当のWebテストだ！』シリーズ、『これが本当のSPI3テストセンターだ！』『これが本当のSCOAだ！』『これが本当のCAB・GABだ！』『これが本当の転職者用SPI3だ！』『完全再現NMAT・JMAT攻略問題集』『「良い人材」がたくさん応募し、企業の業績が伸びる採用の極意』『こんな「就活本」は買ってはいけない！』などを刊行し、話題を呼んでいる。講演依頼はメールでこちらへ pub@spinote.jp

SPIノートの会サイトでは情報を随時更新中

https://www.spinote.jp/

カバーイラスト＝しりあがり寿
口絵イラスト＝草田みかん
図版作成＝山本秀行（Ｆ３デザイン）／杉沢直美
本文デザイン＝横田良子／中山デザイン事務所
DTP作成＝横田良子

本書に関するご質問は、下記講談社サイトのお問い合わせフォームからご連絡ください。
サイトでは本書の書籍情報（正誤表含む）を掲載しています。

https://spi.kodansha.co.jp
2026年度版に関するご質問
の受付は、2025年3月末日
までとさせていただきます。

＊回答には1週間程度お時間をいただく場合がございます。
＊基本的にご質問は問題の正誤に関わるものに限らせていただいております。就活指導など、本書の範囲を超えるご質問にはお答えしかねます。

本当の就職テストシリーズ

【WEBテスティング（SPI3）・CUBIC・TAP・TAL編】
これが本当のWebテストだ！③ 2026年度版
2024年1月20日　第1刷発行

編著者	ＳＰＩノートの会
発行者	森田浩章
発行所	株式会社講談社
	東京都文京区音羽2-12-21　〒112-8001
	電話　編集　03-5395-3522
	販売　03-5395-4415
	業務　03-5395-3615
装丁	岩橋直人
カバー印刷	共同印刷株式会社
印刷所	株式会社ＫＰＳプロダクツ
製本所	株式会社国宝社

KODANSHA

Ⓒ SPI notenokai 2024, Printed in Japan
定価はカバーに表示してあります。

ISBN978-4-06-534509-2　N.D.C. 307.8　371p　21cm

玉手箱・C-GAB 編

これが 本当の
Webテストだ！①

付 Webテスト実施企業一覧

Webテスト・
テストセンター特定法
「裏技」を大公開！

SPIノートの会 編著

■A5判・並製
■定価：1650円（税込）

Webテストで圧倒的なシェアを誇る
「玉手箱」を徹底対策！

○玉手箱の能力テストは、言語、計数、英語それぞれに数種類
　の問題形式があります。

○攻略のカギは時間配分。効率のよい解き方が必須です！

○本書は、玉手箱の全科目に対応した玉手箱専用対策本です。

テストセンター方式の玉手箱（C-GAB）の独自解法を
掲載しているのは本書だけ！

2026年度版
好評発売中

これが 本当の Webテストだ！②

付 Webテスト実施企業一覧

SPIノートの会 編著

- ■A5判・並製
- ■定価：1650円（税込）

分野別解説・模擬テスト
で徹底対策！

知っている人だけがトクをする！
難解Webテスト「TG-WEB」を徹底対策！

○TG-WEBは、有力・人気企業でよく使われている自宅受検型
Webテストです。

○TG-WEBの言語、計数には「標準型」「時短型」があります。

○標準型では難解であまりなじみのない問題、時短型では短時
間で大量の問題が出題されます。

○本書で解き方をマスターすれば、短期間での得点アップが
可能です！

**テストセンター方式のTG-WEB（ヒューマネージ社の
テストセンター）対策ができるのは本書だけ！**

2026年度版
好評発売中